大学生通识教育系列教材

从校园到职场全面突破

——大学生就业能力提升指南

主　编　王　睿　冉久飞

副主编　胡雪梅　李　静　刘　净　孟继东

北京理工大学出版社

BEIJING INSTITUTE OF TECHNOLOGY PRESS

内 容 简 介

本书系统涵盖大学生就业与职业发展的各个方面，为大学生提供了全方位的就业指导和职业规划建议。全书通过理论讲解、案例分析和实操演练相结合的方式，为大学生提供了完整指导，帮助大学生全面了解就业形势，掌握就业政策，树立正确的就业观和职业观，提升综合素质与竞争力，实现个人职业发展目标，并为未来职业发展奠定坚实基础。书中既有理论概括，又有案例分析和实践实训环节，融理论知识、趣味性和思维创新于一体，有利于大学生自主参与课程学习和实践，积极提升自身的就业能力，助力大学生成长成才。

本书脉络清晰、结构严谨、内容充实、题材新颖、案例丰富，具有针对性、实用性、时代性和指导性，可作为各类高校大学生的就业指导教材，也可作为普通大众提升自身就业能力的科普读物。

图书在版编目（CIP）数据

从校园到职场全面突破：大学生就业能力提升指南 /
王睿，冉久飞主编. -- 北京：北京理工大学出版社，
2025.7.
ISBN 978-7-5763-5568-0

Ⅰ. G647.38-62

中国国家版本馆 CIP 数据核字第 2025VJ1607 号

责任编辑：李　薇　　　　**文案编辑**：李　硕
责任校对：刘亚男　　　　**责任印制**：李志强

出版发行 / 北京理工大学出版社有限责任公司
社　　址 / 北京市丰台区四合庄路 6 号
邮　　编 / 100070
电　　话 / （010）68914026（教材售后服务热线）
　　　　　　（010）63726648（课件资源服务热线）
网　　址 / http://www.bitpress.com.cn

版 印 次 / 2025 年 7 月第 1 版第 1 次印刷
印　　刷 / 涿州市京南印刷厂
开　　本 / 787 mm×1092 mm　1/16
印　　张 / 14.25
字　　数 / 332 千字
定　　价 / 47.80 元

编委会

党的十八大以来，我国就业教育围绕"立德树人"根本任务，以服务国家战略和个体终身发展为主线，形成了从顶层设计到落地实施的全链条政策框架。党的二十大报告明确提出"实施就业优先战略"，强调就业是最基本的民生，促进高质量充分就业，要求职业生涯教育覆盖全生命周期。2024 年 9 月 15 日，《中共中央国务院关于实施就业优先战略促进高质量充分就业的意见》中明确提出："拓展高校毕业生等青年就业成才渠道……提升青年就业服务效能，强化针对性职业指导、职业介绍、技能培训、见习实习，形成衔接校内校外、助力成长成才的服务支撑。"由此可见，就业指导教育在促进学生全面发展、实现高质量充分就业方面发挥着关键作用。

有鉴于此，本书遵循"立德树人"根本任务，充分借鉴国内就业指导教育方面的先进理论和经验，将理论教学和实践教学紧密结合，注重以思想碰撞为主的互动式教学模式的探索，是一本系统指导大学生就业创业的实用手册。

全书共十章，从就业现状分析到职场适应，形成完整闭环。第一章分析我国大学生就业形势、市场和方向，为后续内容奠定基础。第二章解读国家就业政策，重点介绍体制内就业政策和考试攻略。第三章强调职前准备，包括自我探索、行业适配和 AI 测评等创新方法。第四章融入家国情怀教育，突出使命担当与朋辈互助。第五章提出"行业+地域"双驱定位法，指导学生通过对相关行业在具体地域的发展趋势的深入分析，精准锁定目标行业，并如愿找到目标职位。第六章创新性提出"两条线最优法则"：既瞄准行业顶尖要求，又筑牢求职底线。第七章专述简历制作，包括 AI 优化等现代技巧。第八章详解应聘全流程要点。第九章指导职场适应，特别针对教师职业给出成长建议。第十章聚焦创新创业，提供实践指导和技法。

全书贯穿传统方法与现代技术（如 AI 应用）的结合，既重视政策解读和技能传授，又强调家国情怀培养，形成特色鲜明的就业指导体系。各章配有实用工具和方法，如多元评价矩阵、双驱定位模型等，具有较高的实践指导价值。

　　通过理论讲解、案例分析和实操演练相结合的方式，为大学生提供了从就业形势分析到职场适应再到创新创业的完整指导，帮助大学生树立正确的就业观和职业观，提升综合素质与竞争力，实现个人职业发展目标。

　　在本书的编写过程中，我们得到了很多学校从事职业规划与就业指导的一线教师的无私帮助，在此对他们表示最衷心的感谢。同时，我们对本书编校、出版过程中付出全力支持的北京理工大学出版社的编辑们致以最诚挚的谢意。另外，在编写过程中，我们参考、借鉴并引用了相关著作和学术论文，也向这些论著的作者一并致以深深的谢意！

目录
CONTENTS

第一章
我国大学生就业现状

本章导读

　　强化就业优先政策，健全就业促进机制，促进高质量充分就业。健全就业公共服务体系，完善重点群体就业支持体系，加强困难群体就业兜底帮扶。统筹城乡就业政策体系，破除妨碍劳动力、人才流动的体制和政策弊端，消除影响平等就业的不合理限制和就业歧视，使人人都有通过勤奋劳动实现自身发展的机会。

　　　　　　　　　　　　　　　　　　　　　　　　——摘自党的二十大报告

教育目的

　　1. 掌握国内就业形势的特点、挑战、矛盾，明晰当前就业市场。
　　2. 养成分析就业形势、解读政策、剖析行业就业前景的能力。
　　3. 树立正确的就业观，提升信息处理能力，增强就业敏感度。

第一节　我国大学生就业形势分析

案例导入

公益慈善，无法割舍的挚爱

案例背景：

　　周同学是重庆某大学化学学院2016级的学生，他选择在毕业后投身公益事业，加入了众缘普济公益慈善促进会，致力于乡村振兴与教育均衡发展。通过参与凉山帮扶支教行动、赴缅甸实习等公益项目，周同学在实践中积累了宝贵的经验，并最终将公益事业作为自己的人生追求。

案例分析：

　　周同学原本是化学专业的学生，职业方向与公益事业似乎不符。然而，他在大学期间多次参与公益活动，特别是参与凉山帮扶支教行动和赴缅甸实习项目，深刻感受到公益事业对社会的影响，这改变了他的职业规划。尤其是在凉山帮扶支教过程中，他经历了艰苦的环境和巨大的贫富差距的震撼，内心产生了深刻的变化，对社会问题和自身责任有了更清晰的认识。他逐渐意识到自己的社会责任，并决定将公益事业作为自己终身职业。通过公益实践，他不仅在学业上取得了成绩，还在领导力和组织能力上获得了成长，最终决定全身心投入公益事业，致力于改善社会问题。

解决思路：

坚定追随内心的热爱、提升个人适应能力与专业能力、持续关注社会问题与政策发展，作为一名公益工作者，周同学深知社会环境的变化，以及国家政策对公益事业的影响。他始终关注乡村振兴和教育均衡发展等社会问题，并力求通过自己的努力改善这些问题。

案例总结：

周同学的成功在于对公益事业的坚定信念与实际行动。他不仅找到了属于自己的职业道路，而且在公益领域取得了令人瞩目的成绩。未来，他将继续关注社会变化，加强自身专业能力的提升，并持续为社会发展贡献力量。周同学的经历告诉我们，青年人应有责任担当，追随内心的热爱，勇敢地为社会贡献自己的力量。

名人名言

庆祝成功是好事，但汲取失败的教训更重要。

——（美国）比尔·盖茨

高校毕业生是国家宝贵的人才资源。党中央、国务院高度重视高校毕业生就业工作，将其摆在就业工作的首位，并制定了一系列政策措施，保持就业局势稳定。

随着经济的快速发展和高等院校的不断扩招，大学生就业形势愈发严峻，并呈现出新的特点和挑战。如何应对这些变化，妥善解决就业问题，不仅关乎学生群体的切身利益，更是全面建设社会主义现代化国家的需要。

一、我国大学生就业形势的三个特点

（一）"一增一减"

"一增"是指高校毕业生人数持续增加。从 1999 年起，我国高等教育不断扩大招生规模，高校毕业生人数总量持续增加，使高等教育发展进入一个新阶段。据有关统计，2002 年至 2004 年，全国普通高校毕业生增加了 105 万；2005 年，全国普通高校毕业生人数达 338 万人；2006 年，全国普通高校毕业生人数达 413 万人；2007 年，全国普通高校毕业生人数达 495 万人；2008 年，全国普通高校毕业生人数达 559 万人；2009 年，全国普通高校毕业生人数达 611 万人；2010 年，全国普通高校毕业生人数达 631 万人；2011 年，高校大学毕业生人数达 660 万；2023 年，全国普通高校毕业生达到了 1 158 万；2024 年，全国普通高校毕业生 1 179 万；2025 年，全国普通高校毕业生预计将达到 1 222 万。2002—2025 年全国高校毕业生人数如图 1-1 所示。

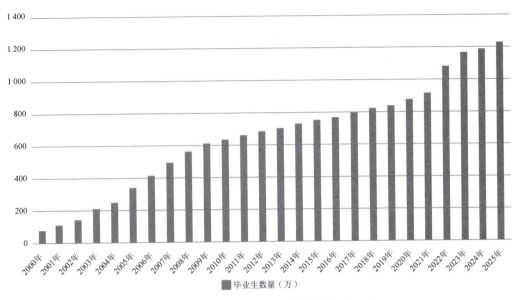

图 1-1 2002—2025 年全国高校毕业生人数

"一减"是指中国经济面临"需求收缩、供给冲击和预期减弱"等挑战，导致劳动力市场释放的岗位需求数量整体不足，尤其是大学生青睐的相关职业和岗位受经济形势影响，缩减明显。

行业调整对就业形势影响依然是不可忽视的关键因素。例如，曾经的"王牌专业"——土木工程，现在报考人数大量减少。

（二）"一多一少"

"一多"指当前高校一些同质化专业和长线专业毕业生数量较多。教育部网站显示，截至 2022 年 5 月 31 日，全国高等学校共计 3 013 所，其中，普通高等学校 2 759 所，含本科院校 1 270 所、高职（专科）院校 1 489 所；成人高等学校 254 所。网上公布的普通高等学校本科专业目录（2024 版），包含哲学、经济学、法学、教育学、文学、历史学、理学、工学、农学、医学、管理学、艺术学 12 个门类、816 个本科专业。

1. 同质化专业毕业生数量较多的原因

（1）高校专业设置趋同。

许多高校为了追求热门专业或吸引更多生源，特别是师范类的院校，如师范大学、师范学院、师范专科学院，开设的专业大多相似（如计算机科学、工商管理、金融等），有同质化现象，导致这些专业的毕业生数量过剩。

部分高校缺乏对区域经济和社会需求的调研，专业设置与地方产业需求不匹配。

（2）学生选择专业的盲目性。

许多学生在选择专业时缺乏对自身兴趣、能力和职业规划的清晰认识，倾向于选择"热门"或"高薪"专业，导致某些专业人数过多。家长和社会对某些专业的过度推崇也加剧了这种现象。

（3）就业市场的误导。

某些专业在短期内就业形势较好，吸引了大量学生报考，但随着市场饱和，毕业生供过于求。

2. 长线专业毕业生数量较多的原因

（1）长线专业的特殊性。

长线专业（如历史、哲学、社会学等）通常具有较长的培养周期和较窄的就业方向，毕业生数量相对稳定，但就业岗位有限。这些专业的毕业生往往需要进一步深造或转行才能找到合适的工作。

（2）高校扩招的影响。

高校扩招导致长线专业的毕业生数量增加，但社会对这些专业的需求并未同步增长，导致这些毕业生就业压力加大。

（3）社会认知的偏差。

长线专业常被认为是"冷门"或"就业难"的专业，但实际上这些专业在文化、教育、研究等领域具有重要价值。社会对这些专业的认知偏差导致毕业生就业困难。

3. 同质化专业和长线专业毕业生数量较多的影响

（1）就业压力加大。

同质化专业和长线专业的毕业生数量过多，导致就业市场竞争激烈，部分毕业生难以找到专业对口的工作。

（2）教育资源浪费。

高校在热门专业和长线专业上的过度投入导致教育资源分配不均，影响其他专业的发展。

（3）人才结构失衡。

同质化专业毕业生过多导致某些行业人才过剩，而其他行业（如制造业、农业等）却人才短缺。

（4）学生职业发展受限。

部分毕业生因专业与就业市场需求不匹配，被迫从事与专业无关的工作，影响其职业发展。

"一少"指社会急需的高层次人才和符合新技术、新产业、新领域的专业毕业生数量较少。社会的变化是日新月异的，特别是进入人工智能时代后，智能科技每时每刻都在发生变化，3D 打印、AI+、Deepseek 的横空出世，更是体现了我国智能科学领域的显著成果。然而符合这方面岗位需求的专业教育和人才培养并没有跟上脚步。

（三）"一热一冷"

"一热一冷"是指区域需求与就业意向的不匹配。很多毕业生就业时热衷于去大中城市发展，而不愿意去拥有大量空置岗位的偏远地区和基层单位。

"一热"，是指发达地区的一线城市、东部沿海城市，吸引了大量的优秀人才。

"一冷"，是指一些冷门专业没人报，学生认为就业不好；基层没人去，学生认为工作又苦又累；边远地方没人选，学生认为交通不便、离家远、环境艰苦。

二、我国大学生毕业面临的四大挑战

1. 挑战一：高校毕业生总量压力持续增大

我国自 1999 年高校扩招以来，高校毕业生人数总量持续增加。每到高校毕业季时，新闻媒体就会用"史上最难就业季"来形容就业竞争的激烈。

根据在校人数预测高校毕业生人数，2025 年、2026 年、2027 年分别为 1 222 万人、1 240 万人和 1 300 万人，之后 10 年仍然会保持逐年递增的趋势，总的人数规模每年仍然在千万级以上。

2. 挑战二：市场岗位需求恢复不及预期

受全球经济形势不确定、国内产业结构调整、新技术快速发展，以及企业招聘策略有所变化等多种因素的综合影响，尽管经济在逐步恢复，但市场性岗位的需求并未达到预期的恢复水平。具体而言，一方面，随着技术进步和产业结构的调整，一些传统行业如制造业、零售业等吸纳大量就业的传统行业岗位减少，而新兴行业如科技、互联网、新能源等虽然提供了更多的就业机会，但这些行业对求职者的技能要求较高，且竞争激烈。另一方面，在经济压力和市场竞争的双重影响下，许多企业开始调整招聘策略，减少招聘数量，提高招聘标准。例如，企业在招聘时，除了关注求职者的学历背景，更加注重求职者的综合素质和技能。

3. 挑战三：政策性就业岗位扩容难度加大

政策性就业岗位是国家为了解决特定社会问题或推动特定领域发展而设立的岗位，旨在通过政策引导和财政支持，为特定人群提供就业机会。政策性就业岗位是区别于市场性就业岗位的另一种就业方式。政策性就业岗位是国家实施人才战略、推动社会发展的重要举措，其设置旨在促进高校毕业生的就业，主要包括以下四类。

（1）公务员和事业单位岗位：包括各级党政机关、事业单位等提供的岗位，这些岗位通常具有稳定的职业前景和福利待遇。

（2）基层服务项目：如西部计划、"三支一扶"（支教、支农、支医和帮扶乡村振兴）、特岗教师计划等，这些项目旨在引导高校毕业生到基层、到艰苦地区工作，为当地的发展作出贡献。

（3）大学生征兵：针对有参军意向的大学生提供的岗位，包括现役军人和文职人员等。

（4）科研助理和社区治理岗位：在高校、科研机构或社区等单位提供的岗位，这些岗位通常具有一定的专业性和技术要求。

为保障就业，国家一直在积极为政策性就业岗位扩容。2024 年，全国计划招聘特岗教师 3.7 万名。相对于市场岗位，政策性就业岗位通常具有更稳定的职业前景和福利待遇。国家通过各种政策性就业岗位，引导高校毕业生到基层、到国家需要的地方去，实现人才的合理配置和使用。

当前，政策性就业岗位的扩容也面临着诸多困难。

其一，财政压力增大。政策性就业岗位需要政府财政的大力支持，然而，在当前经济形势下，政府财政面临较大压力，用于稳岗扩岗的财政资金投入受到限制。以"三支一扶"计划为例，虽然该计划为高校毕业生提供了基层就业的机会，但这些补贴金额难以满足所有地区的政策性就业岗位扩容需求。

其二，岗位竞争加剧。许多毕业生将政策性就业岗位作为就业的首选，导致政策性就业岗位的招聘门槛不断提高，扩容难度加大。例如，公务员招录考试，由于竞争激烈，多地省考的大部分职位对应届高校毕业生开启通道，对硕、博身份的年龄要求也在放宽，这从侧面反映了政策性就业岗位竞争的激烈程度。

其三，地区发展不均衡。不同地区的经济发展水平和政策性就业岗位的需求存在较大差异。一些经济欠发达地区的政策性就业岗位需求可能更大，但由于财政投入有限，这些地区的政策性就业岗位扩容难度也更大。如贵州、四川等地，在支持承担国家、省级科技计划（专项、基金）的高校扩大科研助理岗位规模方面，虽然有所努力，但由于地区经济发展水平的限制，其扩容难度相对较大。

其四，岗位性质限制。政策性就业岗位往往具有特定的职责和要求，例如，特岗教师计划要求服务期满 3 年（个别地区 5 年）且考核合格的考生，留任即纳入正式编制。这种长期性和稳定性要求使政策性就业岗位在扩容时需要考虑更多的因素。

4. 挑战四：舆情多发，存在泛化炒作风险

随着高校毕业生人数的激增，就业压力也随之加大。这种压力不仅体现在找工作的难度上，也体现在毕业生对未来职业发展的不确定性上。因此，关于就业、职业规划、薪资待遇等方面的舆情频繁出现，成为社会各界关注的焦点。随着社交媒体和新媒体的普及，人们获取信息、表达意见的渠道越来越多样化，高校毕业生作为年轻一代，更加熟悉和依赖这些平台。

在社交媒体和新媒体上，关于高校毕业生的舆情往往呈现出多元化、复杂化的特点。不同群体、不同立场的人可能会就同一问题发表不同观点，甚至产生激烈争论。这种交织的舆情环境使泛化炒作的风险增加。高校毕业生作为即将踏入社会的重要群体，他们的话题往往涉及教育、就业、社会公平等敏感领域。这些话题本身就具有较高的社会关注度，容易引发广泛讨论。在某些情况下，一些媒体或个人可能会利用这些敏感话题进行泛化炒作，以达到吸引眼球、制造话题等目的。这种炒作行为不仅会对高校毕业生的声誉造成损害，还会产生负面的社会舆论。

三、我国大学生就业工作中存在的矛盾

1. 长期矛盾

高素质人才培养与产业升级需求之间存在适配落差。

高校在人才培养过程中需要适应不断变化的社会需求，但教育体系和课程设置具有一定的稳定性，难以迅速适应瞬息万变的社会需求。例如，近年来计算机类专业毕业生数量不断增加，但新兴领域如人工智能、大数据等专业人才缺口仍较大。2023 年，全国计算机类专业毕业生人数同比增长 15%，但市场对新兴领域的人才需求仍在急剧增加。

这种矛盾的根源在于高校的培养周期较长，难以迅速调整课程设置以适应市场需求。近年来，高校在数字领域的相关学科专业建设方面虽有加快，但整体仍滞后于市场发展。例如，2018 年至 2023 年，计算机类专业计划招生人数从 28 万余人增长到 39 万余人，增

长幅度达38.5%，但新兴领域的专业人才缺口并未得到有效缓解。

此外，高校在课程设置和人才培养模式上也面临挑战。尽管高校已开始增设数据科学与大数据技术、人工智能等专业，但这些专业的毕业生规模仍无法满足市场对高端数字人才的需求。与此同时，传统计算机类专业的毕业生在新兴领域的就业竞争力不足，进一步加剧了人才供需的不平衡。高校在人才培养过程中，需要适应不断变化的社会需求，但在实际操作中往往面临教学内容滞后的问题。一方面，高校需要培养符合市场需求的人才；另一方面，高质量教育体系和课程设置具有一定的稳定性和滞后性，难以迅速适应瞬息万变的社会需求。

2. 短期矛盾

（1）高校毕业生的就业期待与实际岗位资源之间存在较大的差距。

学生普遍期望进入大中城市，尤其是经济发达地区，追求优质岗位和较高的职业起点。然而，这些地区的岗位资源有限，竞争激烈，难以满足所有毕业生的需求。与此同时，二、三线城市及基层地区虽然岗位需求较大，但吸引力不足，导致毕业生就业选择集中化，就业压力进一步增大。例如，2025届全国普通高校毕业生规模预计达到1 222万人，同比增加43万人，但2024年高校毕业生的就业率仅为55.5%，这意味着接近一半的大学毕业生未能顺利找到工作。这种供需错配不仅加大了毕业生的求职难度，也影响了就业市场的整体效率。

（2）毕业生的就业期待与社会实际需求之间存在较大差异。

部分毕业生期望进入高薪岗位或从事热门行业，但实际岗位的待遇和工作条件往往难以满足这些期待。例如，2024年高校毕业生中，期望进入高薪岗位的高校毕业生比例较高，但实际能获得高薪岗位的毕业生仅占15%左右。

此外，新兴产业对劳动者的技能要求与传统产业截然不同，毕业生在面对产业结构变化时，往往难以迅速调整自己的技能和知识结构，以适应新兴产业的需求。这种不匹配不仅源于毕业生对就业市场的认知偏差，也反映了社会岗位资源的分布不均衡。多数毕业生在求职过程中不得不调整预期，接受相对较低的薪酬待遇或进入非首选行业。

（3）部分高校毕业生选择"慢就业"。

近年来，随着高校毕业生数量的持续攀升，"慢就业"现象更为普遍。2025届全国普通高校毕业生规模预计达到1 222万人，而"慢就业"比例也在逐年增加。国家统计局上海调查总队的调研显示，2023年有38%的高校应届毕业生选择"慢就业"，其中，32%是为了继续深造，6%选择暂缓就业。这种现象反映出部分毕业生对职业规划和岗位条件有较高期望，希望通过筹备择业、创业或备考等方式寻找更理想的就业机会。

然而，"慢就业"也可能带来负面影响。一方面，它可能导致毕业生错过最佳就业时机，面临人力资本折旧的风险，进而影响未来的就业竞争力和薪资水平；另一方面，长时间的未就业状态可能消磨毕业生的就业意愿，甚至形成长期的就业障碍。

（4）在就业过程中，毕业生普遍存在被动接受与主动配合的差异。

部分毕业生缺乏主动性，习惯于被动等待机会，对就业市场的动态缺乏关注和积极应对。而另一部分毕业生表现出较强的主动性和积极性，通过多种渠道寻找和争取机会，最终实现顺利就业。

这种差异不仅影响个人的就业成功率，也反映出毕业生在就业观念和行动力上的显著分化。这种矛盾的存在，使部分毕业生在就业过程中处于劣势，难以在激烈的市场竞争中脱颖而出，进而加剧了整体就业形势的复杂性。

第二节 我国大学生就业市场分析

 案例导入

党建引领，绘就乡村振兴色彩

案例背景：

秦同学是重庆某大学教育科学学院学前教育专业2016级的毕业生。2020年，秦同学以乡镇公务员的身份考入重庆市永川区来苏镇人民政府，投身基层工作。通过秦同学的经历，我们可以看到从教师到乡镇公务员的转变过程，以及他如何以实际行动践行全心全意为人民服务的理念，推动乡村振兴事业。

案例分析：

秦同学的成长经历充满了奋斗与使命感。从教师到基层一线工作者的转变，源于他2017年暑期的支教经历。2017年暑期，他在重庆市彭水苗族土家族自治县柏杨村小进行支教，面对艰苦的环境和孩子们渴望知识的眼神，秦同学深刻意识到乡村教育的不足和乡镇基层发展的迫切需要。20天的支教经历，不仅加深了他对教育事业的情感，也在他心中埋下了扎根基层、服务乡村的种子。

面对乡镇公务员的工作，秦同学时常回顾自己成长的过程，并通过党组织的培养，不断提升自己的政治素养和工作能力。特别是在扶贫脱贫工作中，秦同学始终秉持着"为人民服务"的信念，冲锋在前，坚守在一线。

解决思路：

秦同学的成功不仅源于他扎实的专业知识，还源于他对乡村振兴的热情与责任感。他通过以下方式解决了工作中的种种挑战：增强责任感、锻炼适应能力、创新工作方法、推动乡村振兴。

案例总结：

秦同学的成功经验，展示了他在乡镇基层工作中的成长与蜕变。秦同学的故事是党建引领下的一面旗帜，代表着一种积极向上的精神，体现在他扎根基层、为民服务的每一个细节中。未来，秦同学将继续为乡村振兴贡献力量，以党员身份为基层群众的幸福生活而努力奋斗。

名人名言

扫大街的人也要像米开朗琪罗作画、贝多芬作曲、莎士比亚写诗一样扫大街。

——（美国）马丁·路德·金

在当今时代，全球经济格局深刻变革，科技革命日新月异，就业市场也随之发生了前所未有的变化。随着经济社会的快速发展，就业市场结构性问题日益凸显，成为制约高校毕业生顺利就业的主要瓶颈。这些问题不仅体现在供需失衡、区域发展不平衡、行业分布不均衡等方面，还因新兴技术的冲击而进一步加剧。尤其是飞速发展的人工智能技术，正在重塑职业结构，改变就业生态，对传统职业和新兴职业的未来发展提出新的挑战与机遇。

一、就业市场结构性问题

1. 就业市场结构性问题的现状

当前，我国就业市场结构性问题日益凸显，主要表现为供需失衡、区域发展不平衡和行业分布不均衡。一方面，青年就业群体面临较大压力，失业率偏高，尤其是高校毕业生规模持续扩大，2025届高校毕业生人数预计达到1 222万人；另一方面，制造业等传统产业存在招工难问题，尤其是一线技工岗位供不应求。从区域来看，东部地区和一线城市新兴产业集中，就业机会多，而中西部地区和二、三线城市面临就业机会不足的困境。此外，行业分布不均衡问题也较为突出，传统制造业因智能化转型和去产能政策，就业岗位减少，而数字经济、新能源等新兴产业对高技能人才的需求旺盛。这种供需错配、区域不平衡和行业分化，成为当前就业市场的主要特征。

2. 结构性问题的成因

就业市场结构性问题的形成是多种因素共同作用的结果。首先，经济转型与产业升级加速了就业岗位的结构调整。随着新质生产力的发展，传统产业向高端化、智能化、绿色化转型，对高技能人才的需求增加，而低技能岗位逐渐被替代。其次，教育体系与市场需求的脱节加剧了结构性矛盾。高校专业设置未能及时适应新兴产业需求，导致毕业生技能与市场需求不匹配。最后，区域经济发展不平衡、政策导向也影响了就业机会的分布。东部地区新兴产业集中，吸引了大量人才流入，而中西部地区因产业发展相对滞后，就业机会不足。这些因素共同作用，使得就业市场的结构性问题愈发突出。

3. 结构性问题对高校毕业生的影响

就业市场的结构性问题对高校毕业生产生了深远影响。首先，导致了就业难度增加与职业选择受限。随着新兴产业对技能要求的提高，大量高校毕业生因缺乏相关技能而难以进入理想行业。其次，职业发展路径与预期出现偏差。高校毕业生在求职过程中发现，所学专业与市场需求不匹配，导致职业发展受阻。最后，心理压力加大，就业满意度降低。激烈的就业竞争和职业选择的不确定性，使毕业生面临较大的心理压力，部分毕业生因未能找到与专业对口的工作，就业满意度降低。这些问题不仅影响了高校毕业生的个人发展，也对社会经济的稳定和可持续发展提出了挑战。

二、数据可视化：近年各行业岗位需求

根据猎聘网发布的《2024高校毕业生就业数据报告》，近年来，各行业岗位需求呈现以下特点。

（1）IT、互联网、游戏行业的毕业生需求极为旺盛，始终居于各行业首位，释放20%～25%的毕业生职业需求。这表明互联网和电子信息类行业在近年来人工智能与传统行业相结合的带动下，发展迅猛，这两大行业的占比总和超过了30%。

（2）电子、通信、半导体行业排行第二，显示出对相关专业毕业生的高需求。

（3）金融行业位列第四，占比达 7.6%。

（4）制造业稳中有升，2024 年第一季度新发校招职位同比增长的细分行业主要归属制造业，例如，整车制造、家具家居、家电等。

（5）工商管理专业毕业生最受欢迎，从用人单位主动开启交流的毕业生专业分布情况来看，在 2024 年第一季度毕业生中，工商管理、计算机科学与技术、会计学、人力资源以及市场营销等专业的毕业生相对而言更受用人单位的青睐。2024 年第一季度毕业生需求同比增长的细分行业 TOP10 如图 1-2 所示。

（6）理工类毕业生的 Offer（录用信）获得率最高，显示出理工科专业在就业市场上的竞争力。

（7）毕业生对灵活就业的接受程度颇高，愿意选择灵活就业的毕业生占比在 90% 以上，其中自媒体备受毕业生的欢迎。

（8）在新职业选择方面，毕业生对职业教育类、潮玩经济类、数字职业类等新职业更加青睐。2024 年第一季度新发校招职位行业分布图如图 1-3 所示。

图 1-2　2024 年第一季度毕业生需求同比增长的细分行业 TOP10

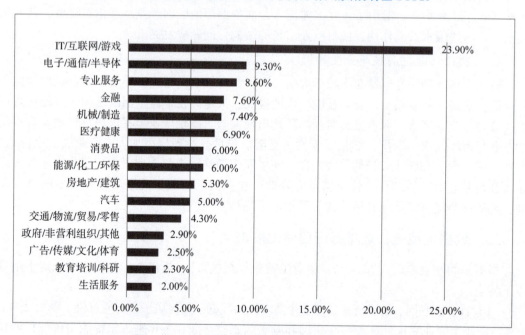

图 1-3　2024 年第一季度新发校招职位行业分布图

综上所述，IT/互联网/游戏、电子/通信/半导体、金融等行业对毕业生的需求较大，同时制造业和新职业领域有较多的就业机会。这为即将步入职场的应届毕业生提供了宝贵的参考信息。

三、行业深度解析：高增长与低增长行业的就业前景

根据当前的市场趋势和经济发展来看，高技术制造业、人工智能、集成电路和新能源汽车等领域是未来就业增长的主要方向。这些行业具有较高的技术含量和创新能力，符合国家的产业发展战略，因此预计在未来几年内会创造大量的就业机会。

一方面，《2024年二季度人才市场热点快报》显示，高技术制造业招聘需求增势亮眼，电子技术/半导体/集成电路、汽车、航空/航天研究与制造、加工制造等行业招聘职位数分别同比增长22.5%、8.5%、5.8%、5%，位列增速前十榜单。此外，AI、芯片、新能源车领跑就业市场，这些前沿科技正与各行各业深度融合，催生了大量新兴职位。新能源汽车领域，"智能化"成为关键词，智能驾驶、智能座舱等岗位的人才需求持续攀升。

另一方面，专业服务行业如咨询、法律、会计和人力资源服务等，正在经历数字化转型，市场需求有所增长，对高素质人才的需求也在上升。然而，房地产/建筑行业中仅12.6%的企业有招聘计划，显示出该行业的就业增长相对较低。

综上所述，对应届毕业生而言，选择就业前景良好的行业，如高技术制造业、人工智能、集成电路和新能源汽车等领域，更有可能获得丰富的就业机会和职业发展空间。同时，随着数字化转型的推进，具备数字化技能的人才需求开始在各行各业涌现，拥有相关技能的毕业生将更具竞争力。

四、人工智能（AI）替代风险TOP10职业预警

在当前全球经济转型与科技飞速发展的背景下，就业生态正经历深刻变革。最新数据显示，人工智能（AI）和自动化技术的普及正在重塑就业市场，预计到2030年，30%的工作时间可能被机器人和算法取代。与此同时，新质生产力领域的应用型人才需求呈指数级增长，并成为未来就业的重要风口。例如，新能源汽车和电力装备行业的人才缺口分别会达到103万人和909万人。此外，电商平台的快速发展也为就业市场注入新活力，如拼多多平台在2024年带动了超过5 500万人就业。

根据麦肯锡的最新报告，到2030年，AI和自动化技术可能会使全球约30%的工作被机器人和算法取代。这意味着许多职业将面临被替代的风险，尤其是那些重复性高、流程化的工作。例如，客户服务与销售、秘书与行政助理、IT与软件工程师、网页与数字界面设计师等职业，由于其工作内容相对单一且重复性高，容易被AI技术取代。受AI影响最大的前十种职业如图1-4所示。

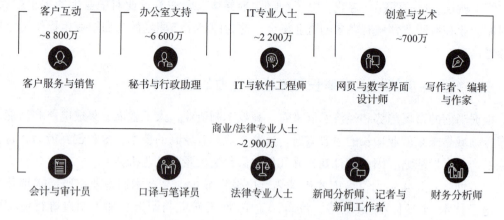

图 1-4　受 AI 影响最大的前十种职业

此外，基础会计和记账员、生产线工人、低技能销售人员、翻译员、呼叫中心员工等职业也处于高风险之列。这些岗位的自动化程度正在不断提高，部分职业可能面临大规模的人员结构调整。

对于本科应届毕业生而言，这既是挑战也是机遇。一方面，需要警惕这些职业的替代风险，避免进入高危行业；另一方面，可以关注 AI 创造的新职业机会，如 AI 训练师、数据标注工程师、智能系统运维员等。同时，建议毕业生注重培养创新思维、复杂决策能力、情感共鸣等 AI 难以替代的技能，以提升自身在就业市场中的竞争力。

五、未来职业金字塔：AI 无法替代的核心竞争力

世界经济论坛发布的《2025 年未来就业报告》预计，到 2030 年，重要性增长最快的十大技能将包括人工智能和大数据，网络和网络空间安全，技术素养，创造性思维，韧性、灵活性和敏捷性，好奇心和终身学习，领导力和社会影响力，人才管理，分析思维，以及环境管理。这些技能涵盖了从技术技能到管理技能，再到职业道德的多个方面，显示了未来职场对多元化能力的需求。报告强调，为了适应快速变化的工作环境，个人需要不断学习和发展这些关键技能，以保持竞争力并实现职业成长。2030 年重要性增长最快的十大技能如图 1-5 所示。

人工智能、大数据和网络，以及网络空间安全等领域的技术技能需求预计增长最快，但分析思维、韧性、领导力和协作能力等人类技能依然是关键的核心技能。这两类技能的组合将日益成为许多增长中的工作岗位的标配。

根据世界经济论坛的《2023 年未来就业报告》，未来五年最需培养的十项技能包括创造性思维，分析性思维，技术素养，好奇心与终身学习能力，韧性、灵活性与敏捷性，系统性思维，人工智能与大数据能力，动力与自我意识，人才管理能力，服务导向与客户服务能力。这十项中包括 3 项认知技能、3 项自我技能、2 项科技技能、1 项管理能力、1 项交流能力。这些技能的重要性上升最快，显示了未来职场对多元化能力的需求。未来最需要培养的十项技能如图 1-6 所示。

1. 人工智能和大数据
2. 网络和网络空间安全
3. 技术素养
4. 创造性思维
5. 韧性、灵活性和敏捷性
6. 好奇心和终身学习
7. 领导力和社会影响力
8. 人才管理
9. 分析思维
10. 环境管理

● 认知技能　■ 自我效能　⬡ 团队协作　⬢ 管理技能　▲ 技术技能　★ 职业道德

注：受访组织选出的在2030年重要性增长最快的技能。

图 1-5　2030 年重要性增长最快的十大技能

1	创造性思维	5	系统性思维
2	分析性思维	7	人工智能与大数据能力
3	技术素养	8	动力与自我意识
4	好奇心与终身学习能力	9	人才管理能力
5	韧性、灵活性与敏捷性	10	服务导向与客户服务能力

技能类型　● 认知技能　■ 自我效能　▲ 科技技能
　　　　　⬡ 管理能力　⬢ 交流能力

注：上述所列为报告调查显示在2023—2027年重要性上升最快的技能。

图 1-6　未来最需要培养的十项技能

第三节 我国大学生就业方向分析

 案例导入

尊重每一分努力，唤醒潜藏的力量

案例背景：

薛同学是重庆某大学马克思主义学院思想政治教育专业 2018 级的学生，在即将面临就业选择时，他做出了与许多同学不同的选择：通过自己的努力与坚定的信念，成为重庆市渝北区数据谷中学的一名教师。在就业过程中，薛同学也曾面临诸多困难，但通过坚持自觉、自律和自信的原则，他克服了困难，最终获得了成功。

案例分析：

薛同学在面对毕业后的就业选择时，经历了内心的挣扎与成长。他的困惑主要集中在以下三个方面。

（1）自我认知与职业选择：对于自己未来的定位和理想的职业路径，他在大学初期曾迷茫过，不确定自己是否能走出舒适区和追求更高的目标。

（2）时间管理与自我约束：在学生工作与学业之间，他曾因过度参与学生工作而导致精力分散，影响了学习成绩和职业规划。

（3）求职过程中的挫折：初期的求职经历并不顺利，由于缺乏高中的教学经验，导致前三场面试失利。

解决思路：

自觉、自律、自信：薛同学明确了每一个目标的实现步骤，努力在有限的时间里提升自己。在面临求职挑战时，薛同学坚定信念，提升自己的综合素质，迅速弥补短板。他相信自己的实力，最终在招聘过程中脱颖而出，成功获得了教师职位，迈入了教育事业的职业道路。

案例总结：

薛同学的成功在于他拥有坚定的自我意识与明确的职业规划，能够在挑战面前不屈不挠，突破自我局限。他的经验为同学们提供了宝贵的借鉴——在青春的路上，只有通过自觉的努力、自律的行为和自信的信念，才能突破困境，实现梦想。

名人名言

做你喜欢的事情，从来不会感觉自己在工作。

——道格拉斯·艾默里奇

一、大学毕业生的就业方向

大学毕业生的就业方向是多样化且充满可能性的，这不仅取决于个人的兴趣、专业背

景和职业规划，还受到社会需求、行业发展趋势及经济环境的影响。以下将从多个角度详细阐述大学毕业生的就业方向，帮助大学毕业生更好地理解自身选择，并为未来职业发展做好准备。

（一）大学毕业生一般就业方向

大学毕业生一般就业方向如表1-1所示。

表1-1 大学毕业生一般就业方向

就业类型	定义	特点	适用人群
科研助理、管理助理	被高校、科研机构或企业聘用，担任博士后、科研辅助研究、技术助理、技术经理人、学术助理、财务助理等岗位	能深入接触科研项目与学术环境，积累科研和管理经验，但部分岗位为短期合同制，薪资水平因地区和单位而异	对科研或学术管理有兴趣，计划未来攻读博士学位或从事科研相关工作的毕业生
应征义务兵	报名参军，服役于军队，履行公民的兵役义务	享受军人待遇，退役后在考研、就业等方面有政策优惠，能锻炼意志品质，提升身体素质	身体素质良好，具有爱国情怀和国防意识，愿意投身军旅生活的毕业生
国家基层项目	参与国家特岗教师、三支一扶、西部计划、大学生乡村医生专项计划等项目，服务基层地区	服务期通常为1~3年，期满后在升学、就业等方面享有政策倾斜，能深入了解基层需求，锻炼实践能力	愿意扎根基层，为基层发展贡献力量，同时希望借助政策提升自身发展空间的毕业生
地方基层项目	参加地方特岗教师、地方选调生、农技特岗、乡村教师等地方组织的基层服务项目	服务地方发展，具有较强的地域针对性，服务期满后在当地有一定的政策支持和职业发展机会	对特定地区有归属感，希望为家乡或特定地区基层建设出力的毕业生
自主创业	创立企业（包括参与创立企业），或是企业的所有者、管理者，包括个体经营和合伙经营等类型	具有较大的发展潜力和自主性，但面临较高风险，需要具备创新思维、市场洞察力和管理能力	有创新项目、创业热情、一定资金支持和抗压能力的毕业生
自由职业	以个体劳动为主，如作家、自由撰稿人、翻译工作者、中介服务工作者等，无固定雇主，独立承接项目	工作时间和地点灵活自由，但收入不稳定，需要较强的自律性和自我营销能力	具备专业技能，追求工作自主性和灵活性的毕业生
境内升学	通过考研、保研等方式，进入国内高校攻读研究生学位；或报考第二学士学位；或专科升普通本科	提升学历层次，深入学习专业知识，延缓就业压力，为未来职业发展拓宽道路	学术兴趣浓厚，计划在专业领域深入发展，或希望提升学历、增强就业竞争力的毕业生
境外留学	毕业生前往境外高校攻读学位，接受国际化教育	拓展国际视野，提升跨文化交流能力，接触先进教育理念和学术资源，但需要较高的成本	经济条件允许，渴望获得国际化教育背景，提升自身国际竞争力的毕业生

（二）新兴就业方向

1. 互联网与信息技术

随着互联网技术的普及，电子商务、数据分析、云计算等新兴领域为大学毕业生提供了大量就业机会。计算机科学、电子信息工程等专业的毕业生适合从事软件开发、网络安全等工作，而新闻传播类专业的毕业生适合进入互联网公司从事内容运营或数字营销。

2. 环保与可持续发展

环保行业近年来受到越来越多的关注，包括环境工程师、生态规划师等岗位。农学、林学等专业的毕业生可以从事生态保护和资源管理相关工作，而理工科背景的毕业生适合进入环保科技公司。

3. 创业与自由职业

创业已成为越来越多大学生的选择。通过利用所学知识和技能，毕业生可以创办自己的企业或项目。此外，自由职业者，如自媒体人、设计师等也成为一种就业趋势。这种就业方式虽然风险较高，但给毕业生提供了更大的自由度和发展空间。

二、2024 年中国本科生就业方向分析

麦可思研究院发布的《2024 年中国本科生就业报告》指出，2023 届本科毕业生就业呈现多元灵活趋势：境内读研增速放缓至 17.6%，全职备考减少，留学比例回升至 1.7%；灵活就业占比升至 5.1%，互联网创业增长显著。毕业生返乡及下沉就业趋势突出，中西部和地级城市就业比例持续上升。高端装备制造业发展带动数字技术人才需求增至 4.7%，中小微民企就业吸纳比例回升至 31%，其中装备制造领域占比提升。人工智能与小学教育领域需进一步对接人才培养与实际产业需求。

1. 应届本科毕业生就业方向多元化

继 2022 年高校毕业生规模首次突破千万大关后，2023 年毕业生规模再创新高。面对就业市场的压力，2023 届本科毕业生就业趋势呈现更加多元化和灵活化的特点。

（1）"考研热"降温，境内读研比例增速放缓。

2023 届本科毕业生就业区域呈现返乡与下沉趋势：东部地区的就业比例从 2019 届的 55.2% 降至 51.1%，中、西部地区分别升至 20.1% 和 25.0%，其中，中、西部返乡就业占比达 87% 和 80%。就业城市层级显著下沉，地级市及以下就业比例从 53% 增至 61%，直辖市、副省级城市就业比例分别降至 12% 和 27%；基层治理领域吸纳力增强，政府及公共管理机构就业占比从 8.2% 升至 10.0%，教育、行政成为下沉市场的主要就业方向。

（2）留学市场逐步回暖，留学比例开始回升。

2023 届本科毕业生的出国、出境留学比例回升至 1.7%，比 2021 届和 2022 届的本科毕业生留学比例 1.2% 和 1.3% 有所提高。特别是"双一流"院校毕业生的留学比例更为明显，2023 届达到 3.5%，比 2022 届高出 0.7%。学成归国仍是多数留学生的选择，五年内有 76% 的人选择回国，与 2017 届的 77% 基本持平。

（3）灵活就业和新形态创业占比上升。

2023 届本科毕业生中，5.1% 的人选择了灵活就业，比 2022 届的 4.6% 有所上升。灵

活就业包括受雇半职工作、自由职业和自主创业等形式，其中依托互联网平台的新就业形态比例为32%，比2021届高出2%。选择自主创业的比例为1.4%，其中"互联网创业"的比例为22%，比2021届高出6%。

（4）公务员和事业编考试备考人数持续增长。

2023届本科毕业生中，准备公务员、事业单位公开招录考试的比例为1.8%，在五年内增长了一倍多。这表明毕业生在追求灵活性和创新性的同时，也注重稳定性和长期发展，备考公务员或事业编的人数增长反映了一部分毕业生对稳定职业的追求。

2. 区域均衡与产业升级促进就业多样化

毕业生的就业流向呈现更加多元化的特点。中西部地区、地级市及以下成为越来越多毕业生的选择。与此同时，在数字技术的创新驱动下，高端装备制造业稳步发展，为毕业生就业提供了新的选择。此外，中小微民企对毕业生的吸纳力有所回升，这也为毕业生提供了更多的就业选择和职业发展机会。

（1）更多毕业生选择返乡和下沉市场就业。

2023届本科毕业生就业区域呈现返乡与下沉趋势：东部地区就业比例从2019届的55.2%降至51.1%，中、西部地区则分别升至20.1%和25.0%，其中，中、西部返乡就业占比达87%和80%。就业城市层级显著下沉，地级市及以下就业比例从53%增至61%，直辖市、副省级城市就业比例分别降至12%和27%；基层治理领域吸纳力增强，政府及公共管理机构就业占比从8.2%升至10.0%，教育、行政成为下沉市场的主要就业方向。

（2）数字技术驱动高端装备制造业就业增长与质量提升。

数字技术驱动高端装备制造业就业增长与质量提升，意味着随着数字技术的发展和应用，高端装备制造业的就业机会将会增加，就业的质量也会得到提升。数字技术包括人工智能、大数据、物联网、云计算等，这些技术应用于高端装备制造业，可以提高生产效率、优化生产流程、提升产品质量，从而带动行业的快速发展。这将创造更多的就业机会，特别是对高素质、高技能的人才需求将会增加。同时，数字技术的应用也会使工作更加智能化、自动化，降低劳动强度，提高工作的安全性和舒适性，从而提升就业的质量。此外，数字技术还可以促进教育培训体系的改进，为员工提供更好的职业发展机会和技能提升渠道，进一步提升就业的质量。总之，数字技术在高端装备制造业中的应用，将为就业增长带来积极的影响。

（3）中小微民企吸纳力增强，其中装备制造业是毕业生就业增长点。

2023届毕业生在中小微民企就业的比例达31%，比2022年的毕业生提高了3%。其中，装备制造业作为毕业生就业的一个重要领域，其占比持续上升，从2019届的7.2%增长至2023届的10.0%。这表明，随着高端装备制造业的稳步发展，中小微民营企业在吸纳毕业生就业方面的能力不断增强，为毕业生提供了更多的就业选择和机会。

三、师范生的主要职业选择——继续从事教育工作

据悉，师范生毕业后有一部分人会去考公务员、考研或出国深造，也有一部分人不再从事与本专业相关的教育工作，而是进入其他行业任职，但相当大一部分的师范生毕业后会进入教育机构从事教育工作，有的直接任专业课教师，有的成为行政人员，还有的会选

择后勤岗位。那么教育机构中的工作岗位到底有哪些呢？

（一）教育机构工作岗位与工作职责

教育机构中的工作岗位种类繁多，涵盖了从教学到管理、从行政到后勤的多个领域。这些岗位不仅为社会培养了大量高素质人才，也推动了教育事业的发展和创新。以下将详细说明教育机构中的主要工作岗位及其职责。

1）教学岗位

教学岗位是民办教育机构的核心岗位，主要包括专职教师、兼职教师、辅导员等。

（1）专职教师。

专职教师是民办教育机构中承担学科教学任务的主要人员，通常须具备相应的教师资格证书或相关专业技能。

专职教师的主要职责包括：按照教学计划开展课堂教学，完成教学任务；准备和批改作业，组织考试和测验；参与学科教研活动，提升教学质量；关注学生的学习情况，及时进行个别辅导；完成学校安排的其他教学相关工作。

（2）兼职教师。

兼职教师通常由社会上有经验的专家、教授或行业从业者担任，他们主要负责特定课程或专题讲座的教学任务。兼职教师需要具备丰富的专业知识和实践经验，同时能够将理论与实践相结合，为学生提供更生动、实用的学习体验。

（3）辅导员。

辅导员主要负责学生的日常管理和心理辅导工作。辅导员的职责包括：组织班级活动，促进学生全面发展；关注学生的思想动态，帮助解决学习和生活中的问题；协助学校开展心理健康教育和职业生涯规划；与家长保持沟通，共同关注学生的成长。

2）管理岗位

管理岗位是民办教育机构正常运行的重要保障，主要包括校长、副校长、教学管理人员、行政管理人员等。

（1）校长。

校长是民办教育机构的最高管理者，负责学校的整体运营和决策。校长的主要职责包括：确定学校发展战略和年度计划；领导学校各部门工作，确保教育教学质量；负责学校的财务管理和资源调配；推动学校文化建设，提升学校品牌影响力。

（2）副校长。

副校长协助校长工作，具体负责学校的日常管理工作。副校长职责包括：负责学校的教学管理，确定教学计划并监督执行；组织教师培训和教研活动，提升教师队伍素质；管理学校的招生宣传工作，拓展生源。

（3）教学管理人员。

教学管理人员主要负责学校的教学事务管理，包括课程安排、教师调配、教学评估等。

教学管理人员的职责包括：确定教学计划和课程表；组织教师备课和教研活动；对教学质量进行监控和评估；协调教师之间的合作与交流。

（4）行政管理人员。

行政管理人员负责学校的后勤保障和行政事务，包括财务管理、人事管理、设备维护等。行政管理人员的职责包括：管理学校的财务收支，确保资金合理使用；负责学校的人员招聘、培训和考核；维护学校的基础设施和设备；处理学校的日常事务。

3）教务岗位

教务岗位是保障教学秩序和教学质量的重要支撑，主要包括教务主任、教务助理等。

（1）教务主任。

教务主任负责学校的教务管理工作，其职责包括：制订和调整教学计划；组织教师进行教学研究和交流；监督和评估教学质量；处理学生的选课、成绩统计等工作。

（2）教务助理。

教务助理协助教务主任完成日常教务工作，其职责包括：负责学生报名注册、资料整理；教学检查资料的整理和归档；准备考试试卷和组织考试；协助教务主任处理突发事件。

4）后勤岗位

后勤岗位为学校的正常运行提供物质保障和支持，主要包括财务人员、安保人员、后勤管理人员等。

财务人员负责学校的财务管理，其职责包括：管理学校的财务收支，确保资金安全；编制预算和决算报告；处理学校的收费和退款事宜；定期进行财务审计。

安保人员负责学校的校园安全，其职责包括：维护校园秩序，防止突发事件的发生；监控校园安全设施的运行状态；处理校园内的安全问题和纠纷；协助处理紧急事件。

后勤管理人员负责学校的日常维护和保障工作，其职责包括：维护学校的基础设施和设备；管理学校的水电供应和环境卫生；处理学校的物资采购和库存管理；协调各部门之间的后勤支持。

5）招生与市场岗位

招生与市场岗位是民办教育机构吸引生源的重要环节，主要包括招生负责人、市场拓展专员等。

6）党建工作岗位

党建工作岗位是民办教育机构提升治理水平的重要组成部分，主要包括党组织书记、专职副书记等。

7）其他岗位

教育机构中还存在一些特殊岗位，如外籍教师、职业指导人员等。

（二）教育机构的分类

教育机构，一般分为公立教育机构（公办学校）与民办教育机构两种。

1. 公立教育机构（公办学校）

公立教育机构是由政府主办和管理的教育机构，包括中小学、大学及职业学校等，享有财政支持和政策扶持，注重普及教育和公平性。

公办学校是由政府主办和管理的教育机构，资金来源主要为财政拨款，提供免费或低收费的教育服务，具有较高的教育质量和稳定性。

2. 民办教育机构

民办教育机构是指由国家机构以外的社会组织或个人利用非国家财政性经费，面向社会举办的教育机构。这些机构可以提供学历教育、非学历教育、学前教育，以及职业技能培训等多种形式的教育服务。

根据《中华人民共和国民办教育促进法》，民办教育机构的设立需满足一定的条件，包括具备与所实施教育活动相适应的场地设施、办学经费、管理能力、课程资源和相应资质的教学人员等。此外，举办者需提交申办报告、举办者信息、资产来源和资金证明等材料，并经过教育行政部门审批。民办教育机构的类型主要有以下几种。

（1）学历教育：如幼儿园、小学、初中、高中等。

（2）非学历教育：如文化艺术、体育、科技类培训，以及成人继续教育。

（3）学前教育：如幼儿园。

（4）职业技能培训：如职业高中、中等职业学校等。

民办教育机构具有自主性与灵活性、注重特色与创新、教师队伍的专业性与流动性等特点。

民办教育机构在我国教育体系中扮演着重要角色，既满足了多样化的教育需求，也为推动教育改革和经济社会发展作出了贡献。未来，随着政策的进一步完善和市场需求的变化，民办教育机构将继续发挥其独特优势，为我国教育事业的发展注入新的活力。

📠 课后实践

1. 依次回答以下问题，完成自我能力检测

（1）我有哪些能力？请直接填写在下面，至少填 10 项。

_____

_____

（2）我是如何运用自己的能力的？

_____

_____

（3）有哪些能力是我所欠缺而有待充实的？

_____

_____

（4）我是否还有哪些能力尚未被发掘？

_____

_____

（5）我能力的强弱与自己未来生涯的发展有什么样的关系？

_____

_____

（6）与我自己能力有关的职业有哪些？

_____

_____

2. 我能做什么

在这项活动中，想想"我能做哪些事情"。请用 10 个陈述句来描述自己的能力。只要

是你会做的，都把它写出来，不一定要和工作有关。例如，"我能和别人相处得很好"或
"我能操作电脑"等。

（1）我能做的事情有：

我能_____。

我能_____。

我能_____。

我能_____。

我能_____。

我能_____。

我能_____。

我能_____。

我能_____。

我能_____。

（2）在上面所陈述的诸多事情中，哪一件事情你做得最好？次之的事情又是哪一件？
并展开说明自己在这件事情上的表现优秀之处。请试着将以上 10 件事情依照实际情况列
出顺序，写在以下的"顺序"栏中，表现最好的填 1，其次填 2，以此类推，最后你就找
到了你最适合做的工作。

① _____

② _____

③ _____

④ _____

⑤ _____

⑥ _____

⑦ _____

⑧ _____

⑨ _____

⑩ _____

第二章
大学生就业政策与体制内就业

 **本章导读**

> 展望未来，我国青年一代必将大有可为，也必将大有作为。这是"长江后浪推前浪"的历史规律，也是"一代更比一代强"的青春责任。
>
> ——2013 年 5 月 4 日，习近平在同各界优秀青年代表座谈时的讲话

教育目的

1. 深入理解就业政策，把握就业趋势和机会，拓宽就业渠道。
2. 明确毕业去向分类，合理进行职业规划，提升就业与职业适应能力。
3. 树立正确的价值观与就业观，增强基层服务意识与社会责任感。
4. 结合就业政策与就业场景，解决问题，提升政策理解与实践应用能力。

第一节　国家就业政策一览

案例导入

扎根泥土，在不懈奋斗中绽放绚丽之花

案例背景：

刘同学是重庆某大学音乐学院舞蹈学（师范）专业 2018 级的学生，毕业后选择前往重庆市城口县高观镇高望初级中学进行支教工作。在大学期间，她通过舞蹈特长，逐步进入志愿服务领域，并在支教的道路上实现了自己的人生价值，成为一名积极参与并无私奉献的青年志愿者。

案例分析：

刘同学面临了多种选择和挑战。首先，作为一名舞蹈学专业的学生，她有着舞蹈梦想，但在支教的道路上她需要承担的工作不仅局限于舞蹈教学，还要兼顾其他各项任务。其次，支教工作环境艰苦且条件有限，面对山区支教的困难，她必须调整心理状态，提升专业能力。同时，刘同学一直在思考如何将自己的舞蹈特长与支教工作相结合，使自己能真正帮到山区的孩子们。她也在实践中逐渐感受到教学相长的乐趣和意义。

解决思路：

坚定信念，勇敢追寻、提升专业能力，适应艰苦环境，全心服务和奉献，传递爱与希望。刘同学以支教为平台，将舞蹈艺术与教育结合，关注孩子们的全面发展，充分发挥她的专业优势。同时，她不断自我提升，增强了对艰苦环境的适应能力，将自己在舞台上培养的勇气与自信传递给孩子们，激发他们的梦想与潜力。

案例总结：

刘同学的成功经验在于她在大学期间就明确了自己未来的职业方向，并为之努力奋斗。她通过不断参与志愿服务，提升自己在教学、工作和生活中的综合能力。她的支教经历让她深刻感受到教育的力量，并在自己的成长中找到更高的使命感。在未来的职业发展中，刘同学应该继续关注自己的心理健康，持续提升专业能力，并继续投身到教育事业中，帮助更多的孩子走出大山，拓宽他们的视野和未来。

名人名言

职业不应仅以获取权力为目的，而应承担义务，有益于个人和社会。

——蔡元培

就业政策根据经济发展战略和市场需求等客观要求而制定。党和国家对高校毕业生的就业给予了极大的关注和支持，出台了一系列促进高校毕业生就业的政策，并重点推动四方面工作，通过保市场主体保就业、通过促创新创业带动就业、通过抓重点群体稳就业、通过人才培训强化就业支撑，进一步加大就业优先政策实施力度，以缓解就业压力，引导和帮助高校毕业生顺利就业。

就业政策反映了国家对不同行业、不同地区的就业导向和扶持力度。作为大学生，通过熟知政策，可以捕捉到就业市场的变化和趋势，从而把握政策机遇，拓展就业渠道。例如，国家可能针对某些新兴产业或地区提供专项就业扶持计划，了解这些政策可以帮助毕业生找到更多的就业机会和更大的发展空间。

一、国家最新就业政策

1. "十四五"就业促进规划工程目标架构

《国务院关于印发"十四五"就业促进规划的通知》提到，到2025年，要实现以下目标。

（1）就业形势总体平稳。城镇新增就业5 500万人以上，努力实现更大规模，城镇调查失业率控制在 5.5% 以内，重点群体就业保持稳定。城乡、区域就业机会差距逐步缩小，劳动力市场供求基本平衡。

（2）就业质量稳步提升。劳动报酬提高与劳动生产率提高基本同步，覆盖城乡劳动者的社会保障体系更加健全，劳动权益保障进一步加强，劳动关系和谐稳定，更多劳动者实现体面劳动。

（3）结构性就业矛盾有效缓解。人力资源质量大幅提升，更加匹配产业转型升级和高质量发展的需要。全国高技能人才总量稳步扩大，劳动年龄人口平均受教育年限达到 11.3 年，新增劳动力受过高等教育比例达到 55%。

（4）创业带动就业动能持续释放。创业引领作用更加凸显，对高质量就业的带动能力不断增强。创业环境更加优化，政策服务体系更加完备，创业机会更多、渠道更广，更多人可以通过创业实现人生价值。

（5）风险应对能力显著增强。就业领域风险监测预警和应对处置机制不断健全，失业人员保障范围有效扩大、保障水平进一步提高，困难群体得到及时帮扶，就业安全保障更加有力。

《国务院关于印发"十四五"就业促进规划的通知》确定的未来五年的就业目标如图 2-1 所示。

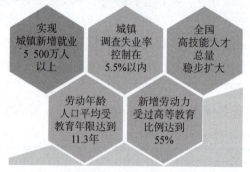

图 2-1　《国务院关于印发"十四五"就业促进规划的通知》确定的未来五年的就业目标

2. "十四五"就业促进规划工程实施路径

2024 年 9 月 15 日，《中共中央 国务院关于实施就业优先战略促进高质量充分就业的意见》指出，坚持以习近平新时代中国特色社会主义思想为指导，深入贯彻党的二十大和二十届二中、三中全会精神，坚持以人民为中心的发展思想，全面贯彻劳动者自主就业、市场调节就业、政府促进就业和鼓励创业的方针，以推动高质量发展为基础，以实施就业优先战略为引领，以强化就业优先政策为抓手，以破解结构性就业矛盾为着力点，以深化就业体制机制改革为动力，以不发生规模性失业风险为底线，持续促进就业质的有效提升和量的合理增长，推动实现劳动者工作稳定、收入合理、保障可靠、职业安全等，不断增强广大劳动者获得感幸福感安全感，为以中国式现代化全面推进强国建设、民族复兴伟业提供有力支撑。

经过努力，就业机会充分、就业环境公平、就业结构优化、人岗匹配高效、劳动关系和谐的局面逐步形成，系统集成、协调联动、数字赋能、管理科学、法治保障的就业工作体系更加健全。城镇就业稳定增长，失业水平有效控制，劳动参与率基本稳定，现代化人力资源加快塑造，就业公共服务体系更加完善，中等收入群体规模稳步扩大，社会保险覆盖面不断扩大，劳动者就业权益有效维护，使人人都有通过辛勤努力实现自身发展的机会。《中共中央　国务院关于实施就业优先战略促进高质量充分就业的意见》概要如图 2-2 所示。

推动经济社会发展与就业促进协调联动
强化宏观调控就业优先导向
增强现代化产业体系就业协同性
支持各类经营主体稳岗扩岗
提升区域协调发展就业承载力
培育就业扩容提质新动能

着力解决结构性就业矛盾
提高教育供给与人才需求的匹配度
健全终身职业技能培训制度
拓宽技能人才发展通道

完善重点群体就业支持体系
拓展高校毕业生等青年就业成才渠道
做好退役军人就业服务保障
拓宽农村劳动力就业增收空间
完善困难人员就业援助制度
优化自主创业灵活就业保障制度

《中共中央 国务院关于实施就业优先战略促进高质量充分就业的意见》

健全精准高效的就业公共服务体系
完善覆盖全民的就业公共服务制度
夯实基层导向的就业公共服务基础
推行数字赋能的就业公共服务模式

提升劳动者就业权益保障水平
保障平等就业权利
促进劳动报酬合理增长
构建和谐劳动关系
扩大社会保障覆盖面

凝聚促进高质量充分就业的工作合力
加强组织领导
强化支撑保障
防范化解重大风险
营造良好氛围

图 2-2　《中共中央　国务院关于实施就业优先战略促进高质量充分就业的意见》概要

二、我国大学生最新就业政策文件

2025 年 4 月 17 日，人力资源社会保障部、教育部、财政部公布了《关于做好 2025 年高校毕业生等青年就业工作的通知》（人社部发〔2025〕20 号），其全文如下：

关于做好 2025 年高校毕业生等青年就业工作的通知

各省、自治区、直辖市及新疆生产建设兵团人力资源社会保障厅（局）、教育厅（教委、教育局）、财政厅（局）：

高校毕业生等青年是宝贵的人才资源。为深入学习贯彻习近平新时代中国特色社会主义思想，落实党的二十届三中全会、中央经济工作会议精神，以及《中共中央国务院关于实施就业优先战略促进高质量充分就业的意见》要求，进一步挖岗位、提能力、优服务、强保障，全力以赴做好 2025 年高校毕业生等青年就业工作。现就有关工作通知如下。

1. 多渠道挖掘就业岗位

（1）扩大市场化就业岗位。拓展企业就业主渠道，综合运用扩岗补助、就业困难等人员社保补贴等各类政策，激励企业吸纳高校毕业生等青年。公开本地促进青年就业政策办理流程，明确办理时限，大力推行"直补快办""政策计算器"等服务方式，推动各项就业政策集中兑现，提高政策落实率。组织人社专员、高校就业工作人员对接专精特新"小巨人"企业、专精特新中小企业、高新技术企业，提供就业服务，了解面向高校毕业生等青年招聘需求，促进人岗快速匹配。深化"书记校长访企拓岗"专项行动，拓展市场化岗位规模。对招用毕业年度及离校两年内未就业高校毕业生及 16—24 岁登记失业青年，签订劳动合同，并按规定为其足额缴纳 3 个月以上的失业、工伤、职工养老保险费的社会组织，参照企业享受一次性扩岗补助政策，政策执行至 2025 年 12 月 31 日。

（2）拓宽基层就业空间。省级人力资源社会保障部门要建立城乡基层岗位归集发布机制，依托公共就业服务网站、市场化人力资源服务平台等，动态发布本地就业社保、医疗卫生、养老服务等城乡社区就业岗位。统筹推进"三支一扶"计划、志愿服务西部计划、农村教师特岗计划等基层服务项目，加大招募计划向脱贫地区、东北地区、边疆地区倾斜力度。

（3）稳定公共部门岗位规模。统筹用好本地事业单位编制存量，重点面向高校、中学等教育类事业单位和基层医疗卫生机构等医疗卫生类事业单位，挖掘岗位资源，并向高校毕业生倾斜。加快事业单位招聘进度安排，8月底前完成事业单位面向2025届高校毕业生的招聘工作。稳定扩大国有企业招聘高校毕业生规模，延续实施国有企业一次性增人增资政策，政策执行至2026年12月31日。

（4）支持青年自主创业。用好各地创业孵化载体，鼓励政府投资的孵化器放宽高校毕业生等重点群体免费入驻门槛。强化创业服务保障，将高校毕业生创业项目纳入重点孵化项目库，提供创业培训、创业指导、创业孵化、政策落实等"一条龙"服务，提升创业成功率。支持建设全国大学生创新创业成果转化中心，促进创新创业项目孵化落地。加强融资支持，遴选有资金需求、带动就业多的高校毕业生创业项目，组织"政企银担"交流活动，开展形式多样的融资对接服务。

2. 全力支持提升就业能力

（1）实施就业能力提升"双千"计划。聚焦就业市场急需的知识和技能要求，推动在全国高校开设1000个"微专业"和1000门职业能力培训课程，重点支持开展人工智能应用赋能就业培训。指导高校组织社会需求不足相关学科专业点学生参与"微专业"或培训课程学习，优化知识和技能结构，通过考核后可获得相应学习证明。鼓励高校建立更灵活的学习制度，允许近年持续就业状况不佳相关专业学生按规定转专业或辅修其他专业。推进急需学科专业核心课程与教学内容实质性更新迭代，根据需要超常规增设一批学科专业点。

（2）全面推开青年求职能力实训营。省级人力资源社会保障部门要加强求职能力实训师队伍建设，组织师资培训班，开办研讨交流、观摩教学等活动。积极开展青年求职能力实训，将毕业年度高校毕业生、离校未就业高校毕业生、失业青年纳入实训范围，组织企业参观、跟岗锻炼等体验活动，开展简历修改、形象礼仪等课程教学，帮助提升求职能力。

（3）实施百万青年职业技能提升行动。引导支持广大高校毕业生等青年根据职业规划、求职意向自主参加技能培训，按规定落实职业培训补贴。2025年，力争组织100万高校毕业生等青年参加技能培训活动。聚焦高校毕业生等青年特点，加强数字人才培育，研究数字经济技能需求清单，开发一批人工智能、大数据、智能制造等领域培训项目。深化校企合作、产教融合，推行工学一体化、学徒制、项目化等培养培训模式，加强岗位核心技能、关键技术实操实训，提升高校毕业生等青年技能水平。

（4）实施百万就业见习岗位募集计划。强化见习岗位开发，面向企业、科研院所等事业单位开发科研类、技术类、管理类岗位。强化见习规范管理，指导见习单位做好见习协议签订、带教制度落实、见习待遇保障相关工作，定期跟进检查见习单位见习人员管理、政策落实和见习实效等情况。强化见习跟踪帮扶，鼓励见习单位留用见习人员，做好见习后未留用人员后续就业帮扶。

3. 着力强化就业服务保障

（1）做实做细高校就业指导帮扶。强化就业观念引导，增强大学生生涯规划意识，办好第二届全国大学生职业规划大赛。国家大学生就业服务平台实施"共建共享岗位精选计划"，汇集更多岗位资源。高校建立就业困难毕业生帮扶台账，发动其优先参加"宏志助航计划"。

（2）开展公共就业服务进校园活动。3—6月，省级人力资源社会保障部门会同教育部门持续推动政策宣传、招聘服务、就业指导、创业服务、职业培训、困难帮扶等"六进"校园。充分发挥职业指导师、就业创业领域专家、人力资源经理等专业力量作用，开展多元化交流指导，组织沙龙对话、求职讲堂、就业咨询等活动。支持有条件的地方与高校合作设立就业创业指导服务站，为毕业生求职就业提供便利。

（3）开展百所高校人社厅局长结对帮扶活动。各省级人力资源社会保障部门会同教育部门选取3—5所就业工作任务重、压力大的高校，组织人社厅（局）长、就业局长定点联系、定期走访、定向服务。根据结对院校毕业生学历层次、技能水平、就业意愿等，针对性筛选、推送岗位信息，针对性提供职业指导、创业辅导等服务。

（4）实施离校未就业毕业生就业服务攻坚行动。省级人力资源社会保障部门要主动与教育部门对接，7月份完成有就业意愿的离校未就业毕业生实名信息交接。综合运用求职登记、走访摸排等方式，完善实名台账，普遍提供至少1次政策宣介、1次职业指导、3次岗位推荐及1次培训或见习机会。聚焦低保家庭、零就业家庭、防止返贫监测对象家庭、残疾等困难高校毕业生，明确专人结对帮扶，实施"一人一策"，针对性提供3—5个高质量岗位信息。

（5）开展"职引未来"系列招聘活动。全年接续举办百日千万招聘、全国城市联合招聘高校毕业生、民营企业招聘月、国聘行动、人力资源市场高校毕业生就业服务专项行动、24365线上校园招聘等专项活动，丰富行业企业专场、直播带岗等特色招聘，保持市场热度。高校毕业生集中的城市每周至少举办1次专业性招聘，每月至少举办1次综合性招聘，重点面向三四线城市倾斜岗位资源。要强化做好现场招聘会安全管理工作的责任意识和底线思维，严格落实属地管理责任，建立完善风险防控机制，确保各类现场招聘会安全。

（6）建立失业青年常态化帮扶机制。全年开放未就业毕业生求职登记小程序，畅通本地线上线下求助渠道，允许失业青年在户籍地、常住地、求职地进行求职登记。加强就业转失业青年摸排，掌握其就业失业状态，持续开展联系服务。加大异地求职服务力度，依托零工市场（零工驿站）、家门口就业服务站等现有资源，建设一批青年就业驿站，为异地求职的高校毕业生等青年提供政策解读、职业指导、招聘信息等"一站式"服务。

4. 加力营造就业良好环境

（1）加强招聘信息审核。指导用人单位和人力资源服务机构依法依规设置招聘条件，不得发布性别、民族等歧视性信息，不得发布虚假和欺诈等非法信息，不得发布与岗位职责适配性无关的限制性条件。加强公共就业服务活动和各类校园招聘活动参与企业资质及岗位信息审核，避免不合理招聘信息。

（2）维护人力资源市场秩序。开展清理整顿人力资源市场秩序专项行动，依法打击培训贷、付费实习、虚假招聘等违法行为，及时查处滥用试用期、不签订劳动合同等乱象。加强侵权典型案例警示教育，发布传销、借贷、"黑职介"等招聘求职陷阱提示，加大防电信诈骗宣传，帮助高校毕业生等青年提升风险防范意识。用好 12 333 人力资源社会保障服务热线，及时受理、查处高校毕业生等青年就业创业过程中的侵权线索，维护合法就业权益。

（3）强化宣传引导。开展高校毕业生等青年就业创业政策服务宣传，综合新闻媒体、微博微信、广播电视等渠道，制作发布本地区政策清单、服务项目清单、招聘活动清单，提升政策服务知晓度。开展典型宣传，积极选树服务重大战略、扎根城乡基层、投身西部地区等青年就业典型，组织好"最美高校毕业生""平凡岗位精彩人生""永远跟党走到祖国需要的地方去""劳模工匠进校园""基层就业卓越奖学（教）金"等人物事迹宣传，引导高校毕业生等青年将职业选择融入国家建设发展。

各地要切实提高思想认识，把促进高校毕业生等青年就业作为重大政治责任，细化工作方案，明确职责分工，落实工作要求。要加强协同配合，人力资源社会保障部门要加强工作统筹协调，建立工作调度机制，落实各项就业帮扶政策措施，确保各项任务落实落地；教育部门要加强高校毕业生就业指导服务，配合相关部门落实各项促就业政策；财政部门要统筹各类资金渠道，对高校毕业生等青年就业工作予以支持。

第二节　大学生体制内就业政策

 案例导入

扎根西藏，在高原奉献青春

案例背景：

余同学是重庆某大学历史与社会学院文物与博物馆学专业的毕业生，目前在西藏自治区昌都市文化局工作。回顾余同学的求职之路，从一开始对"至少工作五年"要求的犹豫，到最终坚定选择赴西藏工作，并奉献青春，其成长历程充满了挑战与收获。

案例分析：

在面对西藏的高原环境与艰苦条件时，余同学产生过犹豫和不安。然而，作为一名党员，他明确了"吃苦在前，享乐在后"的人生信念。尽管初到西藏时，生活节奏与工作环境都存在不少挑战，但他选择了服从组织安排，迅速调整心态，适应了当地的高原环境与工作节奏。余同学在工作中逐渐展现出积极向上的态度，无论是对藏文学习的投入，还是在文博科的工作中保持严谨的态度，都体现了他对职业的专注与对西藏发展的贡献。

解决思路：

服从分配，转变角色，在西藏生根，严于律己、适应工作、认真履职，做学习型的工作者。他认识到，无论在哪个岗位上，学习永远是第一步。向下扎根，向阳生长，为建设美丽西藏贡献力量：余同学将自己的工作视为对祖国文化的贡献，并将西藏的文化遗产保护视为使命。他在工作中始终坚守"志存高远，脚踏实地"的信念，为中国文化自信自强努力奋斗。

案例总结：

余同学的成功经验在于他坚定的理想信念和勇于吃苦的精神。无论是在西藏高原的艰苦环境下，还是在文物保护工作的挑战中，他都保持着积极的心态和专业的态度，努力为西藏的发展贡献自己的力量。未来，余同学应继续提升自己的专业能力，注重职业发展，不断增强服务基层的实际能力。同时，余同学将保持对文化遗产保护的深刻认识，为实现文化自强的目标贡献智慧与力量。

名人名言

历史把那些为了广大的目标而工作、因而使自己变得高尚的人看作是伟大的人。

—— （德国）卡尔·海因里希·马克思

以下将详细介绍"大学生志愿服务西部计划""特岗教师""三支一扶""选调生""应征入伍"等高校毕业生体制内就业政策，帮助学生全面了解这些政策的具体内容、实施方式及其对职业生涯发展的积极影响。

一、大学生志愿服务西部计划：青春奉献西部，奋斗成就梦想

"大学生志愿服务西部计划"（以下简称"西部计划"）是由共青团中央、教育部、财政部、人力资源社会保障部于2003年联合实施的一项国家重大人才工程。该计划旨在鼓励和引导高校毕业生到西部基层开展志愿服务，助力西部地区经济社会发展，同时为青年学子提供锻炼成长的机会。20多年来，"西部计划"已成为中国青年志愿服务的重要品牌项目，累计选派超过50万名大学生志愿者奔赴西部12个省（区、市）及新疆生产建设兵团，在基层教育、医疗卫生、乡村振兴、社会治理等领域贡献力量。

1. 西部计划的背景与意义

1）国家战略需求

西部大开发是国家长期发展战略，西部地区由于经济基础薄弱、人才流失严重，需要高素质青年人才支持。西部计划通过政策引导，鼓励大学生到西部基层服务，缓解人才短缺问题，促进区域协调发展。

2）青年成长成才的重要平台

对大学生而言，西部计划不仅是一次志愿服务经历，更是一次深入基层、了解国情的社会实践。志愿者在艰苦环境中磨炼意志、增长才干，许多志愿者在服务期满后仍然选择扎根西部，成为当地发展的中坚力量。

3）社会责任与志愿精神的体现

西部计划弘扬"奉献、友爱、互助、进步"的志愿精神，引导青年将个人理想融入国家发展大局，彰显新时代青年的责任担当。

2. 西部计划的实施内容

1）服务领域

志愿者主要服务于以下方向。

基础教育：在偏远地区中小学支教，缓解师资不足问题。

医疗卫生：参与基层医疗宣传、疾病防控等工作。

农业科技：推广现代农业技术，助力乡村振兴。

基层社会治理：在乡镇政府、社区服务中心参与公共事务管理。

服务新疆、西藏专项：重点支持边疆地区发展。

2）招募与选拔

面向全国普通高校应届毕业生或在读研究生。

通过"自愿报名、公开招募、择优选拔"的方式确定人选。

服务期通常为 1~3 年，鼓励长期服务。

3）政策保障

为激励大学生参与，国家提供以下支持。

生活补贴：按服务地经济发展水平发放基本生活补助（通常为每月 2 000~4 000 元）。

考研加分：服务期满且考核合格者，考研初试可加 10 分。

公务员定向招录：部分省份设置专项岗位面向西部计划志愿者。

学费代偿：符合条件者可申请国家助学贷款代偿。

3. 西部计划的成效与影响

1）助力西部发展

志愿者在基层教育、扶贫、环保等领域发挥了重要作用。例如，支教志愿者填补了偏远地区的师资缺口，提高了当地教育水平；农业科技志愿者帮助农民掌握新技术，推动特色产业发展。

2）青年成长显著

许多志愿者在服务中提升了实践能力、锤炼了意志品质。例如，有的志愿者从"象牙塔"走向田间地头，学会了与群众沟通；有的志愿者在服务期满后选择留任当地，成为基层干部或创业带头人。

3）社会反响强烈

西部计划得到了社会各界的广泛认可，被媒体誉为"新时代的知识青年上山下乡"；多位优秀志愿者事迹被报道，如扎根边疆的教师、扶贫干部等。

4. 对大学生参与西部计划的建议

明确动机：参与西部计划应基于奉献精神和社会责任感，而非单纯追求政策优惠。

做好心理准备：西部地区条件相对艰苦，须具备较强的适应能力和抗压能力。

规划未来发展：服务期间可结合自身专业积累经验，为后续就业或深造打下基础。

二、特岗教师：扎根乡村教育点亮希望之光

自 2006 年起，为解决中西部地区农村师资短缺问题，中央政府实施了"特岗计划"，通过公开招聘高校毕业生到农村学校任教，以提高农村教师队伍的整体素质和促进城乡教育均衡发展。

1. 什么是特岗教师？

特岗教师是国家为加强农村义务教育阶段教师队伍建设而实施的一项特殊政策，由教育部、财政部等部门联合推行。该计划通过公开招聘高校毕业生到中西部地区农村学校任教，重点解决乡村教师数量不足、结构不合理等问题。"特岗计划"自 2006 年启动以来，

已累计招聘超过 100 万名教师，覆盖全国 22 个省（区、市）的 3 万多所农村学校。

招聘对象主要为全日制普通高校师范类专业应届本科毕业生、非师范类专业应届本科毕业生，以及具有教师资格的人员。年龄限制在 30 周岁以下（2025 年放宽至 32 周岁），少数民族学生可享受加分政策。

2. 特岗教师的政策特点

服务定向性：岗位设置在脱贫县、民族地区等教育薄弱地区的农村中小学。

聘期管理：实行 3 年服务期，期满经考核合格者可转为当地事业编制教师。

待遇保障：中央财政提供工资性补助（2025 年标准为西部地区年人均 4.18 万元，中部地区年人均 3.88 万元），地方财政落实社会保险等福利。

发展支持：享受考研加分、职称评审倾斜等优惠政策。

3. 特岗教师的现实意义

补足师资缺口：有效缓解了乡村学校英语、音乐、体育、美术等学科教师短缺问题。

提升教育质量：85% 的特岗教师具有本科以上学历，优化了农村教师队伍结构。

促进教育公平：让 300 多万农村学生受益，部分县区学生成绩提升显著。

4. 职业发展路径

继续留任：约 70% 的特岗教师选择入编后长期从教。

深造提升：利用政策支持攻读教育硕士——特岗教师计划与"农村学校教育硕士师资培养计划"相结合，符合条件的教师可免试攻读教育硕士。

多元发展：部分教师成长为学校管理骨干。

5. 新时代的新要求

随着乡村振兴战略的推进，特岗教师政策正从"输血"向"造血"转变：很多地方开始着手将强化本土化培养、加强信息化教学能力培训与完善长效激励机制一起抓，确保特岗教师的稳定性。

特岗教师们用知识改变着乡村孩子的命运，用实际行动诠释着"一支粉笔写春秋"的教育情怀。他们不仅是讲台上的授业者，更是乡村振兴的筑梦人。

三、"三支一扶"：服务基层，助力乡村振兴

"三支一扶"是国家自 2006 年起实施的基层服务项目，由人力资源社会保障部联合多部委推动，旨在引导高校毕业生到农村基层从事支教（教育）、支农（农业）、支医（医疗）和帮扶乡村振兴工作。其核心目标包括缓解就业压力，为高校毕业生提供过渡性就业岗位；填补基层人才缺口，重点解决中西部及偏远地区教育、医疗等领域人才短缺问题；推动城乡均衡发展，通过人才下沉助力乡村振兴战略。

截至 2025 年，"三支一扶"累计选派超 100 万人，年均招募规模约 4 万人。

1. 招募条件与流程

1）基本条件

学历：全日制大专及以上学历（部分省份要求本科）；年龄 ≤30 周岁（部分放宽至 35 岁）；政治素质良好且身体健康；优先群体：脱贫户家庭毕业生，医学或师范专业生。

2）选拔流程

报名审核→笔试（《职业能力测试》《综合知识》）→面试→体检→培训上岗。

考试侧重基层实务与综合素质。

3）岗位分配原则

向国家乡村振兴重点县或边疆地区倾斜（如云南补助更高）；开发新兴岗位如"乡村建设助理员"。

2. 待遇保障与服务管理

1）经济待遇

生活补贴≥3 600 元/月（东部）至 5 400 元/月（西部艰苦地区）；新招募且在岗服务满 6 个月以上的"三支一扶"高校毕业生，按照每人 3 000 元的标准发放一次性安家费补贴；社保全覆盖（五险单位缴纳部分由财政承担）。

2）职业发展支持

转编通道：服务期满考核合格可直聘为乡镇事业编人员（山东、云南等地已落实）。

升学优惠：考研初试加 10 分；免试攻读教育硕士（部分院校）。

公考倾斜：公务员或事业单位定向招录比例在 20%～30%。

3）日常管理

实行导师制培训+年度考核；建立档案跟踪机制，保障权益。

总之，"三支一扶"是国家推动城乡均衡发展的关键举措。其以"输血+造血"模式缓解了基层人才荒的问题。未来，国家还会通过强化保障与长效激励（如贵州"支教+扶贫"模式）进一步释放政策潜力。

四、选调生：培养党政干部

选调生政策是中国为培养党政领导干部后备人选和高素质公务员队伍而设立的一项重要制度，其目标是通过选拔优秀高校毕业生到基层工作，加强基层干部队伍建设，推动国家治理体系和治理能力现代化。

选调生政策起源于 20 世纪 60 年代，当时国家开始从高等院校选拔优秀应届毕业生到基层工作，以培养革命接班人。这一制度在 1978 年改革开放后重新启动，成为党政干部培养的重要途径。2000 年，中央组织部发布《关于进一步做好选调应届优秀大学毕业生到基层培养锻炼工作的通知》，明确了选调生的选拔标准和培养目标，标志着选调生制度的正式确立。此后，习近平总书记多次强调要坚持和完善选调生制度，将其作为培养年轻干部、建设高素质干部队伍的重要举措。这一政策现已成为我国干部选拔和培养体系的重要组成部分。

1. 选调生政策的主要内容与特点

1）选拔对象与条件

选调生主要面向全国普通高校的应届毕业生，包括本科生、研究生等，其中党员身份、学生干部经历、校级奖励或参军经历等是优先条件。此外，选调生须具备良好的政治素质和道德品行，身体健康，能够胜任基层工作。部分省份对选调生的学历、年龄、专业等有特定要求，例如，河南省要求本科毕业生年龄不超过 25 周岁，硕士研究生不超过 28 周岁，博士研究生不超过 35 周岁。

2）选拔方式

选调生的选拔采取"自愿报名、院校推荐、组织部门考试考核相结合"的方式，强调公平、公开、竞争、择优的原则。选拔流程包括网上报名、资格审核、笔试、面试、体检、考察和公示等环节，最终录用后进行岗前培训。

3）培养与管理

选调生在基层工作期间，通常被安排到乡镇或村任职，服务期一般为两至三年，其间需完成一定的基层工作任务，如乡村振兴、社会治理、经济发展等。服务期满后，根据考核结果决定是否转正或提拔到更高职位。例如，湖南省规定选调生在村任职满 2 年且考核合格后，可优先选拔到省直机关、市州直机关工作。

4）政策优势

选调生政策具有以下优势。

职业发展机会：选调生在基层锻炼后，提拔速度较快，且晋升渠道明确，有利于实现个人职业目标。

优厚待遇：选调生享受基层任职补贴、安家费等经济支持，并有机会获得住房、户口等福利。

政策倾斜：少数民族、革命老区、贫困地区的考生可享受加分政策，优先录用。

广阔发展空间：选调生不仅有机会在基层积累经验，还能通过省直机关的遴选和公开选调，进入更高层次的党政机关工作。

2. 分类与类型

选调生政策分为中央选调生、定向选调生和普通选调生三种类型。中央选调生主要面向全国顶尖高校，竞争激烈，选拔要求严格；定向选调生针对特定高校或地区，选拔范围相对较小；普通选调生则面向全国高校毕业生，选拔标准相对宽松。

3. 选调生政策的实施效果

选调生政策自实施以来，取得了显著成效。首先，它为基层输送了一批高素质的年轻干部，为地方治理提供了新鲜血液和活力。其次，选调生在基层的工作经历，使他们熟悉国情，了解民情，提高了政治素养和实践能力，为未来担任领导职务奠定了基础。最后，选调生政策还促进了城乡协调发展，推动了乡村振兴战略的实施。

4. 选调生政策的未来展望

未来，选调生政策将继续优化和完善。首先，应进一步完善选拔机制，确保选拔过程的公平公正。其次，加强对选调生的培训和指导，以提升其综合素质和实践能力。最后，加大对选调生的支持力度，提供更多的政策倾斜和职业发展机会，以吸引更多优秀人才投身基层工作。

总之，选调生政策作为我国培养党政领导干部的重要途径，具有重要的战略意义和现实意义。通过不断完善和优化，选调生政策将进一步推动我国干部队伍建设，为实现中华民族伟大复兴的中国梦贡献力量。

五、应征入伍

1. 中国大学生应征入伍政策中对于"大学生"的范围界定

根据国家多部门联合发布的政策文件，"大学生"特指在全日制公办或民办普通高校

（含独立学院）按国家招生规定录取的全日制本科生（含高职）、研究生及第二学士学位的三类人群。

"大学生"包括应届、往届毕业生（含延迟毕业学生），在校生（含休学保留学籍者），已被录取但未报到入学的新生。另外，成人教育、自考、非学历教育学生不在征集范围内；征集以男性为主（占年度征兵总量90%以上），女性根据军队实际需求确定。

2. "双合格"准入标准体系

1）政治审查

基本要求：拥护中国共产党领导和社会主义制度、本人及家庭成员无违法犯罪记录、宗教信仰不影响正常军事任务执行。

审查方式：在校生由学校所在地公安机关负责。

毕业生按《征兵政治考核工作规定》执行。

2）体格检查

体格检查标准如表2-1所示。

表2-1　体格检查标准

项目	男性标准	女性标准
身高	≥160 cm	≥158 cm
BMI指数	17.5~30	17~24
视力	裸眼≥4.5	裸眼≥4.5
特殊兵种	按照军队具体兵种要求提高标准	

3. "六步闭环"征集流程

1）网上登记

登录"全国征兵网"填报信息（男兵全年开放）、打印《大学生预征对象登记表》。

2）初审初检

学校武装部、户籍地人武部初步筛查。

3）体检政审

指定医疗机构体检+公安机关联审。

4）役前训练

为期7~15天的适应性训练。

5）审批定兵

"阳光定兵"系统自动排序。

6）交接起运

9月1日前完成新兵输送。

特殊通道："双合格"大学毕业生享受"四优先（报名、体检、审批、使用）"、女兵需通过综合素质考评。

4. "三位一体"优待政策包

1）经济激励

经济激励标准如表2-2所示。

表 2-2　经济激励标准

项目	标准	备注
学费补偿	≤8 000 元/年（本、专科）	研究生≤12 000 元/年
义务兵津贴	≥1 000 元/月	艰苦地区上浮 30%~100%
家庭优待金	≥当地城镇居民收入 50%	北京等地实行"学历梯度奖励"
自主就业补助	≥20 000 元（中西部省份）	

2）学业保障

"弹性学籍"制度：服役期间保留学籍至退役后 2 年、退役复学可转专业（特殊专业除外）。

"升学直通车"计划：主要是为退役大学生士兵提供升学优惠政策，以支持他们继续深造或提升学历。具体包括以下内容。

（1）专项硕士研究生招生计划：国家设立"退役大学生士兵"专项硕士研究生招生计划，每年面向退役大学生士兵招生约 8 000 人，优先向"双一流"建设高校倾斜。符合条件的退役大学生士兵可免试攻读硕士研究生。

（2）考研加分政策：退役大学生士兵参加全国硕士研究生考试时，初试总分加 10 分，同等条件下优先录取。此外，荣立二等功及以上的退役士兵可免试攻读硕士研究生。

（3）专升本计划单列：退役大学生士兵在完成高职（专科）学业后，可免试入读普通本科或成人本科，但需满足一定条件，如荣立三等功以上奖励者，并享受专升本计划单列政策——"单列 30%招生计划"，扩大录取比例。这一政策自 2022 年起实施，旨在鼓励高职学生参军入伍，并为其退役后的教育发展提供便利条件。

（4）复学政策：退役大学生士兵服役期间保留入学资格或学籍，退役后 2 年内允许复学或入学，且可免修军事技能训练课程，直接获得学分。

（5）其他支持措施：退役大学生士兵还可享受学费补偿、助学贷款代偿等资助政策，进一步减轻经济负担。

3）职业发展通道

（1）部队晋升："双一流"毕业生可参加"直招军官"选拔，本科毕业士兵服役满 1 年半可提干。

（2）公职招录：公务员或事业单位设 10%~15%定向岗，"政法干警试点班"笔试加 10 分。

（3）军地衔接：服役期计入工龄或社保缴费年限，"退役军人事务部"提供专项就业服务。

5. "两段式"服役管理机制

义务兵阶段（2 年）：实行供给制+基础军事训练。

志愿兵阶段：大专以上学历可转士官。

下士月薪≥6 000 元，地方高校学习时间计入军龄。

6. 本政策最新动态（2025 年）

（1）"智慧征兵"系统上线：AI 初筛体检合格率提升至 92%。

（2）"带编入伍"试点：山东等地推行"定岗退役"模式。

（3）"军地联合培养"："国防工匠班"实现技能等级互认。本政策体系通过"经济补偿—学业衔接—职业发展"的三维支撑机制，旨在构建"参军光荣—服役有为—退役无忧"的全周期保障链。具体实施需以各地当年发布的《征兵工作实施细则》为准。

六、就业创业帮扶政策

1. 困难家庭帮扶

2022 年 5 月，国务院办公厅印发《关于进一步做好高校毕业生等青年就业创业工作的通知》（以下简称《通知》），将帮扶困难高校毕业生就业作为重点，把脱贫家庭高校毕业生、低保家庭高校毕业生、零就业家庭的高校毕业生，以及残疾高校毕业生和长期失业高校毕业生作为就业援助的重点对象，提供"一人一档""一人一策"精准服务。实施国家助学贷款延期还款、减免利息等支持举措，推进公共就业服务进校园，建立高校毕业生就业岗位归集机制，构建权威公信的高校毕业生就业服务平台。

求职补贴：求职补贴也是就业补助，是针对上述五类困难家庭的毕业生的专项补助。按照人力资源社会保障部的要求，对于这五类高校毕业生，将给予一次性就业补助。

2. 离校未就业帮扶

根据《人力资源和社会保障部关于实施离校未就业高校毕业生就业促进计划的通知》（人社部发〔2013〕41 号），将有就业意愿的离校未就业高校毕业生全部纳入公共就业人才服务范围，对有就业意愿的，及时提供用人信息；对有创业意愿的，组织其参加创业培训，提供创业服务，落实创业扶持政策；对暂时不能实现就业的，组织参加就业见习和职业培训；对就业困难的高校毕业生，提供有针对性的就业援助。综合运用各项政策措施和服务手段，力争使每一名有就业意愿的离校未就业高校毕业生在毕业半年内实现就业或参加就业准备活动。

帮扶措施包括开展实名登记、提供职业指导、提供就业信息、开展重点就业帮扶、组织就业见习、组织职业培训、提供人事劳动保障代理服务、加强劳动权益保护。

3. 自主创业帮扶

学校出台帮扶政策，以重庆某大学为例，学校高度重视大学生创新创业工作，先后制定出台了《重庆某大学学生创新创业学分实施办法》《重庆某大学关于鼓励和支持大学生创业的意见》等文件；对学生开展课题研究、发表论文（作品）、参与学科竞赛、参与创新创业竞赛等活动和休学创业等进行了详细的规定。学校依托 9 个二级学院建设校级创业基地，为创业学生免费提供项目孵化场地和工商注册地址。校级创业基地为入驻项目提供办公场地和办公设备，并协助项目孵化，做好项目的指导、跟踪服务和管理。学校设立学生创业扶持基金，用于鼓励学生参加创业类竞赛，引导学生开展适应经济发展新形势要求的创新创业项目。学校积极组织参与重庆市教育委员会举办的"优创优帮"大学生创业扶持计划，入选扶持计划的创业项目将获得 2 万元创业扶持金和创业专家一年的指导。

地方政策深度解析与使用技巧（以重庆市部分政策为例）

第三节 体制内就业考试及其攻略

 **案例导入**

新时代，新期待

案例背景：

徐同学是重庆某大学经济与管理学院市场营销专业2018级的学生，面临大学毕业后的就业选择时，他坚定自己的目标，挑战自我，选择了考取公务员这一道路，最终成功进入国家税务总局宁明县税务局工作。回顾自己的成长经历，他总结出了关于规划、奋斗与坚持的宝贵经验，向学弟学妹们分享了自己的心路历程。

案例分析：

大学时期，徐同学起初并没有明确的职业规划。他迷茫于"毕业后应该做什么"的问题，但随着时间的推移，他逐渐清晰了自己的目标——为人民服务。2017年，他参军入伍，服役期间，他深刻体会到为人民服务的价值，这也成为他未来职业选择的基石。退伍后，徐同学回归学业，通过不懈努力顺利加入中国共产党，并将考取公务员作为自己未来的奋斗目标。

面对考公的挑战，他并没有急于求成，而是采取了系统的规划方法。他合理安排时间，逐步制订学习计划。徐同学从不畏惧艰难的备考过程，他踏实勤奋，通过日复一日的努力，最终成功"上岸"。

解决思路：

明确目标、坚定信念、科学规划、持续进步、坚持不懈、锻炼毅力。

案例总结：

徐同学的成功经历表明，明确目标与坚持不懈的努力是实现理想的重要途径。他通过一步一个脚印的努力，不再迷茫，走向了自己期望的职业道路。未来，他将继续保持这种不懈奋斗的态度，不断提升自己的综合能力，为更高远的目标努力奋斗。

名人名言

> 生活中没有什么是徒劳的，唯有工作才是永恒的。
>
> —— （法国）奥古斯特·罗丹

体制内就业考试主要包括公务员考试、事业单位考试、国企/央企招聘和特殊岗位招聘。

一、公务员考试攻坚策略

（一）公务员考试类型及特点

公务员考试是我国选拔党政机关工作人员的主要渠道，按照组织层级可分为国家公务员考试、省级公务员考试和选调生考试三大类。国家公务员考试（简称"国考"）由中共中央组织部、人力资源社会保障部统一组织，是我国最高级别的公务员选拔考试。2024年度国考共设置18 948个职位，计划招录3.96万人，报名人数突破300万大关，最热岗位竞争比达到3 572∶1。国考岗位主要分布在三个层面：中央和国家机关本级岗位、中央垂直管理系统岗位和参照公务员法管理的事业单位岗位。

省级公务员考试（简称"省考"）是由各省公务员局组织的区域性公务员选拔考试。2024年全国各省共发布招录计划约16.8万人，其中基层岗位占比超过60%。省考与国考相比具有以下显著特征：岗位设置上更加注重基层导向，报考条件上部分省份设置户籍限制，考试难度上相对较低。值得注意的是，近年来省考呈现出"分级分类"的趋势，针对性更强。

选调生考试是选拔优秀高校毕业生到基层工作的特殊渠道。2024年全国选调生招录规模约2.3万人，报考条件通常包括中共党员、学生干部、校级荣誉等。选调生考试的特殊性主要体现在培养方式、发展路径和管理方式三个方面。从考试内容来看，多数省份的选调生考试在公务员考试基础上增加了综合素质测试。

（二）公务员考试内容详解

公务员考试主要包括行政职业能力测验（行测）、申论两门公共科目和部分岗位的专业科目考试。行测考试时长120分钟，题量稳定在130~135道，涵盖言语理解与表达、数量关系、判断推理、资料分析和常识判断五个模块。近年来行测考查重点发生了一些明显变化，各模块的命题趋势都有新的特点。

申论考试时长180分钟，通常包括5道题目。从题型设置来看，主要包括归纳概括题、综合分析题、提出对策题、应用文写作题和大作文。近年来申论命题呈现出三个明显特征：更加注重实际问题解决能力、更加突出政治素养考查、更加侧重应用文写作。

专业科目考试是针对部分特殊岗位设置的加试科目。以2024年国考为例，需要加试专业科目的岗位约占15%，主要包括公安机关人民警察职位、银保监会及其派出机构职位、证监会及其派出机构职位等。这些专业科目考试通常安排在公共科目笔试之后，考试时长120分钟，满分100分。

（三）备考策略与时间规划

科学合理的备考策略是公务员考试成功的关键。建议采取"三阶段"备考法：基础阶段（3~4个月）要系统学习考试大纲要求的所有知识点；强化阶段（2~3个月）要通过大量练习将知识点转化为解题能力；冲刺阶段（考前1个月）要通过全真模拟适应考试节奏。

2025年备考需要特别关注以下重点：在时政方面，要重点掌握党的二十大以来的重要政策文件；在法律方面，要关注新修订的法律法规；在考试技巧方面，要熟练使用各类实用技巧。此外，建议考生合理利用各类备考资源，多渠道提升备考效率。

二、事业单位考试深度解析

（一）事业单位考试类型及体系

事业单位考试作为体制内就业的重要渠道，其考试体系呈现出多元化、专业化的特点。根据组织主体的不同，主要分为全国联考、省内统考和单位自主招聘三种形式。全国事业单位联考是由人力资源社会保障部人事考试中心统一组织的跨地区联合考试。2024年上半年联考于5月21日举行，全国共有25个省份参加，提供岗位约8.6万个，报考人数突破200万。

省内事业单位统考是由省级人力资源社会保障部门组织的区域性考试。以2024年为例，江苏省事业单位统考提供岗位1.2万个，广东省提供岗位9 800个，河南省提供岗位1.5万个。省内统考的主要特征包括：考试时间相对固定，户籍限制较为普遍，考试内容因地制宜。

单位自主招聘是事业单位根据用人需求自行组织的招聘考试。这类考试全年都有，主要集中在高校、医院、科研院所等单位。自主招聘的特点主要体现在三个方面：专业性强、程序灵活、竞争激烈。值得注意的是，近年来事业单位自主招聘越来越注重实践能力考查。

（二）事业单位考试内容分析

事业单位考试内容的复杂性和多样性远超公务员考试。公共基础知识（简称"公基"）是事业单位考试的必考科目，考查范围极其广泛。从内容构成来看，主要包括六个模块：政治理论、法律法规、经济知识、管理知识、科技人文和公文写作。2024年的命题趋势显示，公基考试呈现出三个新特点。

职业能力倾向测验（简称"职测"）是事业单位联考和部分省份统考的必考科目。与公务员行测相比，职测在考查重点上有明显不同：题型结构差异、难度相对较低、更注重实际应用能力。从备考角度看，职测的复习重点应放在判断推理和资料分析两个模块。

专业科目考试是事业单位招聘的重要考查内容。根据岗位性质不同，专业考试千差万别：教师岗位考查教育理论基础和学科专业知识；医疗岗位考查医学基础知识和临床技能；工程岗位考查专业理论和实务操作等。专业科目考试的命题特点是"基础与前沿并重"。

（三）事业单位备考策略

事业单位考试的备考需要采取与公务员考试不同的策略。分类备考是事业单位考试成功的基础。考生首先要明确自己报考的岗位类别，然后制订针对性的复习计划。专业科目备考是事业单位考试的重中之重。与公务员考试不同，事业单位招聘非常看重专业能力，专业科目成绩往往占总成绩的50%以上。

面试准备是事业单位考试的关键环节。事业单位面试通常采用"结构化面试+专业技能测试"的形式，部分岗位还会有实际操作考核。结构化面试主要考查考生的综合素质，包括综合分析能力、组织协调能力、应急应变能力等。从2024年的面试情况看，时政热点类题目占比明显增加。

三、国企央企招聘考试深度解析

（一）国企央企招聘体系解析

国有企业招聘作为体制内就业的重要选择，其招聘体系具有鲜明的行业特色和企业特征。根据企业性质和招聘对象的不同，主要分为中央企业招聘、地方国有企业招聘和专项人才引进三大类。中央企业（央企）招聘是由国务院国资委监管的 98 家大型企业集团组织的招聘活动。2024 年央企校招规模约 40 万人，主要面向应届毕业生，分为秋季招聘和春季招聘两个批次。

地方国有企业招聘是由省、市国资委监管的企业组织的招聘活动。2024 年地方国企招聘规模约 80 万人，具有三个显著特征：地域性强、岗位多元、考试灵活。从发展趋势看，地方国企招聘正逐步向"专业化"方向发展，很多企业建立了完善的人才测评体系。

专项人才引进是国企针对特定领域高层次人才开展的招聘活动。这类招聘主要面向三类人群：专业技术人才、高学历人才和紧缺技能人才。专项人才引进的特点主要体现在：考核方式特殊、待遇优厚、发展空间大。以 2024 年国家电网"高端人才引进计划"为例，为博士学历人才提供了优厚的待遇。

（二）国企招聘考试内容分析

国企招聘考试的复杂性和专业性并存。通用能力测试是国企招聘的常考科目，与公务员行测类似但更具企业特色。从内容构成来看，主要包括五个部分：言语理解、数学运算、逻辑推理、资料分析和性格测试。2024 年的考试趋势显示，国企行测呈现出三个新变化。

专业能力测试是国企招聘的核心考查内容，根据不同行业和岗位差异显著。以 2024 年主要国企的考试为例：电力类企业考查电路原理、电力系统分析等；金融类企业考查经济学、金融学、商业银行实务等；建筑类企业考查工程管理、施工技术等。专业测试的命题特点是"基础与前沿并重"。

综合素质测评是国企招聘的重要环节，主要采用三种形式：结构化面试、无领导小组讨论和情景模拟测试。2024 年国企面试出现了一些新趋势：更加注重价值观考核、案例分析题比重增加、压力面试更为普遍。以中国石化的面试为例，通常会设置"突发事故处理"等情景模拟题。

（三）国企招聘备考策略

国企招聘的备考需要采取与公务员考试不同的策略。行业研究是国企备考的基础工作。不同行业的国企在业务特点、企业文化、人才需求等方面差异显著，考生必须深入了解目标行业的特点。具体而言，要做好三项工作：研究行业政策、了解企业动态、分析岗位需求。

专业能力提升是国企考试成功的关键。与公务员考试不同，国企招聘非常看重专业素养，专业科目成绩往往具有决定性作用。专业能力备考要把握三个要点：系统复习专业基础知识、关注行业前沿技术、准备专业英语。以报考中国航天科技集团为例，需要做好多方面的专业准备。

实践经历积累是国企招聘的重要加分项。国企在选拔人才时，特别看重实习经历、项目经验和专业技能证书。建议考生从三个方面准备：争取到相关行业实习、参与专业相关项目的科研实践、考取相关行业的各种认可证书。需要特别注意的是，国企面试经常会深入追问实践经历。

四、特殊岗位考试突破要点

（一）特殊岗位考试类型及特点

特殊岗位招聘考试是指针对具有特殊工作性质或专业要求的公务员、事业单位和国有企业岗位设置的专门选拔考试。这类考试在选拔标准、考试内容和录用程序上都与普通岗位存在显著差异，主要包含以下几大类型：

1. 公安机关人民警察岗位考试

作为特殊岗位招聘的重要类别，公安机关招考包含刑事侦查、交通管理、网络安全等专业方向。2024年全国公安机关计划招录5.2万名人民警察，其中83%的岗位要求公安类专业背景。这类考试的特殊性主要体现在三个方面：首先，设置了严格的体能测试标准，包括10米×4往返跑（男子≤13.1秒）、纵跳摸高（男子≥265厘米）等项目；其次，心理测评采用《明尼苏达多项人格测验》等专业量表；最后，政治审查实行"三必查"制度（本人、配偶、父母）。值得注意的是，部分特殊警种如排爆警察还需加试专业心理承受能力测试。

2. 消防救援岗位考试

国家综合性消防救援队伍招聘分为管理指挥岗和消防员岗两类。2024年计划招录2.1万人，其中管理岗要求本科以上学历并通过国家公务员考试。考试特殊性表现在：体能测试包含负重登楼（10层≤4分钟）、黑暗环境搜寻等专业项目；心理测试重点评估风险决策能力；体检执行《消防员职业健康标准》，裸眼视力要求4.8以上。新录用人员需接受为期12个月的封闭培训，包括6个月的基础训练和6个月的岗位实习。

3. 外交外事岗位考试

外交部及其驻外机构招聘具有鲜明的专业特色。2024年计划招录216人，要求硕士以上学历且外语水平达到专业八级（英语岗位雅思7.0或托福105分）。考试特点包括：外语测试包含同声传译（难度达CATTI二级）、外交文书写作等高端项目；专业科目涉及国际法、外交史等深度内容；面试采用"模拟外交谈判"等情景测试。录用人员需接受为期2年的国内外轮岗培训。

4. 涉密岗位考试

党政机关涉密岗位招聘实行特殊管理机制。这类岗位主要分布在国家安全、国防科技等领域，2024年招录规模约5 200人。其特殊性在于：政治审查追溯三代亲属背景；心理评估包含测谎仪检测；专业测试涉及密码学、信息安全等保密知识。整个招考过程不公开具体信息，录用人员需签订终身保密协议。

（二）考试内容体系解析

特殊岗位招聘考试建立"三位一体"的考查体系，包括公共科目、专业科目和特殊测试三个维度。

1. 公共科目考试——公共科目各具特色

虽然保留行测和申论两大模块，但特殊岗位的公共科目具有明显特色：

公安机关：法律常识占比提升至40%，新增《公安机关办理刑事案件程序规定》等内容。

消防救援：应急管理知识占30%，重点考查突发事件处置流程。

外交岗位：国际时政占比达50%，要求掌握最新外交政策。

涉密岗位：保密法规占35%，增加《反间谍法》等专项内容。

2. 专业科目考试——各岗位专业科目设置差异显著

（1）公安岗位：

《公安执法实务》：包含110接处警规范、刑事案件现场保护等实操内容；《犯罪心理学》：侧重嫌疑人行为分析；《警械使用规范》：考核武器使用法律依据。

（2）消防救援岗位：

《火灾科学基础》：涉及燃烧学、建筑防火等专业知识；《应急救援技术》：包含心肺复苏、创伤救护等实操考核项目；《危险化学品处置》：要求掌握50种常见危化品特性知识。

（3）外交岗位：

《外交文书写作》：考核照会、备忘录等专业文书撰写；《国际谈判实务》：模拟WTO谈判等场景进行考核；《区域国别研究》：深度分析特定国家政治经济状况。

3. 特殊能力测试

（1）体能测试标准对比，详见表2-3：

表2-3　特殊岗位招聘考试体能测试标准

项目	公安岗位	消防救援	军队文职
男子1000米	≤4′25″	≤4′30″	≤4′35″
女子800米	≤4′20″	≤4′30″	≤4′35″
引体向上	≥10次	≥8次	≥6次
立定跳远	≥2.2米	≥2.0米	≥1.8米

（2）心理测试重点：

公安岗位：侧重情绪稳定性（MMPI量表）。消防救援：重点评估风险偏好（BART测试）。外交岗位：强调跨文化适应能力（ICAPS量表）。

三、考试时间与流程安排

特殊岗位招聘具有严格的时序性，各环节紧密衔接：

1. 公安机关招考时间轴

3月1日—15日：报名（含视力初检）；4月第二个周末：笔试（含《公安专业科目》）；5月第一周：体能测试（三项全部达标）；5月第三周：心理测试（机考2小时）；6月：结构化面试（含情景模拟题）；7月—8月：政治审查（实地走访调查）；9月：公示录用。

2. 消防救援招录流程

8月1日—20日：报名（同步提交体检报告）；9月第一周：笔试（含消防专业知识）；9月第三周：体能测试（负重项目占60%）；10月：心理测试+面试；11月：入职前复检；次年3月：统一入职培训。

3. 外交岗位特殊安排

语言能力测试：提前1个月进行（口译录音评分）。

专业科目笔试：连续6小时高强度测试。

最终面试：由司局级领导担任考官。

四、科学备考策略建议

1. 体能训练方案

公安考生：采用"5+2"训练模式（5天专项+2天综合）。

消防考生：重点加强负重训练（建议每周3次10kg负重跑）。

日常训练量控制：心率维持在120~150次/分钟。

2. 专业知识备考

（1）公安法律备考：

重点法规：《治安管理处罚法》《刑事诉讼法》；每日学习量：3~5个重点法条+配套案例。

（2）消防业务学习：

掌握《建筑设计防火规范》关键条款；熟记100种消防器材技术参数；心理素质培养；定期进行压力情境模拟（建议每周1次）；学习正念呼吸法等调节技巧；建立心理档案（记录应激反应模式）；政治素养提升；每日研读《人民日报》重要评论；系统学习党的二十大报告；建立时政知识图谱（重点标注外交、法治领域）。

3. 备考周期规划

（1）长期备考（6个月以上）：第1~2月：基础理论学习；第3~4月：专项能力突破；第5月：全真模拟训练；第6月：考前冲刺调整。

（2）短期冲刺（3个月）：每日保证8小时高效学习；采用"1+2+7"时间分配法（1小时体能+2小时专业+7小时公共科目复习）；每周进行2次模考。

特殊岗位考试竞争激烈，2024年数据显示：公安岗位平均竞争比58:1，外交岗位达120:1。建议考生提前18个月开始准备，特别是体能和专业技能需要长期积累。备考过程中要注重建立个人优势，如公安考生可考取《法律职业资格证》，消防考生可获取《应急救援员》职业证书，以提升竞争力。

大学毕业生常见技能证书

课后实践

绘制生涯彩虹图

我们在生命历程中正在或将要扮演很多的角色。每一个角色都构成了一道风景线，多重角色整合起来就构成了我们的生涯彩虹。下面，我们一起来动动手，做一个填色游戏，绘制自己的生涯彩虹图，想象期待的未来职业生涯，写出未来的理想工作状态与生活方式。

请你在彩虹图上绘出你的人生彩虹，彩虹的长度代表时间的长短，彩虹的宽度代表你投入精力的大小。把自己已经扮演或者正在扮演的角色年龄段用实线描下来；根据自己已有的感受和未来期望，给相应的扇形格涂色。幸福感、成就感越高的，用越暖的色，如红色、橙色等；反之用冷色，如紫色、蓝色等。

（1）绘制属于自己的生涯彩虹图。

①在自己的生涯中可能会扮演的角色（除学习单上的角色外，也可以加上其他角色）。

②每个角色开始与结束的时间。

③每个角色在不同的年龄投入的程度不同，请依比例以厚薄程度表示。

（2）请两人一组，分享以下问题。

①哪些角色最满意，哪些角色最不满意？感受如何？

②哪个角色最重要？

③如果要将该角色扮演好，需做到哪些事？

④扮演哪一个角色最令自己感到困难？为什么？

⑤若要将这些角色的重要性列出先后顺序，应该如何排序？

⑥在"理想"与"现实"之间，哪些角色是你原本希望投入更多，但现实却没有做到的？为何如此？

⑦相反，哪些角色是你本来不打算投入这么多，但现实中投入了许多时间的？为何如此？

⑧在角色的比重分配上，你希望做什么调整？有哪些具体做法？

第三章
积极做好职前准备

本章导读

　　广大青年要肩负历史使命，坚定前进信心，立大志、明大德、成大才、担大任，努力成为堪当民族复兴重任的时代新人，让青春在为祖国、为民族、为人民、为人类的不懈奋斗中绽放绚丽之花。

　　　　　　　　　——2021年4月19日，习近平在清华大学考察时的讲话

教育目的

1. 在全面客观评价自己后，初步确定适合自己的行业。
2. 能够构建一个多元化的评价矩阵来全面评估自己。
3. 在进行生涯规划时，善于充分借助 AI 的智慧。

第一节　开启自我探索之旅

 案例导入

年少多壮志，青春应许国

案例背景：

　　姚同学是重庆某大学新闻与传媒学院2017级的学生，怀揣教师梦，面临保研与支教的抉择时，她选择加入第23届研究生支教团（研究生支教团是由团中央、教育部联合组织实施的青年志愿者扶贫接力计划全国示范项目。通过公开招募，选拔具备推免资格的优秀应届本科毕业生和在读研究生，到中西部地区县级以下中小学校开展为期一年的基础教育志愿服务工作。支教结束后，免试攻读本校硕士研究生），前往城口县高观学校支教。然而，支教地的艰苦条件给姚同学带来了诸多挑战。

案例分析：

姚同学面对保研和参加研究生支教团，有如下困惑：一是虽然都为攻读研究生，但是参加研支团会额外花费一年时间去艰苦地区支教；二是支教过后只能读本校的研究生。这些困惑包括职业规划的去向、对未知环境的恐惧、支教任务的繁重及对支教地区艰苦条件的适应。

解决思路：

一是坚定教师梦，放弃保研，选择支教后再读研；二是主动提升自己对艰苦环境的适应能力，做好充分的心理准备；三是创新教学方式，为未来的职业发展打下坚实的基础。

案例总结：

姚同学的成功经验在于坚守初心、勇于吃苦和创新实践。未来建议她继续提升专业能力，关注自身职业发展路径，同时注重心理健康，为教育事业持续贡献力量。

名人名言

人最大的错误，是试图成为别人，而不是自己。

——（法国）安德烈·纪德

在这一节中，我们将深入探讨如何全面系统地认识自我。

一、自我探索的理论工具

运用霍兰德职业倾向测试、MBTI性格测试等工具，建立涵盖职业倾向、人格特质、能力结构的立体画像。

1. 霍兰德职业倾向测试

霍兰德职业倾向测试是基于美国心理学家约翰·霍兰德的职业兴趣理论而设计的一种人格类型测试。该测试旨在帮助人们了解自己的职业兴趣和人格类型，从而更好地选择适合自己的职业道路。霍兰德认为，人的人格类型、兴趣与职业密切相关，兴趣是人们活动的动力，当兴趣与职业能够匹配或者比较接近的时候，可以提高从事该职业的积极性。同时，职业兴趣与人格之间有着极高的相关性，不同的职业兴趣对应着不同的职业性格。霍兰德认为人格可分为实际型、研究型、艺术型、社会型、企业型和传统型六种类型。霍兰德职业倾向测评六种人格类型解析如表3-1所示。

大学生在进行职业生涯规划时，将兴趣、性格、能力等关键因素的测试和测评需要有机结合起来，才能发挥作用。霍兰德的职业兴趣理论中，有职业偏好量表和自我导向搜寻表两种职业兴趣量表。霍兰德职业倾向测试分析效果示例如图3-1所示，霍兰德职业倾向类型分布如图3-2所示。

表 3-1 霍兰德职业倾向测评六种人格类型解析

维度	工作环境	典型专业	典型职业	代表人物
实际型（Realistic Type）	工作场合会较多运用身体的实际操作	机械工程、土木工程、农业科学、临床医学等	工程师、建筑师、农艺师、外科医生等	鲁班
研究型（Investigative Type）	工作场合通常需要运用复杂抽象的思考能力	物理、化学、生物学、医学、数学、经济学等	科学家、软件开发人员、经济学家等	爱因斯坦
艺术型（Artistic Type）	工作场合需要创意，以及个人的表现能力	艺术设计、音乐、戏剧、汉语言文学、电影等	艺术家、设计师、演员、作家、导演、作曲家等	曹雪芹
社会型（Social Type）	工作场合鼓励人和人之间和谐相处、互相帮助	教育学、心理学、社会工作、管理学等	教师、心理咨询师、培训师等	孔子
企业型（Enterprising Type）	工作场合需要经常管理与鼓舞他人，以达成企业目标	工商管理、市场营销、法学、政治学等	企业经营者、销售经理、公关经理等	范蠡
传统型（Conventional Type）	工作场合注重组织与规划，包括办公室的基本工作	会计、审计、档案管理、图书馆、行政管理等	会计师、行政管理人员、图书管理员等	比尔·盖茨

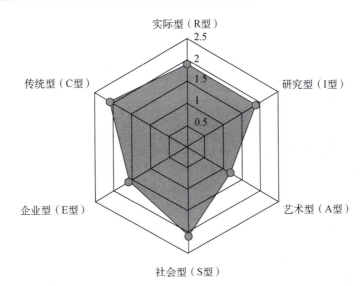

图 3-1 霍兰德职业倾向测试分析效果示例

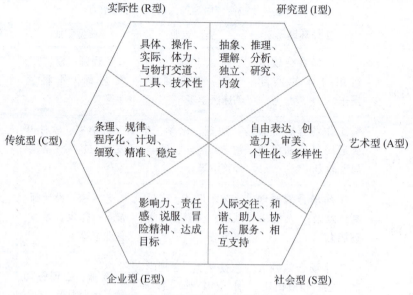

图 3-2　霍兰德职业倾向类型分布

同学们可以在网上搜索霍兰德职业倾向测试，在线获得自己的职业倾向测试表，然后对照以上六个维度匹配适合自己的职业。

2. MBTI 性格测试

MBTI 性格测试全称为迈尔斯-布里格斯类型指标，是一种广泛使用的人格类型评估工具。它基于瑞士心理学家卡尔·古斯塔夫·荣格的理论，由伊莎贝尔·布里格斯·迈尔斯和她的母亲凯瑟琳·库克·布里格斯共同开发的。MBTI 旨在帮助人们更好地理解自己的人格类型和偏好，从而在职业规划、团队合作和个人发展等方面进行更明智的决策。MBTI 性格测试人格分类如图 3-3 所示。

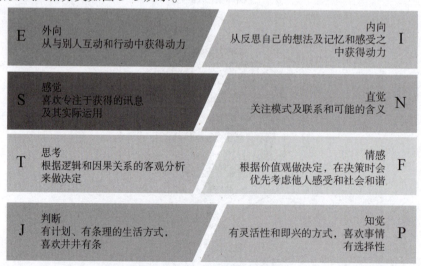

图 3-3　MBTI 性格测试人格分类

MBTI 将人格类型划分为以下四个维度，每个维度有两极。

（1）外向（E）与内向（I）：描述个体获取能量和关注的方向。

（2）感觉（S）与直觉（N）：描述个体获取信息的方式。

（3）思考（T）与情感（F）：描述个体进行决策的方式。

（4）判断（J）与知觉（P）：描述个体处理外部世界的方式。

通过组合这四个维度的偏好，MBTI 性格测试形成了 16 种不同的性格类型，每种类型都有其独特的特点和倾向。MBTI 性格测试从四个不同的维度来衡量人应对外部世界各种现象时的心理规律与行为特点，例如，INTJ 代表内向、直觉、思考、判断型人格，而 ESFP 代表外向、感觉、情感、知觉型人格。通过测试和分析得到的数据可以帮助受试者充分发掘自己的兴趣与特长，从而选择符合自己性格特点的岗位。

MBTI 性格测试被广泛应用于职业咨询、团队建设、领导力发展和人际关系改善等领域。它提供了一个共同的语言和框架，帮助人们理解自己和他人的行为、动机和偏好，从而促进人与人之间有效的沟通和协作。

大家可以通过上网搜寻 MBTI 性格测试官网，测出你的近期专属人格。如 A 同学测出自己的人格是 ENFP，A 就属于外向、直觉、情感、知觉型人格，由此看出 A 同学更适合具有创造力的岗位，如培训师、记者等，但是这种人格也存在一些缺点，如过于随和、过度乐观等。同学们可以通过测试出来的代码，更好地了解自身的特点，为自己的职业规划和未来发展找到更合适的方向。

二、确认自己的职业价值观

（一）舒伯职业价值观量表

舒伯职业价值观量表是由美国心理学家唐纳德·舒伯开发的一种职业评估工具。该量表旨在帮助个体了解自己的职业兴趣和价值观，从而指导其职业选择和发展。

舒伯职业价值观量表基于舒伯的职业发展理论而设计。该理论认为职业发展是一个长期的过程，个体在不同的人生阶段会有不同的职业需求和兴趣。舒伯职业价值观量表通过测量个体对不同职业领域的兴趣和偏好，帮助他们找到与自己兴趣相符的职业。

该量表包含多个职业类别，如实际型、研究型、艺术型、社会型、企业型和常规型。个体根据自己的兴趣和偏好对这些类别进行评分，最终得到一个兴趣剖面图，显示其在各个职业类别上的兴趣水平。通过分析这个剖面图，个体可以了解自己最感兴趣的职业领域，并将其与潜在的职业选择相匹配。此外，舒伯职业价值观量表还考虑了个体的能力、价值观和个人特质等因素，以提供更全面的职业指导。

（二）测试方法

请填写以下舒伯职业价值观量表。

下面有 52 道题，每道题都有 5 个备选答案，请根据自己的实际情况或真实想法，在题目后面圈出相应字母。每题只能选择一个答案。通过测验，你可以大致了解自己的职业价值观倾向。其中，A 代表非常重要，B 代表比较重要，C 代表一般，D 代表较不重要，E 代表很不重要。

（1）你的工作必须经常解决新的问题。　　　　　　　　　　A　B　C　D　E

（2）你的工作能为社会福利带来看得见的效果。　　　　　　A　B　C　D　E

（3）你的工作奖金很高。　　　　　　　　　　　　　　　　A　B　C　D　E

（4）你的工作内容经常变换。   A B C D E

（5）你能在你的工作范围内自由发挥。   A B C D E

（6）你的工作能使你的同学、朋友非常羡慕你。   A B C D E

（7）你的工作带有艺术性。   A B C D E

（8）你的工作能使人感觉到你是团体中的一分子。   A B C D E

（9）不论你怎么干，你总能和大多数人一样晋级和涨工资。   A B C D E

（10）你的工作使你有可能经常变换工作地点、场所或方式。   A B C D E

（11）在工作中你能接触到各种不同的人。   A B C D E

（12）你的工作上下班时间比较自由。   A B C D E

（13）你的工作使你能不断获得成功的感觉。   A B C D E

（14）你的工作可以赋予你高于别人的权力。   A B C D E

（15）在工作中，你能试行一些自己的新想法。   A B C D E

（16）在工作中你不会因为身体或能力等因素，被人瞧不起。   A B C D E

（17）你能从工作的成果中，知道自己做得不错。   A B C D E

（18）你的工作要经常外出、参加各种集会和活动。   A B C D E

（19）只要你干上这份工作，就不再被调到其他意想不到的单位。   A B C D E

（20）你的工作能使世界更美丽。   A B C D E

（21）在你的工作中，不会有人常来打扰你。   A B C D E

（22）只要努力，你的工资会高于其他同年龄的人，升职或涨工资的概率较大。   A B C D E

（23）你的工作是一项对智力的挑战。   A B C D E

（24）你的工作要求你把一些事务管理得井井有条。   A B C D E

（25）你的工作单位有舒适的休息室、更衣室、浴室及其他设备。   A B C D E

（26）你的工作有可能结识各行各业的知名人物。   A B C D E

（27）在你的工作中，能和同事建立良好的关系。   A B C D E

（28）在别人眼中，你的工作是很重要的。   A B C D E

（29）在工作中你经常接触到新鲜的事物。   A B C D E

（30）你的工作使你能常常帮助别人。   A B C D E

（31）你在工作单位中，有可能经常变换工作内容。   A B C D E

（32）你的工作作风使你被别人尊重。   A B C D E

（33）同事和领导人品较好，相处比较随便。   A B C D E

（34）你的工作会使许多人认识你。   A B C D E

（35）你的工作场所很好，例如，有适度的灯光，安静、清洁的工作环境，甚至有恒温、恒湿等优越的条件。   A B C D E

（36）在工作中，你为他人服务，使他人感到很满意，你自己也很高兴。   A B C D E

（37）你的工作需要组织和计划别人的工作。   A B C D E

（38）你的工作需要敏锐地思考。   A B C D E

（39）你的工作可以使你获得较多的额外的东西，例如，常发实物、常能购买折扣商

品、常发商品的提货券、有机会购买进口商品等。　　　　A　B　C　D　E

（40）在工作中你是不受别人差遣的。　　　　　　　　A　B　C　D　E

（41）你的工作结果应该是一种艺术而不是一般的产品。　A　B　C　D　E

（42）在工作中不必担心会因为所做的事情领导不满意而受到训斥或经济惩罚。

　　　　　　　　　　　　　　　　　　　　　　　　　　A　B　C　D　E

（43）你在工作中能和领导有融洽的关系。　　　　　　A　B　C　D　E

（44）你可以看见你努力工作的成果。　　　　　　　　A　B　C　D　E

（45）在工作中你要常常提出许多新的想法。　　　　　A　B　C　D　E

（46）由于你的工作，经常有许多人来感谢你。　　　　A　B　C　D　E

（47）你的工作成果常常能得到上级、同事或社会的肯定。A　B　C　D　E

（48）在工作中，你可能做一个负责人，虽然可能只领导很少几个人，你信奉"宁做兵头，不做将尾"的俗语。　　　　　　　　　　　　　　A　B　C　D　E

（49）你的工作有数量可观的夜班费、加班费、保健费或营养费。　A　B　C　D　E

（50）你从事的工作，经常在报刊、电视中被提到，因而在人们的心目中很有地位。

　　　　　　　　　　　　　　　　　　　　　　　　　　A　B　C　D　E

（51）你的工作比较轻松，精神上也不紧张。　　　　　A　B　C　D　E

（52）你的工作需要和影视、戏剧、音乐、美术、文学等艺术打交道。

　　　　　　　　　　　　　　　　　　　　　　　　　　A　B　C　D　E

评分与评价：上面的52道题分别代表13项工作价值观。每圈一个A得5分，每圈一个B得4分，每圈一个C得3分，每圈一个D得2分，每圈一个E得1分。请你根据下面评价表中每一项前面的题号，计算一下每一项的得分总数，并把它填在每一项的得分栏上。然后在表格下面依次列出得分最高和最低的三项。

得分题号价值观说明如下。

（1）利他主义（2，30，36，46）。工作的目的和价值，在于直接为大众的幸福和利益尽一份力。

（2）美感（7，20，41，52）。工作的目的和价值，在于能不断追求美的东西，得到美的享受。

（3）智力刺激（1，23，38，45）。工作的目的和价值，在于不断进行智力的操作，动脑思考、学习以及探索新事物，解决新问题。

（4）成就感（13，17，44，47）。工作的目的和价值，在于不断创新，不断取得成就，不断得到领导与同事的赞扬，或不断实现自己想要做的事。

（5）独立性（5，15，21，40）。工作的目的和价值，在于能充分发挥自己的独立性和主动性，按自己的方式、步调或想法去做，不受他人的干扰。

（6）社会地位（6，28，32，49）。工作的目的和价值，在于所从事的工作在人们的心目中有较高的社会地位，从而使自己得到他人的重视与尊敬。

（7）管理（14，24，37，48）。工作的目的和价值，在于获得对他人或某事物的管理支配权，能指挥和调遣一定范围内的人或事物。

（8）经济报酬（3，22，39，50）。工作的目的和价值，在于获得优厚的报酬，使自己有足够的财力去获得自己想要的东西，使生活过得较为富足。

（9）社会交际（11，18，26，34）。工作的目的和价值，在于能和各种人交往，建立比较广泛的社会联系和关系，甚至能和知名人物结识。

（10）安全感（9，16，19，42）。不管自己能力怎样，都希望自己在工作中有一个安稳的局面，不会因为奖金、涨工资、工作调动或领导训斥等经常提心吊胆、心烦意乱。

（11）舒适（12，25，35，51）。希望能将工作作为一种消遣、休息或享受的形式，追求比较舒适、轻松、自由、优越的工作条件和环境。

（12）人际关系（8，27，33，43）。希望一起工作的大多数同事和领导人品较好，相处时能感到愉快、自然，认为这就是很有价值的事，是一种极大的满足。

（13）追求新意（4，10，29，31）。希望工作的内容应该经常变换，使工作和生活显得丰富多彩，不单调枯燥。

得分最高的三项是：1. ＿＿＿＿＿＿　2. ＿＿＿＿＿＿　3. ＿＿＿＿＿＿

得分最低的三项是：1. ＿＿＿＿＿＿　2. ＿＿＿＿＿＿　3. ＿＿＿＿＿＿

从得分最高和最低的三项中，可以大致看出自己的职业价值观倾向。

大学生可以搜索舒伯职业价值观量表在线进行测试，进而识别个体对工作意义、工作环境、社会贡献的核心诉求，在选择职业时加以考虑。

第二节　构建多元评价矩阵

 案例导入

兴趣成就信仰，奋斗造就未来

案例背景：

刘同学是重庆某大学文学院戏剧影视文学专业2018级的学生，现为重庆某文化传播有限公司的法人代表。回顾自己的成长历程，从初识主持，到创办自己的公司，刘同学始终坚持自己的兴趣和信仰，不断奋斗，最终实现了从大学生到企业家的跨越。

案例分析：

刘同学的经历可概括为四个阶段：兴趣启蒙、拼搏突破、创业成功与回馈社会。大学时期，他从爱上应用型主持开始，逐步获得国家级奖项，并通过自我提升不断拓宽视野。在校外培训机构工作积累经验后，他结识了王副院长，获得创业指导，并在辅导员杨老师的支持下创办了公司。创业后，刘同学致力于提升年轻人的综合素质，帮助高校学生实现就业与创业梦想，回馈社会，砥砺前行。

解决思路：

刘同学的成功经验主要体现在以下几个方面：坚守兴趣与信仰、持续努力与自我投资、抓住机遇与贵人相助、回报社会与助力他人。

案例总结：

刘同学的成长历程是一个从兴趣到成就、从学生到企业家的成功故事。他通过不懈奋斗与不断创新，实现了个人的梦想，并在创业过程中为社会贡献了力量。未来，刘同学将继续坚持自己的信念，推动公司发展，帮助更多的年轻人实现他们的梦想，同时回馈社会，创造更大的价值。

 **名人名言**

夫功之成，非成于成之日，盖必有所由起。

——北宋·苏洵

这一节，我们将探讨如何构建一个多元化的评价矩阵来全面评估自己。

一、评价矩阵设计理念

从多个角度来审视自己，包括工作、学习、人际关系和个人成长等，这是全面客观评价的前提，因此，多元矩阵的设计首先需要建立多角度的评价自己的指标。

在横向上，建立多角度的指标，通过不同的评价工具和方法，如自我评估问卷、360度反馈和行为观察等，最终在确定了十六种横向指标的基础上，根据先行调查结果为它们赋予不同比重。

在选择不同的对象建立纵坐标时，要求对象的选取基本覆盖周围人群，包括自己、实习上司、导师、家人、好友、同学，并且根据每个对象在职业中对自身影响的不同而赋予不同的比重。

最终由上述的横向指标与纵向对象组成一个评价矩阵，然后得到在不同指标下面对不同对象时的分数，以及面对不同对象时各项指标的分数，最终绘制一张客观评价表，以分数作为参考，准确定位到适合自己的工作岗位。

通过构建多元评价矩阵，我们可以更准确地了解自己的优势和劣势，从而制订更有效的个人发展计划。

二、评价矩阵维度设计

基础指标：学习能力、专业知识、实操能力等可量化要素。

软性指标：沟通协调能力、团队领导力、创新思维、抗压韧性等行为素质。

纵向对象纬度：选择进入大学后接触的主要对象进行设置，并按照不同的对象在职业生涯中的作用占比赋予比重，设置有自己、实习上司、导师、家人、好友、同学。

实习上司：实习时，实习上司对自己的工作表现、任务完成情况、对组织的贡献等方面进行评估。

导师：作为指导者，导师可以从专业知识、技能掌握、学习态度等方面进行评估。

家人：作为亲人，可以对自己的性格特征、品德与价值观、成长与进步等方面进行评估。

同学：可以从团队协作、沟通能力、责任心等方面进行评估。

其他对象按照相应标准给分即可。

三、评价矩阵维度使用

多元评价矩阵如表 3-2 所示。

表3-2　多元评价矩阵

对象	外向程度(2%)	专业知识(15%)	实操能力(15%)	学习能力(10%)	沟通表达能力(8%)	团队协作能力(8%)	创新能力(6%)	人际交往(4%)	情商水平(5%)	吃苦精神(3%)	执行能力(8%)	工作态度(5%)	适应水平(2%)	可靠性(5%)	奉献精神(2%)	抗压能力(2%)	总分
自己(40%)	60	80	80	70	70	80	50	70	70	70	70	80	80	80	80	60	
实习上司(20%)	↑	↑	↑	↑	↑	↑	↑	↑	↑	↑	↑	↑	↑	↑	↑	↑	
导师(10%)	销售营销传媒公关	工程技术手工技艺	教育培训旅游服务		科技创新创意设计		心理咨询客户服务		行政管理军事国防		国际事务新兴产业		基层工作特殊教育				
家人(10%)	医疗医药金融财经	读研升博科技创新	项目管理体育竞技		人力资源销售营销		征兵入伍物流配送		质量检测数据管理		金融安全机要保密		金融交易紧急救援				
好友(10%)																	
同学(10%)																	
总分																	

（左侧竖排：客观评价表）

如何使用评价矩阵？

首先是锁定表3-2纵向上的对象，再从横向每排上依次评分，如选取"自己"，在外向程度上可以结合自身评价与他人评价，按满分一百分给定分数，横向按指标赋值算出对象得分（60×2%+80×15%+…+60×2%）=73.4。

其次，在对每一列五个对象打分完成后，如"外向程度"下各对象得分均为60，按各对象指标赋值算出（60×40%+60×20%+…+60×10%）=60，如此计算，可以得到面对不同对象时自己的偏好印象，以及自己各项指标的偏重。例如，对象得分中"导师"得分高，并且自己的学习能力、专业知识、抗压能力得分较高，即可得出自己适合从事学术科研这一类职业的结论。

最后，根据计算得出的结果，不光要发掘出自身所擅长的部分，还要关注自身得分较低的板块，例如，在对象为"同学"时，如果指标为"沟通表达能力"上得分都较低，自己在规划职业生涯时就要注意培养自己的沟通能力，并积极提升自己在社交方面的能力。

第三节　圈定适配行业范围

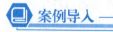

案例导入

需要等风来，也要无风跑

案例背景：

周同学是重庆某大学教育科学学院教育学专业2018级的学生。四年的大学生活充满了探索、尝试和挑战。在学业上，他全力以赴备战考研，然而结果未能如愿，面对失败他没有停下脚步，反而勇敢地转向了就业，最终成功应聘并进入了树人思贤小学，开始了全新的教师生涯。

案例分析：

在考研失败后，周同学经历了深刻的自我反思与调整。周同学的困惑主要在于：一是自己曾为考研奋斗多年，然而结果未如预期，导致周同学对未来规划感到迷茫；二是从未考虑过就业，尤其是基层的教育工作。面对这些困惑，他进行了冷静思考，最终选择转向就业，并积极适应了新的挑战。

解决思路：

转变心态，积极面对挑战、主动适应基层教育工作、发挥所学专业技能，积累实践经验。

案例总结：

周同学的成功经验在于，他始终保持乐观与积极的心态，面对人生的挫折没有轻言放弃。无论是面对考研的失利，还是从考研转向就业，他都能以坚定的信念和实际行动作出最合适的选择。周同学的经历告诉我们，在人生的风雨中，无论是等待风的到来，还是迎风奔跑，最重要的是调整好心态，勇敢前行，始终朝着目标不断努力。

名人名言

人生在世，事业为重。一息尚存，绝不松劲。

——吴玉章

在本节中，我们可以试着大致圈定适合自己的行业范围，结合本书第二章的就业政策以及去向分类后，进一步明晰自己的就业去向。

首先，我们根据上述测试结果分析得到自己的兴趣、能力和价值观，以确定哪些行业与自己最为契合。其次，我们可以研究不同行业的现状和发展趋势，了解哪些行业具有较好的发展前景和较多的就业机会。最后，我们可以通过实习、兼职和参加行业活动等方式，深入了解各个行业的实际情况。通过圈定适配的行业范围，我们可以更有针对性地确定提升计划和实施方案，提高职业发展的成功率。

一、明确兴趣所在

1. 兴趣对职业选择意义重大

兴趣对职业有着重要的影响，主要表现在以下几个方面。

（1）工作满意度：从事自己感兴趣的工作，个体更容易感到满足和快乐。兴趣与工作内容相符，可以提高工作积极性和投入度。

（2）工作表现：对工作内容感兴趣，个体更愿意投入时间和精力去学习和提高，从而可能产生更好的工作表现，取得更高的成就。

（3）职业稳定性：当个体对工作感兴趣时，个体更可能坚持并长期从事该职业，减少跳槽或职业变动的频率。

（4）创造力和创新能力：兴趣可以激发个体的创造力和创新能力，使个体在工作中更有可能提出新的想法和解决方案。

（5）心理健康：从事感兴趣的工作，可以减轻工作压力和焦虑情绪，促进心理健康。

因此，了解自己的兴趣并将其与职业选择相结合，对于个体的职业发展和心理健康都具有重要意义。舒伯职业价值观量表可以帮助个体更好地了解自己的兴趣，从而进行更合适的职业决策。

2. 识别兴趣领域

回顾自己的过往经历，包括学习、工作、业余爱好等，找出自己最热衷和享受的活动或领域。

3. 细化兴趣点

将兴趣领域进一步细化，明确自己具体喜欢做什么，例如数据分析、艺术创作、人际交往或实验操作等。

二、评估自身能力

1. 梳理技能清单

列出自己已掌握的技能，包括专业技能（如编程、设计）、软技能（如沟通、团队合作）等。

2. 评估能力水平

对每项技能进行能力水平的评估，如初级、中级、高级等，以明确自己在哪些领域具有较强的竞争力。

3. 如何评估自身能力

要评估自身能力，可以从以下几个方面入手。

（1）自我反思：定期回顾自己的工作表现，思考自己在哪些方面表现出色，哪些方面需要改进。可以记录下自己的成就和挑战，以便更好地了解自己的强项和弱项。

（2）寻求反馈：向同事、上级或客户寻求反馈，了解他们对自己工作表现的看法。反馈可以提供客观的视角，帮助发现自己的优势和需要提升的地方。

（3）技能评估：参加相关的技能评估或测试，如语言能力测试、计算机技能评估等，以量化自己的能力水平。

（4）学习和发展：持续学习新知识和技能，参加培训课程、工作坊或研讨会，以扩展自己的能力范围，并评估自己在学习过程中的表现和进步。

（5）个人成长计划：制订个人成长计划，设定具体、可衡量的职业发展目标，并定期评估自己在实现这些目标方面的进展。

（6）职业咨询：寻求职业顾问或心理咨询师的帮助。他们可以通过专业的评估工具和指导，帮助你更全面地评估自己的能力，并提供关于职业发展的建议。

三、明确价值观

1. 识别核心价值观

思考自己最为看重的价值观，如成就感、工作与生活平衡、创新、社会责任等。

2. 排序价值观

将识别出的价值观按照重要性进行排序，以明确自己在职业选择中最优先考虑的因素。

3. 如何明确自己的价值观

明确自己的价值观可以从以下几个方面入手。

（1）自我反思：思考什么东西对你来说是最重要的。可以写下你的核心信念和原则，以及你希望在生活和工作中追求的东西。

（2）价值观清单：列出一些常见的价值观，如诚实、公正、自由、安全、成长等，然后根据这些价值观的重要性进行排序。

（3）生活经历回顾：回顾过去的经历，特别是那些让你感到特别满足或不快的时刻，思考这些经历反映了你对什么价值观的追求或违背。

（4）想象理想生活：想象一下你理想中的生活是什么样子，包括工作、家庭、社交等方面，思考这些理想生活中的元素所体现的价值观。

（5）与他人讨论：与朋友、家人或导师讨论你的价值观，听取他们的意见和建议，这有助于你更清晰地认识自己。

（6）阅读和学习：阅读关于价值观、哲学和伦理学的书籍，了解不同的价值观，这有助于你更深入地思考自己的价值观。

（7）价值观测试：参加一些专业或在线的价值观测试，这些测试可以帮助你识别和理解自己的价值观，并提供相应的分析和建议。

明确自己的价值观对于职业规划和生活决策都非常重要。当你了解自己的价值观时，你可以选择与之相符的职业和生活方式，从而提高满意度和幸福感。

四、匹配行业

1. 结合兴趣与能力

根据兴趣领域和已掌握的技能，筛选出与之相关的行业。例如，对艺术创作感兴趣且具备设计技能的人，可以考虑进入创意设计行业。

2. 考虑价值观契合度

在筛选出的行业中，进一步分析每个行业的文化、工作环境、发展前景等，评估其是否符合自己的价值观。例如，追求工作与生活平衡的人可能更适合选择弹性工作时间较多的行业。

第四节　驱动自我持续发展

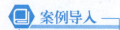 **案例导入**

知命不惧，日日自新

案例背景：

高同学是重庆某大学生命科学学院 2019 级的学生，怀揣着进入理想岗位的梦想，在大学期间，她面临多重挑战：学业压力大，竞选团委工作，以及实习任务繁重。而最具挑战的，是如何在有限的时间内，争取到自己理想的实习工作单位——华大基因。

案例分析：

高同学在大学初期经历了从内向到积极主动的蜕变。大一时，她决心突破自我，勇敢竞选班级团支书，并通过这一机会培养了与人沟通与合作的能力。随后，她积极加入党组织，担任团委工作，并主动参与学院的各类活动。在这一过程中，她不断提升自我，逐步建立起了面对挑战的自信心。进入大三，她面临了更加艰难的抉择——她渴望进入华大基因工作，然而该公司对计算机和英语有较高的要求，并且青睐有保研资格的优秀学生。高同学并不具备这些优势，既没有编程基础，也没有生物信息学的相关知识，成绩上也与那些保研的学生存在差距。这些困难一度让她产生了自我怀疑。

解决思路：

面对困难，高同学并没有选择退缩，而是积极寻找解决方案。她通过各种渠道了解华大基因的需求，并自学 Python 语言，阅读相关文献，为自己积累知识储备。在准备申请材料和面试过程中，她不断调整心态，从自我怀疑中走出，并坚定了自己的目标。她始终坚持"雄关漫道真如铁，而今迈步从头越"的信念，直到最终成功获得华大基因的实习机会。

案例总结：

高同学的成功经验在于她坚定的信念与不断自我提升的态度。从刚进入大学时的内向害羞，到后来的敢于迎接挑战，主动争取机会，高同学的成长之路充满了拼搏与坚持。她明白，只有不断提升自我，才能在不断变化的环境中抓住机遇。

名人名言

> 天下难事，必作于易；天下大事，必作于细。
>
> ——春秋·老子

通过客观的自我评价，我们对自身有了明晰的认识，并且根据自身特点初步锚定了自己的大概去向，在本节中，我们将在上述内容的基础上试着探讨如何驱动自我持续发展。

一、如何设立个人发展目标

1. 明确自我认知

（1）自我评估：审视自己的兴趣、优势、劣势、技能和经验。这有助于了解自己的长处和短处，为设定目标提供基础。

（2）价值观澄清：明确对自己来说最重要的事情是什么，即个人价值观。这有助于确保个人所设定的目标与个人的内在动机相一致。

2. 确定目标领域

（1）职业目标：希望在职业生涯中达到的位置或成就。

（2）学习目标：设定希望掌握的新技能或知识领域。

（3）生活目标：健康、家庭、社交等方面的目标。

（4）个人成长目标：关注自我提升和人格完善，如增强自信心、提高情绪管理能力等。

二、驱动自我持续发展

以达成教育职业发展目标为例，为大家讲解如何驱动自我持续发展。

1. 个人发展路径图

制订短期（1年）技能提升计划（如考取教师资格证）、中期（3年）职业里程碑（如成为骨干教师）、长期（5年）生涯愿景（如教育管理者）。

引入 PDCA 循环（计划—执行—检查—改进），定期复盘成长轨迹。

2. 资源整合策略

搭建"学习生态圈"：聚合高校培训课程（如 MOOC）、行业峰会、名师工作坊等资源，形成可持续输入-输出闭环。

3. 培养对目标的兴趣

（1）明确目标意义。

要深入理解并明确自己设定目标的意义。思考这些目标为何重要，以及这些目标如何与长期愿景、价值观或生活需求相关联。认识到目标背后的深层意义，自然会对实现这些目标产生兴趣。

（2）设定具体目标。

确保目标是具体、可衡量且有时间限制的。模糊或过于宽泛的目标难以激发持续的兴趣。将目标细化为一系列可操作的小步骤，每完成一步都会带来成就感，从而增强对目标的兴趣。

（3）探索内在动机。

挖掘内心深处的动机，了解为何这些动机如此重要。这些动机是追求个人成长、获得认可、改善生活还是其他。明确内在动机，可以激发对目标的热情和兴趣。

（4）创造积极环境。

营造一个有利于追求目标的环境。这可能包括与志同道合的人交流、阅读相关书籍、参加相关活动等。积极的环境可以激发好奇心和探索欲，从而增强对目标的兴趣。

（5）设定奖励机制。

为自己设定一些奖励，以激励自己持续追求目标。这些奖励可以是小的里程碑奖励，也可以是达成最终目标后的大奖。通过奖励自己，增加对目标的期待和兴趣。

（6）灵活调整。

在实现目标的过程中，可能会遇到一些挑战或变化。保持灵活性，根据实际情况调整目标和计划。这样就可以保持对目标的兴趣和动力，而不会因为遇到障碍而放弃。

（7）反思与庆祝成就。

定期反思自己的进展，庆祝每一个小成就。这不仅有助于保持对目标的关注，还能增强自信心和满足感，从而进一步激发对目标的兴趣。

以上方法可以逐渐培养对目标的兴趣，使自己在追求目标的过程中保持积极、专注和动力。

4. 保持不断学习

在个人发展过程中，必然不是一帆风顺的，每达到一个新的阶段，开启一段新的历程，都会遇到与以往不同的情境。面对一些新的挑战，我们可能会手足无措，但是千万不可后退。退一步并不会迎来海阔天空，而是可能回到起点。所以，要学习新的技能来应对新的挑战，挑战的出现也许不是为了挡住我们，而是为了帮助我们磨炼出更好的能力，助力我们应对更复杂的问题，离目标更进一步。

5. 学会反思与总结

在个人发展的道路上，学会反思与总结是至关重要的环节。反思与总结不仅能帮助我们及时纠正错误，还能促进我们的成长和进步。

反思，是对自己过去的行为、思想及结果进行深入思考和评估的过程。通过反思，我们可以清晰地认识到自己在某个阶段或某个任务中的表现，是否达到了预期的目标，以及存在哪些不足之处。这种自我审视的过程，有助于我们剥去表面的现象，触及问题的本质，从而找到改进的方向。

总结，是在反思的基础上，对经验和教训进行提炼和概括。总结要求我们将反思的结果进行系统化、条理化的整理，形成具有普遍指导意义的知识或规律。通过总结，我们可以将零散的经验整合起来，形成更为完整和深刻的认识。总结也是我们向他人学习和分享的重要途径，通过交流和碰撞，可以进一步拓宽视野，深化理解。

在个人发展中，反思和总结应该成为习惯。每当完成一个任务、经历一个阶段或面临一个挑战时，我们都应该及时地进行反思和总结，这样才能不断地积累经验、提升能力、完善自我。

值得注意的是，反思和总结并不是一次性的行为，而是一个持续不断的过程。我们需要保持开放的心态，勇于面对自己的不足和错误，同时善于发现和肯定自己的进步和成就。只有这样，我们才能在个人发展的道路上越走越远，实现自己的梦想。

第五节 巧用 AI 进行生涯测评

 案例导入

筑梦路长，行则将至

案例背景：

邓同学是重庆某高校马克思主义学院思想政治教育考生 2022 届的毕业生。三年的专业学习与教学实习让她对思政课教师这一职业有了全面的理解。邓同学认为，作为一名思政课教师，应该用自己的信仰与专业技能去培养有信仰的新时代青年。面对就业压力和自己的职业目标，邓同学从大学实习起便坚定了成为一名思政课教师的决心。她在实习过程中表现出了强烈的工作热情，并在毕业后通过努力顺利找到了主城区的事业编制工作。

案例分析：

邓同学在就业过程中遇到的主要困惑和挑战有：①职业目标与挑战。她决心成为一名思政课教师，但就业市场竞争激烈，且需要不断积累面试经验、提升自身能力。②就业压力与情绪波动。在多次面试与考试中失败，以及周围同龄人取得成功，曾让她感到焦虑、崩溃和自我怀疑。③自我成长与信心提升。通过不断的实践与调整，邓同学逐步增强了自信心，克服了面试中的紧张情绪，最终获得了理想工作。

解决思路：

明确职业目标、积极主动和反思、坚持不懈与自我调整。面对失败和挑战，邓同学坚持调整自己的状态，通过参加招聘会、校招等积累经验、提升自信，最终获得了心仪的工作。

案例总结：

邓同学的成功在于有明确的职业目标，有主动学习和积累经验的态度，以及面对失败时的坚持与调整。在未来的职业发展中，她将继续保持主动进取的态度，提升自己的教学和管理能力，同时关注自身的心理调适，保证心理健康，继续为教育事业贡献自己的力量。

名人名言

选择职业不应仅凭一时冲动，而应考虑长远影响。

——郁达夫

本节主要介绍中国教育在线网络职业生涯测评方面的 AI 功能。中国教育在线作为中国最大的综合教育门户网站，秉承"全面关注中国教育，切实做好教育服务"的使命，以满足各类教育需求为主，发布各类权威的招考、就业、辅导等教育信息。以下主要介绍中国教育在线的智绘未来功能。

一、AI 咨询师

中国教育在线依托深耕教育领域多年积累的数据，进行生成式人工智能在生涯规划领域模型训练与调优的策略开发，推出 AI 咨询师功能，可解决学生生涯规划方面的问题。学生可在线模拟与真实的职业规划师沟通；在沟通过程中，AI 咨询师可进行学生测评，根据测评内容对学生的回答进行针对性分析。AI 咨询师具有超长记忆功能，最长支持超 200 万字的上下文聊天。中国教育在线 AI 咨询师界面展示如图 3-4 所示。

图 3-4　中国教育在线 AI 咨询师界面展示

二、生涯测评

中国教育在线生涯测评提供了包括就业能力测评、考研潜力测评、考公潜力测评、心理测评、情商智商测评、创业能力测评在内的十余类职业评估服务。这些测评由中国教育在线组织国内相关领域的专家学者，结合专业理论与本土化特点精心编制而成，旨在为广大学生提供科学、精准的职场测评服务。通过这些测评，学生可以更加深入地了解自己的优势和不足，以及适合从事的领域和方向，从而为未来的生涯发展提供有力的数据支持和参考依据。中国教育在线生涯测评界面展示如图 3-5 所示。

图 3-5　中国教育在线生涯测评界面展示

三、学涯规划

中国教育在线学涯规划覆盖全国所有院校的专科、本科、硕士、博士共计 8 000 多个专业，收集整理各高校公布的最新生源数据，为学生提供所学专业的全国毕业生、各省毕业生人数，方便学生进行学涯规划。根据学生所学的专业为其提供就业、考研、考公、留学、创业、升本等方向的分析。中国教育在线学涯规划界面展示 1 如图 3-6 所示。

图 3-6　中国教育在线学涯规划界面展示 1

在学涯规划中确定了大致方向后，通过考研、考公、留学、就业、创业、专升本六个方向的发展目标分析，助力学生进行更加明智的决策。中国教育在线学涯规划界面展示 2 如图 3-7 所示。

图 3-7　中国教育在线学涯规划界面展示 2

四、职业探索

目前 AI 已拥有实时搜索的功能，可以获取职位的最新信息。这些信息包括职位描述、主要职责、任职要求、薪酬待遇、发展机会、工作环境、典型工作场景等。根据学生所查询的职位，推荐 Boss 直聘、24365、智联招聘、前程无忧、实习僧、国聘网等招聘平台的职位。并且对 AI 获取的职位，学生可全部收藏至个人中心。中国教育在线职业探索界面展示如图 3-8 所示。

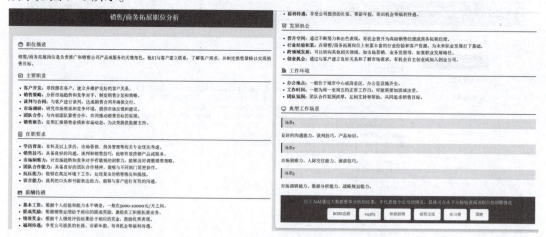

图 3-8　中国教育在线职业探索界面展示

五、行业百科

学生可输入任何一个想要了解的行业，AI 将通过行业简介、行业知名企业、行业需求前十名职位、行业需求前十名专业、行业薪酬水平、行业发展前景等多维度全方位地展现一个行业，使学生对行业选择更加清晰。中国教育在线行业百科界面展示如图 3-9 所示。

图 3-9　中国教育在线行业百科界面展示

六、AI 规划书

通过 24 小时提供服务的 AI 咨询师、生涯测评、学涯规划、职业探索、行业百科，帮助学生明确生涯目标。AI 将结合学生的个人档案、发展方向，精心打造一份全面且个性化的生涯规划报告。中国教育在线 AI 规划书界面展示如图 3-10 所示。

图 3-10 中国教育在线 AI 规划书界面展示

七、职业规划大赛

中国在线教育职业规划大赛涵盖全国大学生职业生涯规划大赛的所有赛道，为学生提供多元化的发展机会和展示平台，并可针对不同赛道制订个性化的赛事安排、作品要求和评分标准，确保评审的专业性和公正性。

中国在线教育职规大赛支持人工评审和 AI 评审，人工评审可批量导入评委，多个评委评分规则科学合理。AI 评审设置丰富，包括选择赛事、评审范围、赛事阶段、评审类型、结果公开和评审时长等，可根据实际情况灵活调整。AI 可在 48 小时左右评审完数万份参赛资料，缩短评审时间，减轻学校组织赛事的工作量。中国教育在线职规大赛界面展示如图 3-11 所示。

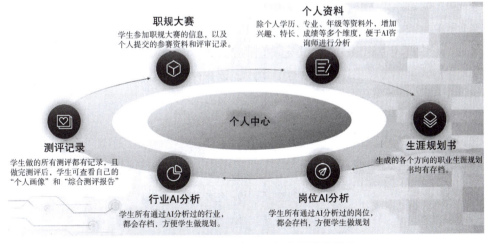

图 3-11 中国教育在线职规大赛界面展示

课后实践

霍兰德职业倾向测验量表

填写本测验量表将帮助您发现和确定自己的职业兴趣和能力特长，从而更好地进行求职择业的决策。如果您已经考虑好或选择好自己的职业，本测验将使您的这种考虑或选择具有理论基础，或向您展示其他适合的职业；如果您至今尚未确定职业方向，本测验将帮助您根据自己的情况选择一个恰当的职业目标。本测验共有七个部分，每部分测验都没有时间限制，但请您尽快按要求完成。

第一部分　您心中的理想职业（专业）

对于未来的职业（或升学进修的专业），您得早考虑，它可能很抽象、很朦胧，也可能较具体、较清晰。不论是哪种情况，请您把自己最想干的三种职业或最想读的三个专业按顺序写下来。

1. _____
2. _____
3. _____

第二部分　您所感兴趣的活动

下面列举了若干种活动，请就这些活动判断你的好恶。喜欢的，请在"是"栏里打√；不喜欢的，请在"否"栏里打√。感兴趣活动的判断如表3-3所示，请按顺序回答表3-3的全部问题。

表3-3　感兴趣活动的判断

R：实际型活动	是	否	A：艺术型活动	是	否
1. 装配修理电器	☐	☐	1. 素描、制图或绘画	☐	☐
2. 修理自行车	☐	☐	2. 表演戏剧、小品或相声节目	☐	☐
3. 装修机器或机器零件	☐	☐	3. 设计家具或房屋	☐	☐
4. 做木工活儿	☐	☐	4. 在舞台上演唱或跳舞	☐	☐
5. 驾驶卡车或拖拉机	☐	☐	5. 演奏一种乐器	☐	☐
6. 开机床	☐	☐	6. 阅读流行小说	☐	☐
7. 开摩托车	☐	☐	7. 听音乐会	☐	☐
8. 上金属工艺课	☐	☐	8. 从事摄影创作	☐	☐
9. 上机械制图课	☐	☐	9. 阅读电影、电视剧本	☐	☐
10. 上木工手艺课	☐	☐	10. 读诗、写诗	☐	☐
11. 上电气自动化技术课	☐	☐	11. 上书法、美术课	☐	☐
统计"是"的得分，计＿＿个，每个1分。			统计"是"的得分，计＿＿个，每个1分。		

续表

I：研究型活动	是	否	S：社会型活动	是	否
1. 阅读科技书刊	☐	☐	1. 给朋友写信	☐	☐
2. 在实验室工作	☐	☐	2. 参加学校或其他组织的正式活动	☐	☐
3. 研究某个科研项目	☐	☐	3. 加入某个社会团体或俱乐部	☐	☐
4. 制作飞机、汽车模型	☐	☐	4. 帮助别人解决困难	☐	☐
5. 做化学实验	☐	☐	5. 照看小孩	☐	☐
6. 阅读专业性论文	☐	☐	6. 参加宴会、茶话会或联欢晚会	☐	☐
7. 解一道数学或棋艺难题	☐	☐	7. 跳交谊舞	☐	☐
8. 上物理课	☐	☐	8. 参加讨论会或辩论会	☐	☐
9. 上化学课	☐	☐	9. 观看运动会或体育比赛	☐	☐
10. 上几何课	☐	☐	10. 寻亲访友	☐	☐
11. 上生物课	☐	☐	11. 阅读与人际交往有关的书刊	☐	☐
统计"是"的得分，计＿＿＿个，每个1分。			统计"是"的得分，计＿＿＿个，每个1分。		

E：企业型活动	是	否	C：传统型活动	是	否
1. 对他人做劝说工作	☐	☐	1. 保持房间整洁	☐	☐
2. 买东西时与人讨价还价	☐	☐	2. 抄写文章或信件	☐	☐
3. 讨论政治问题	☐	☐	3. 开发票、写收据或打回条	☐	☐
4. 从事个体或独立的经营活动	☐	☐	4. 打算盘或用计算器计算	☐	☐
5. 出席正式会议	☐	☐	5. 记流水账或备忘录	☐	☐
6. 演讲	☐	☐	6. 上打字课或学速记	☐	☐
7. 在社会团体中做一名理事	☐	☐	7. 上会计课	☐	☐
8. 检查与评价别人的工作	☐	☐	8. 上商业统计课	☐	☐
9. 结识名流	☐	☐	9. 将文件、报告、记录分类与归档	☐	☐
10. 带领一群人去完成某项任务	☐	☐	10. 为领导写公务信函与报告	☐	☐
11. 参与政治活动	☐	☐	11. 检查个人收支情况	☐	☐
统计"是"的得分，计＿＿＿个，每个1分。			统计"是"的得分，计＿＿＿个，每个1分。		

第三部分　您所擅长的活动

下面列举了若干种活动，其中你能做或大概能做的事，请在"是"栏里打√；反之，请在"否"栏里打√。擅长活动的判断如表3-4所示，请按顺序回答表3-4的全部问题。

表3-4　擅长活动的判断

R：实用型活动	是	否	A：艺术型活动	是	否
1. 使用锯子、钳子、车床等工具	☐	☐	1. 演奏一种乐器	☐	☐
2. 使用万能电表	☐	☐	2. 参加二重唱或四重唱表演	☐	☐
3. 给自行车或机器加油使之正常运转	☐	☐	3. 独奏或独唱	☐	☐

R：实际型活动	是	否	A：艺术型活动	是	否
4. 使用钻床、研磨机、缝纫机等	☐	☐	4. 扮演剧中角色	☐	☐
5. 修整木制家具表面	☐	☐	5. 说书或讲故事	☐	☐
6. 看机械、建筑设计图纸	☐	☐	6. 表演现代舞或芭蕾舞	☐	☐
7. 修理结构简单的家用电器	☐	☐	7. 画人物素描	☐	☐
8. 制作简单的家具	☐	☐	8. 画油画或做雕塑	☐	☐
9. 绘制机械设计图纸	☐	☐	9. 制造陶器、捏泥塑或剪纸	☐	☐
10. 修理收（录）音机的简单部件	☐	☐	10. 设计服装、海报或家具	☐	☐
11. 疏通、修理自来水管或下水道	☐	☐	11. 写一手好文章	☐	☐
统计"是"的得分，计＿＿个，每个1分。			统计"是"的得分，计＿＿个，每个1分。		
I：研究型活动	是	否	S：社会型活动	是	否
1. 了解真空管的工作原理	☐	☐	1. 善于向别人解释问题	☐	☐
2. 知道三种以上蛋白质含量高的食物	☐	☐	2. 参加慰问或救济活动	☐	☐
3. 知道一种放射性元素的"半衰期"	☐	☐	3. 善于与人合作、配合默契	☐	☐
4. 使用对数表	☐	☐	4. 殷勤待客	☐	☐
5. 使用计算器或计算尺	☐	☐	5. 能深入浅出地教育儿童	☐	☐
6. 使用显微镜	☐	☐	6. 为一次宴会安排娱乐活动	☐	☐
7. 辨认3个星座	☐	☐	7. 帮助他人解决困难	☐	☐
8. 说明白细胞的功能	☐	☐	8. 帮助护理病人或伤员	☐	☐
9. 解释简单的化学分子式	☐	☐	9. 安排学校或组织的各种集体事务	☐	☐
10. 理解人造卫星不会落地的道理	☐	☐	10. 善察人心或善于判断人的性格	☐	☐
11. 参加科技竞赛或科研成果交流会	☐	☐	11. 善于与年长者相处	☐	☐
统计"是"的得分，计＿＿个，每个1分。			统计"是"的得分，计＿＿个，每个1分。		
E：企业型活动	是	否	C：传统型活动	是	否
1. 在学校里当过班干部并且干得不错	☐	☐	1. 一天能抄写近一万字	☐	☐
2. 善于督促他人工作	☐	☐	2. 能熟练地使用算盘或计算器	☐	☐
3. 善于使他人按你的习惯做事	☐	☐	3. 能熟练地使用中文打字机	☐	☐
4. 做事具有超常的精力和热情	☐	☐	4. 善于将书信、文件迅速归档	☐	☐
5. 能做一个称职的推销员	☐	☐	5. 做过办公室职员的工作且干得不错	☐	☐
6. 代表某个团体提出建议或意见	☐	☐	6. 核对数据或文章时既快又准	☐	☐
7. 担任领导职务期间获奖或受表扬	☐	☐	7. 会使用外文打字机或复印机	☐	☐
8. 说服别人加入你所在的团体	☐	☐	8. 善于在短时间内分类和处理大量文件	☐	☐
9. 创办一家商店或企业	☐	☐	9. 记账或开发票时既快又准	☐	☐

E：企业型活动	是	否	C：传统型活动	是	否
10. 知道如何做一位成功的领导人	☐	☐	10. 善于为自己或集体进行财务预算（表）	☐	☐
11. 有很好的口才	☐	☐	11. 能迅速誊清贷方和借方的账目	☐	☐
统计"是"的得分，计___个，每个1分。			统计"是"的得分，计___个，每个1分。		

第四部分　您所喜欢的职业

下面列举了多种职业，请逐一认真地看，如果是你有兴趣的工作，请在"是"栏里打√；如果是你不太喜欢、不关心的工作，请在"否"栏里打√，请依次回答表3-5中的全部问题。

表3-5　喜欢的职业的判断

R：实际型活动	是	否	A：艺术型活动	是	否
1. 航空机械技术人员	☐	☐	1. 诗人	☐	☐
2. 野生动物专家	☐	☐	2. 文学艺术评论家	☐	☐
3. 自动化工程技术人员	☐	☐	3. 作家	☐	☐
4. 木工	☐	☐	4. 记者	☐	☐
5. 机床安装工或钳工	☐	☐	5. 歌唱家	☐	☐
6. 电工	☐	☐	6. 作曲家	☐	☐
7. 无线电报务员	☐	☐	7. 剧本写作人员	☐	☐
8. 长途汽车司机	☐	☐	8. 画家	☐	☐
9. 火车司机	☐	☐	9. 相声演员	☐	☐
10. 机械师	☐	☐	10. 乐团指挥	☐	☐
11. 测绘、水文技术人员	☐	☐	11. 电影演员	☐	☐
统计"是"的得分，计___个，每个1分。			统计"是"的得分，计___个，每个1分。		
I：研究型活动	是	否	S：社会型活动	是	否
1. 气象研究人员	☐	☐	1. 街道、工会或妇联负责人	☐	☐
2. 生物学研究人员	☐	☐	2. 中学教师	☐	☐
3. 天文学研究人员	☐	☐	3. 青少年犯罪问题专家	☐	☐
4. 药剂师	☐	☐	4. 中学校长	☐	☐
5. 人类学研究人员	☐	☐	5. 心理咨询人员	☐	☐
6. 化学研究人员	☐	☐	6. 精神病医生	☐	☐
7. 科学杂志编辑	☐	☐	7. 职业介绍所工作人员	☐	☐
8. 植物学研究人员	☐	☐	8. 导游	☐	☐
9. 物理学研究人员	☐	☐	9. 青年团体负责人	☐	☐

I：研究型活动	是	否	S：社会型活动	是	否
10. 科普工作者	□	□	10. 福利机构负责人	□	□
11. 地质学研究人员	□	□	11. 婚姻介绍所工作人员	□	□
统计"是"的得分，计____个，每个1分。			统计"是"的得分，计____个，每个1分。		

E：企业型活动	是	否	C：传统型活动	是	否
1. 供销科长	□	□	1. 簿记员	□	□
2. 推销员	□	□	2. 会计师	□	□
3. 旅馆经理	□	□	3. 银行出纳员	□	□
4. 商店管理费用人员	□	□	4. 法庭书记员	□	□
5. 厂长	□	□	5. 人口普查登记员	□	□
6. 律师或法官	□	□	6. 成本核算员	□	□
7. 电视剧制作人	□	□	7. 税务工作者	□	□
8. 饭店或饮食店经理	□	□	8. 校对员	□	□
9. 人民代表	□	□	9. 打字员	□	□
10. 服装批发商	□	□	10. 办公室秘书	□	□
11. 企业管理咨询人员	□	□	11. 质量检查员	□	□
统计"是"的得分，计____个，每个1分。			统计"是"的得分，计____个，每个1分。		

第五部分　您的能力类型简评

职业能力自我评定表（1）、职业能力自我评定表（2）分别如表3-6、表3-7所示，两个表是您在六个职业能力方面的自我评定表。您可以先与同龄者比较得出自己在每一方面的能力，经斟酌后对自己的能力进行评估。请在表3-6、表3-7中适当的数字上画圈。数字越大，表示你的能力越强。注意，请勿全部画同样的数字，因为人的每项能力不可能完全一样。

表3-6　职业能力自我评定表（1）

R型	I型	A型	S型	E型	C型
机械操作能力	科学研究能力	艺术创作能力	解释表达能力	商业洽谈能力	事务执行能力
7	7	7	7	7	7
6	6	6	6	6	6
5	5	5	5	5	5
4	4	4	4	4	4
3	3	3	3	3	3
2	2	2	2	2	2
1	1	1	1	1	1

表3-7 职业能力自我评定表（2）

R型	I型	A型	S型	E型	C型
体育技能	数字技能	音乐技能	交际技能	领导技能	办公技能
7	7	7	7	7	7
6	6	6	6	6	6
5	5	5	5	5	5
4	4	4	4	4	4
3	3	3	3	3	3
2	2	2	2	2	2
1	1	1	1	1	1

第六部分 统计和确定您的职业倾向

职业倾向统计表如表3-8所示。请将第二部分至第五部分的全部测验分数按前面已统计好的六种职业倾向得分填入表3-8，并纵向累加，得出总分。

表3-8 职业倾向统计表

测试	R型	I型	A型	S型	E型	C型
第二部分（表3-3）						
第三部分（表3-4）						
第四部分（表3-5）						
第五部分（表3-6）						
第五部分（表3-7）						
总分						

请将表3-8中的六种职业倾向总分按从大到小的顺序依次从左到右排列。

_____型、_____型、_____型、_____型、_____型、_____型。

您的职业倾向性最高分为_____，最低分为_____。得分最高的职业类型意味着最适合您的职业。例如，假如您在A型上得分最高，说明您适合做艺术和表演等具有创造性、变化性的工作，如作家、编辑、设计师等。其余类推。

如果最适合您的工作和您在第一部分所写的理想工作不太一致，或者在各种类型的职业上您的能力和兴趣不相匹配，那么请您参照第七部分来调整。

第七部分 您所看重的东西——职业价值观

这一部分测验列出了人们在选择工作时通常会考虑的九种因素，现在请您在其中选出最重要的两项因素，并填在下边的空格里。

最重要：_____；

次重要：_____；

最不重要：_____；

次不重要：_____。

附

工作价值标准：

(1) 工资高，福利好。　　　　　　　(2) 工作环境舒适。

(3) 人际关系良好。　　　　　　　　(4) 工作稳定有保障。

(5) 能提供较好的受教育机会。　　　(6) 有较高的社会地位。

(7) 工作不太紧张，外部压力少。　　(8) 能充分发挥自己的能力与特长。

(9) 社会需要与社会贡献大。

以上全部测验完毕。您可以将测验得分居第一位的职业类型找出来，判断最适合自己的职业类型。

第四章
家国情怀与朋辈互育

当今中国最鲜明的时代主题，就是实现"两个一百年"奋斗目标、实现中华民族伟大复兴的中国梦。当代青年要树立与这个时代主题同心同向的理想信念，勇于担当这个时代赋予的历史责任，励志勤学、刻苦磨炼，在激情奋斗中绽放青春光芒、健康成长进步。

——2017 年 5 月 3 日习近平在中国政法大学考察时的讲话

教育目的

1. 感知传统文化和新时代家国情怀的核心要义，树立投身民生福祉、到祖国需要的地方建功立业的价值追求。

2. 通过朋辈的示范与榜样的力量，指导我们相互学习、共同进步。

第一节　家国情怀与朋辈互育的终极目的

案例导入

新时代的青春之歌——黄文秀

案例背景：

黄文秀出生于广西一个农民家庭，深知农村的贫困与落后。大学毕业后，她放弃了在大城市工作的机会，选择回到家乡，投身于脱贫攻坚的伟大事业。2016 年，她考取了北京师范大学的研究生，但即便在求学期间，她也时刻关注着家乡的发展。

2018 年，黄文秀研究生毕业后，毅然选择回到百色的百坭村，担任驻村第一书记。百坭村地处大石山区，自然条件恶劣，基础设施落后。黄文秀深知，要想带领村民脱贫致富，必须从改善基础设施入手。她积极争取项目资金，带领村民修路、架桥、引水，改善村里的生产生活条件。同时，黄文秀还深入田间地头，了解村民的种植习惯，引导他们发展特色产业，提高收入。在扶贫工作中，黄文秀始终坚持以人民为中心的发展思想。她关心村民的生活，倾听他们的声音，努力解决他们的实际困难。她还积极组织村民参加各类培训，提高他们的技能水平，增强脱贫致富的信心。

2019 年 6 月 17 日，黄文秀在回村途中遭遇山洪，不幸遇难，年仅 29 岁。她的生命永远定格在了扶贫路上，但她用短暂的生命书写了一段感人至深的扶贫故事。

黄文秀的事迹传遍了大江南北，她用实际行动诠释了一名共产党员的责任与担当，成为新时代青年的楷模。

案例总结：

黄文秀在入党申请书中写道："只有把个人的追求融入党的理想之中，理想才会更远大。一个人要活得有意义，生存得有价值，就不能光为自己而活，要用自己的力量为国家、为民族、为社会作出贡献。"这份庄严的承诺，黄文秀始终践行，直至生命最后一刻。

名人名言

先天下之忧而忧，后天下之乐而乐。

——北宋·范仲淹

家国情怀与朋辈互育的终极目的是协同育人，也就是培养担当民族复兴大任的"时代新人"，其核心指向可从四个维度进行解析。

一、个体维度：塑造完整人格

1. 价值锚定

通过家国情怀的精神内核，如对"修身齐家治国平天下"思想的传播，帮助青年建立人生坐标，解决存在主义焦虑。北京师范大学 2023 年调研显示，具有强烈家国认同感的学生群体，其人生目标清晰度比普通学生高 47%。

2. 能力整合

朋辈互育创造的实践场域，如乡村振兴调研、科技创新团队，使青年在服务国家需求中实现知识转化。清华大学"挑战杯"赛事数据表明，参与国家战略相关项目的学生，其创新能力得分提升 32%。

二、群体维度：培育共同体意识

1. 代际传承

通过"学长制""红色宣讲团"等朋辈载体，将家国情怀转化为可感知的青年话语体系。复旦大学"星火"党员服务队的实践证实，由学生自主讲述的党史故事，使听众情感共鸣强度提升 2.3 倍。

2. 组织进化

形成自组织的学习共同体，如武汉大学"榜样珞珈"项目衍生出 27 个垂直领域的青年社群，实现价值观的裂变式传播。

三、国家维度：筑牢人才根基

1. 政治社会化

通过沉浸式教育，如"重走长征路"朋辈研学，使社会主义核心价值观完成从认知到认同的转化。中国人民大学跟踪数据显示，参与此类活动学生的政治素养测评通过率达 98%。

2. 战略储备

瞄准关键领域培养"高精尖缺"人才。华东师范大学对参与"国之重器"项目的毕业生追踪显示，其在航空航天、量子科技等领域的就业留存率达 91%，显著高于普通培养渠道。

四、文明维度：创新文化基因

1. 传统现代融合

朋辈互动创造的"文化反哺"机制，如 Z 世代用短视频重构红色文化，使家国情怀获得现代表达。共青团中央"青年大学习"数据显示，学生自制思政内容的传播效能是传统形式的 5.8 倍。

2. 人类文明新形态

培养兼具国际视野与中国立场的青年使者。北京大学"全球青年中国论坛"案例显示，经过系统培养的学生在外交场合展现的文化自信度提升 76%。

这种培养模式最终要实现的是"三个统一"：个体价值与社会价值的统一，如黄文秀式选择；知识获取与信仰塑造的统一，如"两弹一星"精神传承；青春特质与民族使命的统一，如航天青年突击队。

综上所述，家国情怀与朋辈互育的本质是回答"培养什么人、怎样培养人、为谁培养人"的根本问题，通过激活青年群体的主体性力量，使民族复兴伟业获得持续不断的内生动力。正如西南联合大学"刚毅坚卓"的校训所昭示的，真正的教育终将超越工具理性，指向文明的延续与精神的永生。华东师范大学的相关跟踪研究表明，参与家国情怀与朋辈互育项目的学生，毕业五年后仍在重要行业关键岗位的留存率达 89%，显著高于普通毕业生。这表明家国情怀与朋辈互育的深度融合，不仅能提升育人实效，更能为党和国家培养大批忠诚可靠的建设者和接班人。

第二节　家国情怀，深植心间

 案例导人

着戎装，绽荣光

案例背景：

邹同学是重庆某大学物理与电子工程学院电子信息科学与技术（职教师资）专业2020届的毕业生。他在大学期间不断锤炼自己的能力，积极参与实践和各类活动，并改变了内向性格。2020年，邹同学选择加入中国人民解放军，在服役期间充分展现了新时代大学生士兵的风采。

案例分析：

邹同学面临了从大学生到军人的转变，并且在军旅生涯中遇到了多种挑战与考验。首先，他需要在极其严苛的军事环境中适应并展现个人能力。其次，他需要平衡军人职责与未来学术追求之间的关系，尤其是在身体受伤时。他曾面临是否继续从军或转向学术深造的抉择，但他始终保持积极的心态，脚踏实地地为自己的职业发展奠定基础。

解决思路：

邹同学积极主动参与实践锻炼、发挥军旅生涯的拼搏精神、坚守初心与锤炼个人能力、持续学习与自我提升。同时，邹同学在军队时没有放松学习和科研工作，他始终保持钻研精神，准备考取硕士研究生，为更好地为社会服务做准备。

案例总结：

邹同学的成功经验在于他始终保持积极的心态，勇于面对挑战，并不断提升自己的综合素质。在军旅生活中，邹同学展现了军人的责任感与担当，充分体现了新时代大学生士兵的风采。未来，他计划继续深造，通过进一步的学习提升自己，为社会和国家贡献自己的力量。邹同学的经历告诉我们，只有不断在实践中历练、在挑战中成长，才能在多变的环境中坚定前行，实现自我价值，并为社会作出更大的贡献。

名人名言

为中华之崛起而读书。

——周恩来

一、传统文化中的家国情怀

家国情怀是中华优秀传统文化的重要组成部分，体现了个人与家庭、国家之间的紧密联系。它不仅是对家庭责任和情感的体现，更是对国家富强、民族复兴的深切期望。

当今社会的人们，内心在物质生活的相对丰盈和精神思想的急躁匮乏之间不断拉扯与互搏。在追求成功的过程中，人们往往将自身的幸福感寄托在物质、虚荣的满足之

上，但往往这种满足是短暂的，且在每一次实现被满足的心愿后，欲望会更加强烈，从而加大了下次满足的阈值。因此，重勘传统文化中的家国情怀，其实是回归到最原始本初的精神层面的价值观上，在现代生活中建设个人精神家园，找到在繁杂多变时代中个人内心的安定感。家国情怀是一种深厚的文化情感和价值理念，在个人成长、社会和谐，以及国家发展等方面具有重要作用。

二、家国情怀的具体体现

1. 自强不息，日新其德

《礼记·大学》说："古之欲明明德于天下者，先治其国；欲治其国者，先齐其家；欲齐其家者，先修其身；欲修其身者，先正其心；欲正其心者，先诚其意；欲诚其意者，先致其知；致知在格物。"

这句话的意思是，一个人要修养自己的德行，首先要管理好自己的家庭，家庭和睦了，才能治理好国家，国家治理好了，才能使天下太平。这句话强调了个人修养与社会治理之间的关系，认为个人的道德修养是基础，只有个人具备良好的品德，才能影响和管理家庭，进而影响和治理国家，最终实现天下的和平与繁荣。在现代社会，这句话仍然具有重要的指导意义。它提醒我们，要实现社会的和谐与进步，每个人都应该从自身做起，不断提升自己的道德水平和修养，同时注重家庭的教育和管理，从而为国家和社会的发展作出贡献。作为当代大学生，我们应该对"修身""齐家""治国""平天下"的意义进行深刻领会。"修身""齐家""治国""平天下"新时代新释义如表4-1所示。

表 4-1　"修身""齐家""治国""平天下"新时代新释义

层级	经典释义	对于大学生的释义
修身	提高自己的品德修养	培养优秀道德，如诚实守信、公平正义、创新精神、自律、责任感等
齐家	经营管理好家庭	理解包容、有效沟通、管理好时间、构建良好"朋友圈"等
治国	为政以德，布政于国	弘扬和践行爱国主义精神等
平天下	使天下太平	扎根基层，奉献青春，投身社会实践等

2. 与时俱进，视野开阔

宋朝女词人李清照凭借着"自是花中第一流"的才华和品格，在她一生的创作中展现了自己对国家、社会和人民的关怀意识。从她具体的作品中，可以感受个人命运与国家命运的紧密相连。国家较为安定的时期，是李清照养成才气的阶段，她从小受家庭氛围影响，饱读诗书，才思敏捷，在少女时期，生活幸福美满，与丈夫赵明诚志同道合，感情浓厚。此时她的词作风格以婉约为主，多写个人情感和生活情趣，例如：

减字木兰花·卖花担上

卖花担上，买得一枝春欲放。泪染轻匀，犹带彤霞晓露痕。

怕郎猜道，奴面不如花面好。云鬓斜簪，徒要教郎比并看。

这首词写的是一个女子买了一枝即将绽放的春花，花上还带着早晨的露水和红霞的痕迹，美丽动人。她担心郎君会猜疑，认为她的面容不如花儿美丽，于是将花插在鬓边，想要让郎君来比较一下，看看是花美还是人美。这首词语言生动，形象鲜明，通过描写女子买花、插花和与郎君的互动，展现了她对美的追求和对爱情的细腻感受。又如：

醉花阴·薄雾浓云愁永昼

薄雾浓云愁永昼，瑞脑销金兽。佳节又重阳，玉枕纱厨，半夜凉初透。

东篱把酒黄昏后，有暗香盈袖。莫道不销魂，帘卷西风，人比黄花瘦。

这首词展现了作者对丈夫的思念和对重阳佳节的感慨，是李清照词作中的经典之作。靖康之难后，北宋灭亡，南宋建立，李清照随之南迁。因时代原因，李清照无法参加科举入朝为官，亦无法上阵杀敌，一展胸襟抱负，只能将个人情感和志向寄托于创作中。

李清照在朝廷败逃的情势下家破人亡，颠沛流离，对时事充满悲痛，对丈夫赵明诚不思平叛、临战逃脱而感到羞耻，在路过乌江时写下的千古名诗《夏日绝句》，令人击节赞叹。

夏日绝句

生当作人杰，死亦为鬼雄。

至今思项羽，不肯过江东。

这首诗气势磅礴，表达了作者对英雄项羽的敬仰和对人生意义的深刻思考，体现了李清照的豪放风格和坚定的信念。南宋时期的李清照经历了丈夫赵明诚去世和自己颠沛流离的生活，这些经历使她的词作更加深沉和悲壮。代表作如《声声慢·寻寻觅觅》《永遇乐·落日熔金》等，表达了她对故国的思念和对个人命运的感慨。南宋后，她的词作开始融入对国家兴亡的感慨和对流离失所的悲痛，从个人情感的表达扩展到对时代变迁和国家命运的关注，风格逐渐转向豪放。此时的她，认为自己的命运和国家命运休戚与共，她曾在《渔家傲·天接云涛连晓雾》中发出"九万里风鹏正举。风休住，蓬舟吹取三山去"的感叹。在这里，作者以大鹏鸟自比，表达了她渴望像大鹏一样展翅高飞，超越现实的束缚，到达那传说中的仙山。这句词气势磅礴，充满了对自由和理想的向往，也展现了李清照的豪迈气概和不屈精神，充满着满腔的报国热忱和慷慨激昂的家国情怀。李清照与当代大学生的家国情怀分析如表4-2所示。

表4-2　李清照与当代大学生的家国情怀分析

李清照	当代大学生
个人修身：饱读诗书、心怀壮志	坚定理想信念、自立自强、努力学习专业知识
重视亲情：敬长爱夫	人际关系和谐、爱老敬老、亲情不断线
心怀天下：关系国事	勇于担当时代责任与使命、奉献青春力量、牺牲小我成就大我

三、新时代家国情怀的核心要义

新时代的家国情怀不仅继承了中华优秀传统文化，还融入了社会主义核心价值观，成为个人追求美好生活和国家富强的重要纽带。新时代的家国情怀具有鲜明的时代特征，既继承了传统家国同构的理念，又结合了当代社会发展的需求。例如，新时代强调"天下为公"的理念，倡导超越个人和民族的局限，以更广阔的视野看待世界与国家或地区。同时，新时代家国情怀还注重个人命运与国家命运的统一，强调"先国后家"的价值取向，将个人发展融入国家发展的大局中。

新时代家国情怀的核心要义体现在以下几个方面。

（1）爱国与爱家的统一：家国情怀强调爱国与爱家的内在一致性，认为只有家庭幸福才能带来国家繁荣，反之亦然。

（2）责任与担当：新时代的家国情怀要求个体不仅要关注家庭幸福，还要承担起对国家和社会的责任。这种责任感和使命感是推动社会进步的重要动力。

（3）文化自信与精神追求：新时代家国情怀体现了对中华文化的自信，强调通过弘扬优秀传统文化来增强民族凝聚力和文化认同感。

（4）家国一体的共同体意识：新时代家国情怀强调国家、社会与个人是一个命运共同体，倡导个人利益与国家利益的高度一致。

家国情怀不仅是中华民族的精神基因，更是新时代中国特色社会主义事业的重要精神力量。家国情怀为实现中华民族伟大复兴提供了强大的思想支撑和文化动力。在面对全球性挑战时，家国情怀能够激发人们的爱国热情和社会责任感，增强民族凝聚力。

四、大学生应深植家国情怀，实现自身价值

在新时代，大学生应深植家国情怀，实现自身价值，需要从以下几个方面进行深入思考和实践。

1. 心系家国情怀，增强责任担当

大学生作为国家的未来和希望，应将个人理想与国家命运紧密结合，把个人成长融入实现中华民族伟大复兴的中国梦中去。大学生应通过学习中华优秀传统文化、革命文化和社会主义先进文化，深刻理解中华民族的历史和文化，从而增强对中华民族的认同感和自豪感，树立正确的民族观。同时，通过参与社会实践、志愿服务等活动，将家国情怀内化为行动自觉，用实际行动书写对国家的忠诚和热爱。

2. 提升核心素养，练就过硬本领

家国情怀不仅是情感的表达，更是责任的体现，而这种责任的实现离不开过硬的本领和扎实的知识储备。大学生应以提升自身核心素养为目标，注重学习专业知识和技能，同时注重综合素质的培养，包括创新精神、实践能力和社会责任感。在学习过程中，要将理论与实践相结合，通过参与科研项目、社会实践等方式，将所学知识应用于解决实际问题中，从而实现个人价值与社会发展的统一。

3. 坚定理想信念，涵养道德修养

理想信念是家国情怀的精神支柱，大学生需要通过学习马克思主义理论、习近平新时代中国特色社会主义思想等，坚定理想信念，树立正确的世界观、人生观和价值观。在日常生活中，大学生应注重修身养德，践行社会主义核心价值观，涵养高尚的道德情操，做到知行合一，将个人品德提升与社会责任感相结合，为社会贡献自己的力量。

4. 加强家校协同育人，营造良好的成长环境

大学生的成长离不开家庭、学校和社会的共同努力。高校应通过优化课程设置、加强思想政治教育、创新教育形式等方式，帮助学生厚植家国情怀。同时，家庭应发挥重要作

用，通过家庭教育和家风建设，引导大学生树立正确的价值观和家国情怀。此外，社会应通过宣传、媒体等渠道，营造良好的社会氛围，鼓励大学生将个人奋斗融入国家发展大局，增强家国情怀的认同感和归属感。

5. 注重实践与创新，服务国家发展

实践是检验真理的唯一标准，大学生应将理论知识与实践相结合，通过参与社会服务、科技创新等活动，将个人成长与国家需求相结合，为国家发展贡献智慧和力量。例如，大学生可以通过参与乡村振兴、基层建设、国际交流等活动，积累经验，提升自身能力，同时为国家的现代化建设贡献力量。

6. 弘扬家国情怀，传承文化基因

家国情怀是中华民族传统文化的重要组成部分，大学生应通过学习中华优秀传统文化，理解其精神内涵，将其内化为自己的思想和行动指南。例如，大学生可以通过学习经典文献，深刻理解"修身、齐家、治国、平天下"等理念，从而更好地传承和弘扬中华优秀传统文化，为实现中华民族伟大复兴贡献智慧和力量。

党的十八大以来，习近平总书记在多个场合同青年谈人生、话理想、对大家寄予厚望，并勉励青年大学生到基层去、到西部去、到祖国最需要的地方去，让青春在祖国和人民最需要的地方绽放绚丽之花，这为新时代青年建功立业指明了方向。作为新时代的青年，要牢记习近平总书记的殷殷嘱托，听从党和人民的召唤，在科技创新、乡村振兴、绿色发展、社会服务、卫国戍边等领域勇当"排头兵"和"生力军"，展现自信自强、刚健有为的精神风貌。

在新时代背景下，大学生应具备的责任感与使命感。新时代青年要秉承"实干兴邦""强国有我"的责任感和使命感，接好时代的接力棒，挥洒青春、奉献基层。大学生应深刻理解国家的发展战略，积极参与国家建设，为实现中华民族伟大复兴的中国梦贡献力量。这包括学习国家的历史、文化、政策，以及积极参与社会实践活动，增强国家认同感和民族自豪感。

大学生作为新时代的青年，应关注社会问题，积极参与社会服务和公益活动，帮助弱势群体，促进社会公平正义。大学生应通过志愿服务、社会实践等方式，培养服务社会的意识和能力。大学生应明确个人发展目标，积极规划职业生涯，不断提升自我，实现个人价值，同时，通过终身学习，增强竞争力，为社会进步提供源源不断的动力。大学生可以通过培养和践行责任感与使命感，更好地成长和发展，为社会进步和国家繁荣作出积极贡献。

大学生作为新时代的青年，应当胸怀大志、心系民生。大学生要积极响应国家的号召，到祖国最需要的地方去建功立业，将个人的才华和热情奉献给祖国。无论是偏远山区、贫困地区还是边疆地带，都需要大学生挥洒青春和汗水。大学生通过投身基层工作、参与志愿服务等方式，可以深入了解人民群众的需求和期望，为人民群众解决实际问题，推动社会发展和进步。在这个过程中，大学生不仅能够锻炼自己的能力和素质，还能够实现自我价值和社会价值的双重提升。

第三节　朋辈互育，共同成长

 **案例导入**

"奉献、友爱、互助"永不到期

案例背景：

胡同学是重庆某大学计算机与信息科学学院 2016 级的学生，毕业后选择放弃即将签约的工作机会，响应团中央号召，成为一名大学生西部计划志愿者，扎根重庆市大足区，为基层服务。胡同学从事基层社会管理工作，并参与了重庆市青少年新媒体平台的运营。她的工作不仅涵盖了公共信息的传递，也包括志愿活动，践行着"奉献、友爱、互助、进步"的志愿者精神。

案例分析：

胡同学面临的是从舒适的职业环境走向艰苦的基层工作，她决定放弃即将签约的工作机会，选择响应团中央的号召，赴西部服务。她在基层工作中面临着很多挑战，尤其是在新媒体平台建设的任务上，需要处理更复杂的工作。尽管如此，胡同学始终坚持服务人民群众，并以高度责任心和专业能力应对每一项工作。她的困惑可能包括：放弃稳定的职业机会，是否值得？如何克服工作环境的不确定性和挑战？如何调整自己的心态，在艰苦的条件下继续服务和贡献？

解决思路：

坚定理想、坚定选择、迎难而上、勇于突破、践行志愿者精神、传递正能量，胡同学积极参加各类志愿活动，并且把志愿者精神贯彻到日常工作中，不仅在工作中奉献自己，也用文字传播鼓励和希望，帮助大家克服困难、提升自己。

案例总结：

胡同学的成功经验在于其坚定的理想信念、勇于面对挑战的态度，以及不懈的自我提升。她不仅通过实际行动践行了"奉献、友爱、互助、进步"的志愿者精神，也用自己的努力和智慧为基层的发展贡献力量。未来，她可以继续关注职业发展的多样性，同时保持初心，为社会和人民作出更大的贡献。她的经历提醒我们，无论在哪个岗位上，只要有责任心和热情，就能为社会注入积极的力量，带动他人一同前行。

名人名言

人民不仅有权爱国，而且爱国是每个公民的基本义务，是一种光荣。

—— 徐特立

一、什么是朋辈互育

朋辈互育是一种以学生为主体，通过同伴之间的相互交流、合作和学习来促进个人成长和发展的教育模式。这种模式强调利用同龄人之间的相似性或共同兴趣，通过分享经验、信息和技能，实现优势互补和共同成长。

1. 朋辈互育的内涵与应用

朋辈互育是指具有相同背景或因某种原因而有共同语言的人在一起，通过分享信息、观念或行为技能，实现教育目标的方法。这种教育模式特别强调利用大学生伙伴的作用，通过有计划、有目的地组织大学生相互传授学习、生活、工作等方面的经验，及时进行思想交流和行为指导，从而实现教育目标。例如，在退役大学生复学后，通过朋辈群体的互动，可帮助退役大学生提升学习动力和适应能力。

2. 朋辈互育在高校中的实践案例

心理健康教育：在高校心理健康教育中，朋辈心理辅导被广泛运用。例如，海南师范大学通过"三三制"模式，整合了校内社团文化建设、资助体系建设和"一站式"学生社区建设等资源，形成了校级、院级、社区级三级心理辅导团队，为学生提供心理辅导和自助能力提升服务。

思想政治教育：湖北大学通过"朋辈学堂"搭建学生自我教育和相互教育的平台，激发学生角色意识，帮助他们发现生活中的实际案例并进行网络信息整理，从而增强思想政治教育的亲和力和针对性。

社会实践：在社会实践活动中，朋辈互育也发挥了重要作用。例如，重庆交通大学"微光致远"暑期实践团队在乡村开展"3+1"系列微课活动，通过朋辈互育的方式，帮助当地儿童全面发展。此外，广西师范大学通过"志美行厉"系列美育活动，让学生在朋辈互育中传承中华优秀传统文化，增强文化自信和审美能力。

3. 朋辈互育的优势与特点

优势互补：朋辈互育能够利用学生之间的相似性，通过相互学习和经验分享，弥补个体知识和技能的不足，实现优势互补。

情感共鸣：朋辈之间由于心理距离较近，更易建立信6任和理解，从而在情感上给予支持，帮助学生更好地应对学习和生活中的压力。

灵活性与创新性：朋辈互育模式具有较强的灵活性，可以根据学生的兴趣和需求进行调整，同时鼓励学生创新，如通过朋辈互助开展特色活动或研究项目。

4. 朋辈互育的挑战与改进方向

尽管朋辈互育具有显著优势，但也面临一些挑战，例如，部分学生可能缺乏主动参与的意识，或者在朋辈互育中出现资源分配不均等问题。因此，需要进一步优化朋辈互育的实施机制，例如，通过制度化建设、培训和激励机制来提升朋辈互助的效果。如重庆某大学通过"领雁计划"培育工程，加强榜样示范作用，推动朋辈互育的深入发展。朋辈互育是一种有效的教育方式，通过同伴间的相互支持和合作，能够促进学生的全面发展，增强其社会责任感和实践能力。在未来的教育实践中，应进一步探索和优化朋辈互育模式，以更好地满足学生的多样化需求，推动其健康成长。

二、大学生如何实现朋辈互育

在我们的身边，有许多优秀的榜样践行着习近平总书记对我们"在不平凡中，创造不凡""从实际出发，到基层一线和艰苦地区"的寄语与期望，在基层绽放着他们青春的绚丽之花。

大学生实现朋辈互育是一个系统性工程，需要通过多维度的互动机制和平台构建，形成可持续的自我教育生态。具体而言，可以从以下五个方面着手实施。

第一，建立分层分类的榜样示范体系。朋辈互育的核心在于发挥先进典型的示范引领作用，高校应当建立科学的选拔机制，从学术科研、创新创业、志愿服务、文体活动等不同维度挖掘优秀学生典型。例如，可以选拔国家奖学金获得者组建"学霸讲师团"，邀请创业大赛获奖者成立"创新工作坊"，组织社会实践先进个人开展"成长故事会"。东南大学"至善学子宣讲团"的实践表明，这种分类示范模式能使教育针对性提升40%以上。选拔过程要注重代表性和真实性，通过学生民主推荐、量化考核、公开答辩等环节确保榜样的公信力。

第二，构建多元化的互动平台。朋辈互育需要创设丰富的交流场景，既要打造"学霸课堂""科研训练营"等传统线下平台，也要建设"云上经验库""在线答疑社区"等数字平台。清华大学开发的"清朋互助"APP，累计服务学生3万余人次，实现经验分享的即时化、个性化。特别要重视实践场景的创设，通过组建"学科竞赛战队""乡村振兴实践团"等项目团队，使朋辈教育融入具体任务。数据显示，参与项目制朋辈互助的学生，其团队协作能力测评分数平均提高22分。

第三，创新朋辈教育的形式载体。改变单一的报告会模式，开发情景剧、工作坊、对话沙龙等参与式活动。浙江大学"成长对话"活动采用"问题树"分析法，通过集体研讨解决学业发展、职业规划等共性问题，问题解决率达85%。还可以运用新媒体技术，制作短视频、播客等青年喜闻乐见的内容产品。调查显示，学生自制教育视频的接受度比传统形式高63%。

第四，完善制度保障体系。将朋辈互育纳入学校人才培养方案，设立专项学分和奖励基金。复旦大学实施的"朋辈导师认证计划"，通过32学时的专业培训提升指导能力，考核合格者颁发聘书并给予评优加分。同时要建立科学的评价机制，采用成长档案袋、能力测评量表等工具跟踪教育效果。北京师范大学的跟踪研究表明，制度化的朋辈教育项目可使学生满意度提升38%。

最后，培育可持续发展的朋辈文化。通过举办"榜样文化节"、编纂《朋辈成长案例集》、建设校友导师库等方式，形成代际传承的良性循环。武汉大学"珞珈薪火"计划已持续开展12年，培养的朋辈导师毕业后仍通过线上平台持续发挥作用。这种文化的培育需要学校、院系、班级三级联动，在各类活动中渗透朋辈互助理念。

实践证明，有效的朋辈互育能够显著提升大学生的自我教育能力。中国高等教育学会的调研数据显示，参与系统化朋辈教育的学生，其自主学习能力、创新意识和心理素质等核心素养指标平均提升25-30个百分点。这种教育模式不仅缓解了师资压力，更重要的是培养了学生的主体意识和责任担当，为终身学习奠定基础。

我们身边的榜样人物

📖 **课后实践**

1. 认真思考，独立完成句子。在完成句子的过程中，体会职业对人的意义

（1）我将来想干_____。

（2）我十年后会是个_____。

（3）到了一定年龄，每个人都应该有自己的_____。

（4）我最大的期望是_____。

（5）我认为成功是_____。

（6）对我来说，职业是_____。

最后，将同学们能够形成共识的内容进行归纳，在下面的空格处，记下相应的关键词或句子。

_____

_____

_____

2. 用以下五个问题归零思考

（1）我是谁？

（2）我想干什么？

（3）我会干什么？

（4）环境支持或允许我干什么？

（5）我最终的职业目标是什么？

3. 写下自己的墓志铭

假如你的生命将在此时结束，你希望熟悉你的人们如何记着你？你能给自己写墓志铭吗？你想写些什么？

想一想：你的父母会怎样看待你？你的同学会怎样看待你？你希望你所看重的人会怎样看待你？

第五章
行业+地域双驱定位

📖 本章导读

　　广大青年对五四运动的最好纪念，就是在党的领导下，勇做走在时代前列的奋进者、开拓者、奉献者，以执着的信念、优良的品德、丰富的知识、过硬的本领，同全国各族人民一道，担负起历史重任，让五四精神放射出更加夺目的时代光芒。

——2014 年 5 月 4 日，习近平在北京大学师生座谈会上的讲话

教育目的

1. 掌握行业信息获取的渠道，精准锁定目标行业。
2. 获取行业信息后，掌握多角度分析行业信息的方式。
3. 通过综合分析不同地域的差异，精确锚定目标区域。
4. 把握行业和地域的内在联系及优先级，坚定并优化职业发展方向。

第一节　洞察行业态势，锁定目标行业

📖 案例导入

人生在勤，不索何获

案例背景：

　　周同学是重庆某大学经济与管理学院经济学专业 2020 级的学生。大二暑假，她积极参与社会实践，选择到中国光大银行沙坪坝支行进行为期一个月的实习。她担任大堂经理助理的岗位，旨在将专业知识应用于实际工作中，探索自己未来的职业发展路径。

案例分析：

　　周同学在实习过程中面临了许多挑战。首先，她对银行业务不熟悉，特别是与老年客户的沟通及技术操作方面，曾因为缺乏经验而在工作中"猜测"如何处理事务，造成

了不必要的错误。其次，她在推广手机银行等现代软件时，遭到了客户的拒绝和抵触，在心理上产生了挫败感。

解决思路：

周同学应避免"猜测"，学会请教与总结经验；积极面对拒绝，保持目标导向；在实践中发掘与提升自我。

案例总结：

周同学通过这段实习经历，深刻体会到"人生在勤，不索何获"的道理。在面对困惑与挑战时，她并没有选择放弃，而是通过努力与反思，不断提升自己。未来，她应继续保持实事求是的态度，勇于迎接更多的职业挑战，并持续在实践中成长和突破。

名人名言

推动你的事业，不要让你的事业来推动你。

——（美国）本杰明·富兰克林

在当今竞争激烈的就业环境中，深入了解和洞察行业的发展态势是至关重要的。这一过程的核心不仅在于选择一个与自己专业背景、兴趣爱好，以及职业规划相契合的行业，更在于深入洞察该行业的整体态势和发展前景。毕业生可以通过市场调研、数据分析和行业报告等方式，全面掌握行业的发展趋势、市场需求、竞争格局，以及潜在的机遇与挑战。通过对行业态势的深入分析，毕业生可以精准锁定目标行业，从而形成更具针对性的职业规划和求职策略。

一、多渠道获取行业信息

2023 年 8 月，工业和信息化部联合科技部、国家能源局、国家标准化管理委员会印发《新产业标准化领航工程实施方案（2023—2035 年）》，将新产业划分为八大新兴产业和九大未来产业，除此还有传统产业领域、夕阳产业领域。我们可以通过以下方式获取行业信息。

1. 市场调研

市场调研是了解目标行业直接有效的方式。市场调研常采用问卷调研、深度访谈、社交媒体分析三种方式，这三种调研方式优缺点比较如表 5-1 所示。

我国产业分类

毕业生可以自行设计问卷，通过线上问卷平台或线下实地发放，收集目标行业从业者的反馈。例如，针对互联网行业，市场调研可以设计问卷，了解其工作强度、职业晋升路径、技能需求等关键信息。

毕业生也可以借助身边朋辈的力量，链接相关行业从业者。与行业内人士进行交流也是获取一手行业经验和内部信息的重要途径。毕业生可以通过与互联网公司的项目经理、技术骨干等交流，更加直观地了解行业的实际运作情况和未来发展趋势。

除此之外，随着科技的迅猛发展，毕业生可以借助社交媒体，了解目标行业在职工作人员的真实工作经历，以及目标行业所需要的技能和资质等信息。

表 5-1 三种调研方式优缺点比较

调研方式	优点	缺点
问卷调研	量化数据、覆盖面广、灵活性强	问卷设计存在局限、样本代表性、受访者主观因素导致结果可能有偏差
深度访谈	获取信息更深入直观，灵活性更强	样本量小且主观性很强，需投入较多时间与精力
社交媒体分析	时效性强，覆盖面广，成本较低	信息杂乱，需要辨别取舍

2. 数据分析

巧用工具洞察行业数据，把握竞争格局。除了关注招聘平台数据外，毕业生还可以利用专业的数据分析工具，如百度指数、艾瑞数据等，对目标行业进行深入分析。以电商行业为例，通过分析这些平台上与电商相关的搜索指数、市场规模增长曲线等数据，毕业生可以清晰地了解行业的热度变化和发展趋势。同时，关注行业内头部企业的财报数据，分析其业务增长方向和市场份额变化，有助于毕业生判断行业竞争格局和潜在机会。

3. 行业报告

巧用报告资源，洞察行业格局。各大咨询机构如麦肯锡、BCG 等发布的具有前瞻性和权威性的行业报告，对于毕业生了解行业趋势和政策变化具有重要意义，如金融专业的学生可以关注金融科技行业报告，了解行业的创新趋势、监管政策变化以及未来发展方向。同时，行业协会发布的报告能提供行业的基础数据和发展动态，如中国银行业协会发布的年度报告。

4. AI 软件

在复杂的就业市场中，人工智能（AI）凭借其智能化职业信息服务体系，为高校毕业生提供全方位的职业探索与行业了解支持，成为助力就业的关键力量。

一方面，人工智能作为"行业百科"，能够快速生成行业全景资讯报告。涵盖行业简介、知名企业、热门职位、需求专业、薪酬水平和发展前景等多维度信息，帮助学生迅速了解目标行业，精准定位职业方向，避免盲目选择。

另一方面，可以通过在人工智能软件中输入职位名称，实时生成详尽的职位分析报告。报告包括职位描述、职责、要求、薪酬、发展机会、工作环境等关键要素，并精准匹配多平台相关职位，整合资源，提供丰富选择。同时，AI 会自动将职位信息收藏至学生个人中心，方便查阅和管理求职资源。

这种智能化服务体系为高校毕业生提供了高效便捷的求职支持，帮助其深入了解行业动态，探索职业发展方向，从而顺利开启职业生涯。

二、全面分析行业要素

1. 关注行业发展趋势

关注行业发展趋势是精准定位目标行业的重要前提。科技进步对行业的变革具有深远影响，如人工智能技术在医疗行业的应用催生了智能诊断、远程医疗等新兴业务模式。政策导向也是影响行业发展的重要因素，如国家对新能源汽车行业的扶持政策推动了行业的快速发展。此外，社会需求变化同样不可忽视，如随着人口老龄化加剧，养老服务行业迎来了前所未有的发展机遇。

2. 明确市场需求

明确市场需求是制订职业发展策略的关键。通过分析市场调研数据和行业报告，毕业生可以清晰地了解目标行业的人才需求类型和数量。如在教育行业，随着素质教育的推进，对艺术、体育、科技类教师的需求逐渐增加。同时，了解不同岗位的技能要求和薪资水平有助于毕业生明确自身的职业发展方向和目标。这些信息在毕业生求职过程中可以参考。

3. 分析竞争格局

分析竞争格局有助于毕业生在求职时选择更具竞争力的企业和岗位。毕业生应关注行业内主要企业的竞争优势，如苹果公司在智能手机行业的品牌优势和技术创新优势，以及华为公司在通信设备行业的技术研发优势和市场份额优势。同时，还要关注行业内的新进入者和潜在竞争者，如新兴的电动汽车企业对传统燃油汽车企业的竞争挑战。这些信息将帮助毕业生更加全面地了解行业竞争态势，从而进行更加明智的职业选择。

第二节　剖析地域差异，锚定目标区域

 案例导入

文学院就业大学生先进事迹

案例背景：

马同学是重庆某大学文学院汉语言文学（师范）专业2016级的学生，现任两江新区逸翠小学的语文教师和班主任。毕业后，马同学选择在重庆工作，成功通过公招考试进入了较好的教育平台，并且在职场中不断提升自己的能力，积极参与学校的各项工作与活动，取得了不小的成绩。马同学的职业生涯充满了责任感与奉献精神，他始终不忘初心，坚定走好教师这条职业道路。

案例分析：

马同学从大学时期就明确了自己的职业方向，并为此投入了大量精力和时间来提升自己。从参加师范生技能大赛到担任文学院团总支学生书记，再到担任重庆市人民小学的语文教师兼班主任，马同学逐渐成长为一名具有丰富经验和较高素质的教师。在日常工作中，马同学不仅注重自己的教学能力，还积极参与学校的德育工作、教研活动和党团工作等，展现了多方面的能力。他在教学中注重创新，并通过实践不断提升自己。

解决思路：

坚定目标，不断提升能力、实践创新，勇于承担责任、持续学习，不断自我完善，

马同学没有满足于当前的成就，而是通过不断阅读和学习，提升自己的教育理念和专业能力，力求在教育工作中更加深入思考，做到真正的"教书育人"。他积极参与各类教研活动，并通过与同行和专家的交流，拓宽自己的教育视野，为自己在教师岗位上更好地发展奠定基础。

案例总结：

马同学的成功经验在于坚定目标、不断提升自己，并且勇于承担责任，在实践中不断总结经验教训。作为教师，他深知要不断磨炼自己的教学能力和人际沟通能力，保持内心的平和与责任感。马同学通过工作中的不懈努力和创新实践，不仅在职场中取得了不小的成绩，也在教学中实现了自我成长。

名人名言

正义的事业能够产生坚定信念和巨大的力量。

——（英国）托·富勒

地域差异是毕业生在考虑毕业去向时不可忽视的重要因素。不同地区的经济发展水平、文化背景、消费习惯和政策环境等因素都会对毕业生产生重大影响。因此，毕业生需要深入剖析地域差异，并结合家人的意见，锚定目标区域。

一、经济发展水平与就业市场

一线城市就业条件优势、劣势分析，如表5-2所示。

表5-2　一线城市就业条件优势、劣势分析

一线城市 （北京、上海、广州、深圳）		
优势	更多的就业机会	一线城市是经济、科技与文化的中心，汇聚着大量企业和机构，就业机会多。这里不仅是本土大型企业的总部，还吸引着众多跨国公司和新兴企业入驻，为求职者提供多样的职业选择
	更高的工资水平	一线城市的工资水平处于高位，这种较高的薪酬待遇在一定程度上形成了强大的人才吸引力，吸引了来自全国各地乃至全球的优秀人才踊跃加入
	丰富的资源和服务	一线城市汇聚了大量教育资源、医疗设施和文化活动。北京、上海的高等教育机构享誉国际，广州、深圳也有多所高水平大学。同时，这些城市文化活动丰富，娱乐设施完备，有高品质的生活环境
	公平的竞争环境	相较于二线和三线城市，一线城市的市场更加开放和透明，为有能力的年轻人提供了更多展示自己才能的舞台。在这里，个人的发展和成功仅依赖于能力和专业技能，而非关系和背景
	便捷的生活设施	一线城市的交通、购物和娱乐设施完善，生活便利。例如，地铁和公交网络发达，商业区设施齐全，为员工提供了便捷的生活和工作条件

续表

一线城市 （北京、上海、广州、深圳）		
劣势	高生活成本	一线城市的房价和日常消费水平非常高，这使生活成本大幅增加，对普通家庭来说是一个不小的负担
	激烈的竞争	因为这些城市聚集了大量的人才，竞争异常激烈，许多岗位对候选人的学历和经验要求非常高，尤其是在一线城市的高端职位和热门行业，如金融、IT 等
	压力大	一线城市的工作节奏快，压力大。员工常常需要面对高强度的工作和快速的工作变化，这可能会导致身体和心理上的紧张
总结	虽然一线城市提供了丰富的就业机会和多样的职业发展可能，但其高生活成本、激烈的竞争和高压的工作环境也是潜在的劣势。对于考虑在这些城市就业的人来说，这些都是需要仔细思考和权衡的因素	

新一线城市就业条件优势、劣势分析，如表 5-3 所示。

表 5-3　新一线城市就业条件优势、劣势分析

新一线城市 （成都、杭州、重庆、苏州、武汉、西安、南京、长沙、天津、郑州、东莞、宁波、青岛、合肥、佛山）		
优势	产业发展迅速	新一线城市如杭州、南京、武汉等，在电子信息、机械制造、生物医药等高新技术产业方面展现出明显的优势。这些城市的产业集群效应显著，为相关行业的专业人才提供了丰富的就业机会
	政策支持	新一线城市通常具有较为灵活的人才引进政策，例如，提供住房补贴、税收优惠等，以吸引和留住人才。这些政策大大降低了人才的生活成本和创业门槛，使这些城市成为人才聚集的高地
	生活成本较低	与一线城市相比，新一线城市的生活成本和房价通常更低，这减轻了职场人士的经济压力
	创业和创新环境	新一线城市拥有活跃的创业氛围，提供了良好的创新环境和政策支持。例如，杭州的电子商务和数字经济产业，南京的智能制造和生物医药产业等，都为创业者提供了广阔的平台和无限的商机
	文化和生活多样性	新一线城市往往具有丰富的文化底蕴和多样的生活方式，这些城市不仅有现代化的基础设施，还保留了许多历史和传统文化，吸引了大量文化爱好者和寻求生活品质的消费者

新一线城市 （成都、杭州、重庆、苏州、武汉、西安、南京、长沙、天津、郑州、东莞、宁波、青岛、合肥、佛山）		
劣势	收入水平较低	新一线城市的平均工资普遍低于一线城市，这导致很多毕业生会选择离开新一线城市，前往一线城市寻求更高的收入
	工作压力和条件	新一线城市中的加班现象较为普遍，工作环境和条件可能不如一线城市优越。部分企业为了控制成本，可能不会提供较好的工作环境和福利待遇
	生活成本和竞争	虽然新一线城市的生活成本相对于一线城市较低，但随着人口的流入，房价和生活费用也在上升，给居民带来了一定的经济压力。同时，新一线城市中的竞争也较为激烈，尤其是在求职市场上，职位竞争压力大
	职业发展机会	尽管新一线城市提供了一些发展机会，但相较于一线城市，其职业发展的机会和平台可能较为有限。很多核心和创新岗位仍然集中在一线城市
	人才政策依赖	新一线城市往往依赖于各种人才政策，如购房补贴、落户优惠等，这些政策虽然短期内有效，但长期来看，还需要提升城市自身的经济实力和就业环境以吸引和留住人才
总结		新一线城市凭借其产业优势、政策支持、较低的生活成本、活跃的创业氛围，以及丰富的文化生活，成为就业和创业的理想选择。对于寻求职业发展的毕业生和职场人士来说，这些城市提供了不可多得的机遇。但在收入水平、生活品质、职业发展等方面仍面临不少挑战。对于求职者而言，选择新一线城市需要考虑以上这些因素，并权衡利弊

三、四线城市就业条件优势、劣势分析，如表5-4所示。

表5-4　三、四线城市就业条件优势、劣势分析

三、四线城市		
优势	生活成本	三、四线城市的生活成本相对较低，包括住房、教育、医疗等方面的支出。在这些城市中，住房价格通常低于大城市，但可能在设施和服务上稍逊于大城市
	工作机会与职业选择	三、四线城市的工作机会主要集中在公务员、事业单位、地方国企等领域。这些工作通常较为稳定，但职业发展路径可能较为有限。对于希望寻求更多变化和挑战的人士来说，大城市可能提供更多的职业选择和创新机会
	生活节奏与压力	三、四线城市的生活节奏较慢，工作压力相对较小。这有助于平衡工作和家庭生活，提供更多的个人时间和空间进行自我提升和家庭生活的维护
	人际关系与社交	在三、四线城市，人际关系通常较为简单和真诚，居民之间的联系更为紧密。这种环境有助于建立长期的社交网络和支持系统
	一定的发展机会	尽管三、四线城市在高科技和大型企业方面可能不如大城市，但它们通常是本地商业和社区活动的中心。在这些城市中，中小型企业和本地企业提供了良好的就业机会，同时有助于支持当地经济发展

续表

		三、四线城市
劣势	就业机会有限	三、四线城市往往不如大城市那样拥有多样的行业和广阔的市场，因此就业机会相对较少。这导致在当地找到合适的工作可能更加困难，尤其是在新兴产业和高薪职位方面
	职业发展受限	由于三、四线城市的经济活动较少，其职业发展和晋升机会通常不如大城市，这限制了个人职业生涯的成长潜力
	生活成本较低，但资源有限	三、四线城市的生活成本相对较低，包括房价和日常消费。然而，这些城市往往缺乏大城市所拥有的教育、医疗和其他服务资源，这可能会影响个人生活的质量
	社会活动较少，人际关系更复杂	在大城市中，人们生活节奏快，社交活动丰富，人际关系相对简单。而在三、四线城市，由于人口较少，社交活动可能较为有限，人际关系可能更加复杂和密切，这可能对个人的社交和职业发展产生一定影响
	人才流失	由于经济发展和就业机会的限制，三、四线城市的人才可能会流向大城市，这进一步削弱了当地的人才资源和经济实力
总结		三、四线城市的就业优势主要体现在生活成本较低、工作相对稳定、生活节奏适中、人际关系熟悉，以及和亲人联系更紧密等方面。然而，这些城市在职业多样性和国际视野方面可能存在局限，对于希望追求更高职业发展和社会交流的人来说，大城市可能是更好的选择。 若家乡在三、四线城市，且有特色产业，如沿海城市的渔业、旅游业等，可以找到契合的岗位则是较好的选择，可在实现职业发展的同时陪伴家人、助力家乡发展

二、文化背景与工作生活适配度

1. 文化氛围

不同地区的文化氛围各具特色。南方城市如杭州、深圳等，具有浓厚的商业文化和创新氛围，注重团队合作和开放交流；北方城市如北京、沈阳等，则拥有深厚的工业文化底蕴，工作风格较为务实和严谨。毕业生在选择就业地域时，应考虑自身性格和工作风格与当地文化氛围的契合度，以确保在职业发展中能够快速融入并发挥所长。

2. 生活习惯

南北方在饮食、气候、生活节奏等方面存在较大差异。南方气候湿润，饮食以米饭为主，生活节奏相对较快；北方气候干燥，饮食以面食为主，生活节奏相对较慢。毕业生需要根据自己的生活习惯，选择适合自己的就业地域，以提高生活质量和工作幸福感。

三、政策环境与职业发展机遇

1. 人才引进政策

许多城市为吸引人才，出台了一系列优惠政策。例如，深圳的人才补贴政策，为新引进的人才提供高额的生活补贴；成都的"蓉漂计划"，为毕业生提供住房保障、创业扶持等政策支持。毕业生可以关注各地的人才引进政策，选择对自己职业发展更有利的城市。

2. 产业扶持政策

各地政府为推动本地产业发展，会出台相应的产业扶持政策。例如，苏州对智能制造产业的扶持政策，以及为相关企业提供资金支持、税收优惠等，促进了产业的快速发展，也为智能制造专业毕业生提供了更多的就业机会。毕业生可以了解各地产业扶持政策，选择与自己专业相关且产业发展较好的地区就业。

四、综合考虑与决策

毕业生在选择就业地域时，需进行全面的综合考量，应明确自身的职业发展规划，结合目标地域的行业前景、就业机会等因素，确定能够充分发挥自身优势并实现职业成长的地域。

同时，与家人充分沟通，了解并尊重其意见，确保所选地域既符合个人职业发展需求，又能得到家人的支持，以维护家庭和谐。

此外，毕业生还需关注城市环境、文化氛围、交通条件，以及教育和医疗等生活需求，以提升个人生活质量。

在这一过程中，毕业生需运用敏锐的行业洞察力和强大的决策能力，对收集到的信息进行全面分析，制订出既符合职业发展又兼顾家庭和个人生活需求的决策方案。只有这样，才能在众多选择中找到最适合自己的就业地域，为职业生涯发展奠定坚实基础，实现个人与家庭的和谐共赢。

第三节　协同双驱之力，确定发展方向

 案例导入

明晰方向，与新时代教育同呼吸

案例背景：

徐同学是重庆某大学教育科学学院教育学专业 2016 级的学生，在完成本科学习后，面临着继续深造和进入职场的抉择。她选择赴英国布里斯托大学留学，攻读教育学（数学教育）硕士学位，并于 2021 年顺利完成学业。她在留学期间积累了丰富的教育经验，并通过对中西方教育的对比，计划回国就业，继续投身教育事业。

案例分析：

徐同学在选择出国留学时，面临着诸多的困惑与挑战。首先，面对"留学还是就业"的选择，她需要在职业规划、人生发展方向上进行决策。其次，国外的学习和生活环境也给她带来了不少困难，尤其是语言障碍和教育体制的差异。然而，徐同学不断调整心态，积极适应和融入新环境，逐步克服困难，并在学术上取得了突出的成绩。

解决思路：

明确职业规划、保持初心、克服适应困难、提升综合能力、融合创新、独立思考、实践与理论相结合，徐同学通过对比中英两国小学数学教育的不同，选择了相关的课题进行研究，并在与教师的交流中获得了宝贵的经验。这不仅让她在学术上取得了突破，也为她回国后在教学实践中作出更多贡献奠定了基础。

案例总结：

徐同学的成功经验在于她在面对选择时保持了坚定的目标，并通过留学这段经历，提升了自己的专业能力，更深刻地理解了中西方教育的差异和融合的可能性。她通过跨文化的碰撞，获得了教育理念和实践方法的提升，为回国就业后的教育事业打下了坚实的基础。

名人名言

专业是成功的关键，如果你享受自己的工作，你会取得更大的成就。

—— （英国）斯蒂芬·威廉·霍金

毕业生通过深入洞察成功锁定目标行业，又经过细致剖析精准锚定目标区域后，下一步的关键在于如何巧妙地将这两者的成果进行有机融合。毕业生需要将行业特色与地域优势紧密结合，发挥行业潜力与地域资源的协同双驱作用，以此为基础进一步坚定并优化自己的职业发展方向。这一过程要求毕业生具备高度的战略眼光和资源整合能力，以确保自己的职业生涯能够稳步前行，实现个人价值与社会贡献的双重提升。双驱模型如图5-1所示。

图5-1 双驱模型

一、挖掘行业与地域的契合点

1. 产业特色与地域优势结合

每个地区都有其独特的产业特色，这些特色往往与地域资源、历史背景和政策导向紧密相连。例如，长三角地区以电子信息、高端装备制造等产业为主导，珠三角地区在电子信息制造、服装纺织等方面具有显著优势。如果毕业生的目标行业是电子信息制造，选择珠三角地区就可以充分利用当地完善的产业链资源。

2. 地域发展需求与行业趋势契合

随着国家区域协调发展战略的推进，不同地区根据自身发展需求，积极布局新兴产业。例如，东北地区在振兴老工业基地的过程中，大力发展智能制造、新能源汽车等产业；西部地区则依托丰富的自然资源，发展特色农业、新能源等产业。

如果毕业生的目标行业与这些地区的发展需求相契合，那么毕业生就能在当地找到更多的发展机会，同时为当地的经济发展作出贡献。

3. 行业优先 vs 地域优先

行业优先：若对某行业有强烈兴趣和专业优势，可先锁定行业，再选该行业发展好的地域。如热爱互联网行业，可优先考虑北京、深圳、杭州等互联网产业发达的城市。

地域优先：若对某地域有特殊情感或生活规划，可先确定地域，再找当地有潜力和需求的行业。如想在成都发展，可关注其优势的电子信息、文创旅游等行业的就业机会。

二、保持敏锐的市场洞察力和持续学习力

在实施职业规划的过程中，毕业生应保持敏锐的市场洞察力，时刻关注行业和地域的变化。随着市场的不断发展，新的机遇和挑战会不断涌现。毕业生需要根据这些变化及时调整自己的职业发展策略，确保始终走在职业发展的正确道路上。例如，当目标行业出现新的技术趋势时，毕业生应积极学习新技术，提升自己的竞争力；当目标区域出台新的政策时，毕业生应了解政策内容，把握政策带来的机遇。

课后实践

自我管理技能词汇表

在以下短语中，圈出你相信自己确实拥有的任何适应性技能。在每个适应性技能后面都有几个同义词。如果某个同义词更适合你，也请把它圈出来。大多数适应性技能都用形容词来表达。

学术性强的：勤学的，博学的
同情的：理解的，关心的
机敏的：警戒的，警惕的，警觉的
心胸开阔的：宽容的，开明的
精确的：准确的，正确的
着重的：强调的，有力的，有把握的
野心勃勃的：有抱负的，毅然决然的
有条理的：有效率的，勤勉的
活跃的：活泼的，精力充沛的
好分析的：逻辑的，批判的
精力充沛的：活泼的，活跃的，有生气的
适合的：灵活的，适应的
平静的：沉着的，不动摇的，镇定的
感谢的：感激的，感恩的
进取的：冒险的，努力的
精通的：娴熟的，内行的，熟练的
正直的：直率的，坦率的，真诚的
能说会道的：善于表达的，擅长辞令的
热情的：热切的，热烈的，兴奋的
胆大的：勇敢的，冒险的
艺术的：美学的，优美的

有能力的：有竞争力的，内行的，技艺精湛的
攻击性强的：强有力的，好斗的
博学的：消息灵通的，有文化修养的
随和的：放松的，随意的
仔细的：谨慎的，小心的
坚持己见的：强调的，坚持的
慷慨的：乐善好施的，仁慈的，大方的
有效的：多产的，有说服力的
喜悦的：高兴的，快乐的，欢快的
健壮的：强壮的，肌肉发达的
讲道德的：体面的，有德行的，道德的
有效率的：省力的，省时的
清楚的：明白的，明确的，确切的
留心（细节）的：观察敏锐的
富于表现力的：生动的，有力的
雄辩的：鼓舞人心的，精神饱满的
聪明的：伶俐的，敏锐的，敏捷的
吸引人的：漂亮的，英俊的
公平的：无私的，无偏见的
有感情的：感动的，多愁善感的
有能力的：熟练的，高效的

平衡的：公平的，公正的，无私的

有远见的：明智的，有预见的

竞争的：好斗的，努力奋争的

独立的：自立的，自由的

流行的：时髦的，走俏的，现行的

坚决的：坚定的，果敢的

有信心的：自信的，有把握的

勤奋的：努力的，忙碌的

坚定的：不动摇的，稳定的，不屈不挠的

灵巧的：灵活的，敏捷的，机敏的

有知识的：学者气质的，大脑的

志趣相投的：愉快的，融洽的

婉转得体的：机智的，文雅的，精明的

灵活的：适应性强的，易调教的

认真的：可靠的，负责的

智慧的：聪明的，见识广的，灵敏的

有力的：强大的，强壮的

谨慎的：小心的，精明的

特意的：有目的，故意的

考虑周到的：体贴的，亲切的

独特的：唯一的，个性化的

合礼仪的：适当的，有礼貌的，冷静的

明智的：聪明的，有判断力的，冷静的

占统治地位的：发号施令的，权威的

前后一致的：稳定的，有规律的，恒定不变的

善良的：好心的，仁慈的

朴素的：节俭的，节省的，节约的

有文化的：博学的，诗意的，好学的

常规的：传统的，认可的

逻辑性强的：理智的，有条理的

拘谨的：矜持的，客气的

合作的：同意的，一致的

忠诚的：真诚的，忠实的，坚定的

亲切的：真诚的，友好的，和蔼的

负责的：充分考虑的，成熟的，可靠的

有勇气的：勇敢的，无畏的，英勇的

有条理的：系统的，整洁的，精确的

温和的：好心的，温柔的，有同情心的

反应灵敏的：活泼的，能接纳的

周到的：有礼貌的，彬彬有礼的，尊敬的

小心翼翼的：精确的，完美主义的

自发的：首创的，足智多谋的

乐群的：爱交际的，友好的

谦虚的：谦逊的，简朴的，朴素的

有创造性的：新颖的，有创意的

敏感的：易受影响的，敏锐的

吃苦耐劳的：坚强的，坚韧不拔的

有益于成长的：有帮助的，支持的

好奇的：好问的，爱探究的

严肃的：冷静的，认真的，坚决的

健康的：精力充沛的，强壮的，健壮的

观察敏锐的：专注的，留心的，警觉的

果断的：坚决的，坚定的，明确的

精明的：机敏的，爱算计的，机警的

有帮助的：建设性的，有用的

头脑开放的：接纳的，客观的

真诚的：诚恳的，可信的，诚挚的

慎重的：小心的，审慎的

有秩序的：整洁的，训练有素的，整齐的

诚实的：真诚的，坦率的

微妙的：玄妙的，奇妙的

有希望的：乐观的，鼓舞人心的

好交际的：随和的，亲切的

民主的：平等的，公平的，平衡的

独创的：创造性的，罕有的

幽默的：诙谐的，滑稽的，可笑的

自发的：冲动的，本能的

感情外露的：有丰富表情的，易动感情的

随和的：友好的，好交际的，温暖的

富有想象力的：有创造性的，有创意的

稳定的：坚固的，稳固的，可靠的

充满热情的：狂喜的，强烈的，热心的

可靠的：令人信任的，可信赖的

高大结实的：强有力的，强健的，肌肉发达的

多产的：硕果累累的，丰富的

保护的：警戒的，防御的

成功的：有成就的，证据确凿的

文雅的：文明的，有修养的

耐心的：坚定不移的，毫无怨言的

智慧的：明智的，仔细的，聪明的

同情的：仁慈的，温暖的，善良的

爱说话的：爱发表意见的，善于表达的

平和的：宁静的，平静的，安静的

准时的：守时的，稳定的，及时的

有策略的：考虑周详的，慎重的

有目的的：下定决心的，有意的

敏锐的：有洞察力的，有辨识力的

多才多艺的：多技能的，手巧的

顽强的：坚持的，坚定的

坚持：持久的，持续的

快速的：敏捷的，迅速的，灵活的，轻快的

理论性强的：抽象的，学术的

精力旺盛的：生机盎然的，充满活力的

有说服力的：令人信服的，有影响力的

安静的：无声的，沉默的，宁静的

完全的：彻底的，全部的

有德行的：好的，道德的，模范的

爱玩耍的：有趣的，快乐的

深思熟虑的：沉思的，慎重的

容光焕发的：明亮的，热情洋溢的，光彩夺目的

泰然自若的：自制的，镇静的

活泼的：活跃的，快活的

宽容的：仁慈的，宽大的

理性的：健全的，合理的，符合逻辑的

礼貌的：尊敬的，文明的，恰当的

志愿的：自由的，非强迫的

坚强的：不动摇的，坚定的

现实的：自然的，真实的

积极的：有远见的，坚定的

温暖的：充满爱意的，慈爱的，友善的

值得信赖的：可靠的，可信赖的

合理的：合逻辑的，有根据的

实用的：有用的，实际的

迷人的：有魅力的，令人愉快的

真诚的：诚实的，实际的，精确的

沉思的：爱思考的，深思熟虑的

精确的：明确的，准确的

热心的：热情的，热切的，热烈的

善解人意的：了解的，理解的

可靠的：可信赖的，值得信赖的

最终，通过这些圈出来的短语，总结出你自己的管理技能。

第六章
两条线最优法则

教育目的

　　1. 理解行业上线和职业下线的内涵。
　　2. 掌握差距分析与缩小差距的策略。
　　3. 合理设定职业发展的上下线。
　　4. 对实际案例进行分析，理解并运用两条线最优法则。

第一节　瞄准行业领头羊，明确岗位要求

投身军旅，实现迷彩梦

案例背景：

　　朱同学是重庆某大学化学学院化学专业 2019 级的学生。2017 年，他怀着青春的理想，响应国家号召，参军入伍，成为中国人民武装警察部队机动支队的一名侦察员。2019 年，在完成义务兵役后，他因个人发展的需要选择退伍，回到学校继续学业。朱同学的经历充满了挑战和奋斗，他的选择体现了对国家、对家乡的责任感，也展现了他对理想与使命的坚守。

案例分析：

朱同学面临的最大抉择是：在参军服役的同时，如何平衡自己的学业与未来的发展。他的内心有着深刻的责任感和使命感，选择参军不仅是对国家的回报，也是个人成长的需求。朱同学在军营中始终保持着不畏困难、勇于挑战的精神，选择了艰苦的侦察兵岗位，展现了作为一名大学生士兵的担当与决心。在部队的训练中，他通过积极的态度与严格的训练，取得了突出成绩，多次在比武中获奖，并在部队文化建设中起到了积极作用。退伍后，他没有停下脚步，而是积极参与国旗班工作、志愿服务以及学校的宣传工作，继续为社会贡献力量。

解决思路：

朱同学的军旅生活带给他不只是体能和技能的磨炼，更是思想和心理上的升华。面对退伍后的选择，他坚守初心，积极融入学校的集体生活，同时努力学习，不断提升自己。他通过参与志愿服务和军营宣传工作，进一步明确了自己的社会责任感，并通过创新实践提升了自己的综合能力。在学业方面，朱同学不断精进自己的专业知识，并计划报考中国科学院大学，继续深造，朝着科技型人才的目标努力。

案例总结：

朱同学的成功经验在于他敢于追求理想、不畏挑战，且始终能够在实践中不断成长。从参军到退伍，他始终保持着对国家的热爱和责任感，面对困境从不退缩，通过实际行动为社会作出贡献。他的经历说明，一个人无论身处何种环境，都能通过不断努力实现个人价值。

> **名人名言**
>
> 志之所趋，无远弗届；穷山距海，不能限也。
>
> ——清·金缨

在职业发展的征途中，对于已经确立职业目标的求职者而言，如何进一步细化策略，提升自我，以更好地适应行业要求，是实现职业理想的关键所在。瞄准行业领头羊，深入解析其岗位要求，量化自身差距，并精准提升竞争力与岗位适配力，这一策略不仅能够帮助求职者快速融入职场，还能为其未来的职业发展奠定坚实的基础。

一、行业领头羊，职场方向标

1. 行业领头立标向，求职探路明职向

行业领头羊，作为行业的标杆与引领者，往往在市场份额、品牌影响力、技术创新、管理理念等方面占据领先地位。它们不仅代表着行业的发展方向，更引领着行业的未来趋势。对于求职者而言，深入研究领头羊企业的招聘要求与岗位标准，就如同掌握了职场的风向标，能够为职业发展提供明确的指引。

以下是一则中小学教师招聘信息。

<h3 style="text-align:center">2025 雅礼教育集团中南大学附属学校春季教师招聘公告</h3>

一、招聘岗位及要求

本校共招聘 3 名非事业编制教师（劳务派遣制），招聘岗位及条件要求如表 6-1 所示。

表 6-1　招聘岗位及条件要求

序号	学段	学科	人数	岗位要求	任教地点
1	中学	数学	1	能胜任初中教学；有竞赛经历者优先	雅礼中南二附中（天心区青园路）
2	中学	历史	1	能胜任初中教学	同上
3	小学	语文	1	能胜任小学各学段教学；有班主任经验者优先	同上

二、基本条件

1. 政治与品行

拥护中国共产党的领导；遵纪守法；热爱教育事业。

2. 学历与资格

本科及以上学历；

持有相应学段教师资格证（专业与报考岗位一致）；

普通话等级：语文需二级甲等以上，其他学科需二级乙等以上。

3. 年龄限制

原则上≤35 周岁（1990 年 1 月 1 日后出生）。

骨干教师可放宽年龄（需满足以下至少两项）：

①市级以上骨干教师/区级卓越教师/学科带头人；

②区级以上综合性荣誉（如优秀教师）；

③教学竞赛获区级特等奖/市级一等奖；

④主持或参与市级以上课题；

⑤省级精品课一等奖。

三、招聘程序

1. 线上报名

时间：2025 年 1 月 15—21 日 12：00。

方式：网络报名（无费用），需提交真实材料。

2. 资格审查与考核

面试+试教：2025 年 1 月 22 日进行（试教含 10 分钟课堂教学+答辩）。

3. 体检与公示

体检：拟录人员需自费完成入职体检；不合格者可复检一次。

公示期：3 个工作日（如 2025 年 2 月 5—7 日公示拟聘人员）。

四、聘用与待遇

- 用工形式：劳务派遣制（与派遣公司签约），试用期 2 个月。
- 待遇：按《中南大学非事业编制人员管理办法》执行。

五、联系方式

- 电话：0731-××××0669
- 邮箱：pjzx@××.edu.cn

2. 细析岗位要求，深悟职业发展之道

在解析领头羊企业岗位要求的过程中，求职者需要注重细节，深入理解每一个要求背后的含义。例如，对于技能要求，求职者需要了解领头羊企业所要求的具体技能点，以及这些技能点在实际工作中的应用场景。对于团队协作能力与沟通能力等软性要求，求职者需要通过参与团队项目、实习、志愿服务等方式，积累实践经验，提升自己的团队协作能力与沟通技巧。

二、量化补差距，岗位适配高

求职者通过对比自身与领头羊企业招聘要求在知识、技能、经验等方面的不足，量化差距，制订提升计划去匹配岗位。

1. 量化差距，精准提升

量化差距指求职者在对比自身条件与领头羊企业的招聘要求后，找出自身在知识、技能、经验等方面存在的不足，如某单位招聘要求中需要应聘者通过英语六级考试，而应聘者尚未通过，接下来应聘者可以通过设定具体的提升目标、制订详细的学习计划、参加专业培训等方式，将这些差距转化为可衡量、可操作的具体步骤，同时借助在线学习平台、行业论坛等资源了解行业动态与新技术，以此逐步缩小与岗位要求的差距，并最终达到适应行业发展与岗位匹配的目的。量化差距的方法如图6-1所示。

图6-1　量化差距的方法

2. 知岗明己，适变融职

在不断弥补差距的过程中，我们还要继续量化与招聘要求之间的差距，在这个过程中提高岗位匹配力。岗位匹配力是指求职者在具备专业知识与技能的基础上，拥有良好职业素养、团队合作精神，以及适应岗位需求的能力，从而在职场中快速融入团队并发挥个人价值。为了提升岗位适配力，求职者需深入了解目标岗位的工作职责、流程、环境及所需技能，准确评估自身能力与岗位的匹配度，并有针对性地提升。同时，注重职业素养的培养，包括工作态度、团队协作和沟通能力等，以树立良好的职业形象。

此外，增强适应能力，保持开放心态，积极应对职场环境的变化和挑战，是提升岗位适配力的重要环节。

三、全力勤实战，竞争实力超

要提高自身的岗位匹配力，有两个重要途径，一个是提高自身的核心竞争力，另一个是通过实战演练提高自身的岗位匹配力。实战演练是提升竞争力的有效途径，求职者可通过参与实际项目、实习、志愿服务等方式积累实践经验，深入了解职场环境与工作流程，同时提升实际操作能力和团队协作能力。

在实战演练的过程中，求职者需要注重以下几点。

1. 积极参与

积极参与实际项目或实习活动，主动承担工作任务，展现自己的能力与价值。

2. 主动学习

在实战演练中，求职者需要保持学习的态度，不断吸收新知识、新技能，提升自己的专业素养与实际操作能力。

3. 注重反馈

及时向上级领导或同事请教，了解自己的工作表现与不足之处，以便及时调整自己的工作计划与提升方向。

当然，我们也必须清醒地认识到，有时即使付出了巨大的努力，也可能无法达到预期的目标。在这种情况下，适时更换就业目标并非退缩之举，而是一种明智的选择。当我们发现自己在某一领域的发展陷入瓶颈，无论如何努力都难以突破时，不妨勇敢地转换赛道，寻找更适合自己的发展方向。这并不意味着我们之前的努力就会白费，相反，我们在这个过程中积累的经验、技能和人脉，都将成为我们在新领域中取得成功的宝贵财富。

总之，瞄准行业领军企业，深入剖析岗位要求，量化差距并精准提升竞争力与岗位适配度，是求职者实现职业理想的关键路径。在此过程中，求职者要具备敏锐洞察力、持续学习力和积极适应力，以在激烈的职场竞争中崭露头角。注重实战演练与实践积累，不断增强实际操作与团队协作能力，方能在职场站稳脚跟，达成个人价值与职业发展的双重目标。

第二节　筑牢求职护城河，确定兜底单位

案例导入

认识自己，挑战自己

案例背景：

唐同学是重庆某大学初等教育学院小学教育专业2017级的学生，在求职过程中，他经历了多次挑战。唐同学参加了多场现场招聘会，考察了不同类型和性质的学校，包括公办、民办学校，以及不同岗位类型。在这个过程中，他不仅锤炼了自己的专业能力，还学会了如何在面对职场压力时保持积极的心态和清晰的目标。

案例分析：

唐同学的求职之路并不平坦，但他始终不轻言放弃，展现出了坚韧不拔的精神。在多次面试过程中，唐同学面临身体和心理上的巨大压力。每天的早起晚归，以及面试前的准备工作使他身心疲惫。但他意识到，压力本身是成长的动力。在每次失败后，他主动向面试官请教，总结经验，迅速改进自己的教学设计，提升知识的准确性和表达的自信。他展现出更为自然、从容的面貌，逐渐在求职中取得了更好的成绩。

解决思路：

唐同学从多次的面试中总结出求职的关键要素。首先，明确认识自己，发现并发挥自己的优点，提升不足之处。只有全面了解自己的优劣势，才能在面试中进行有效的展示。同时，要理性分析求职岗位的要求，结合自己的实际情况，进行有针对性的准备。唐同学从失败中学习，将其视为成长的机会，不断调整自己，逐步提升。在找到合适的岗位时，他也勇于挑战自我，选择了能够帮助自己成长的工作。

案例总结：

唐同学的求职经验显示了自我认知、不断成长和勇于挑战的重要性。他通过对自己的清晰认识，不断完善自我，坚定追求目标，最终在职场上找到了自己的位置。唐同学的求职过程虽然艰难，但他通过坚定信念和不断努力，最终取得了不错的成绩。此外，他还注重自我反思，不断尝试新的挑战，不满足于眼前的成功，而是继续提升专业能力和教育水平。在未来的工作中，唐同学将继续努力，在职业生涯中持续为学生成长和教育事业贡献力量。

名人名言

不想当将军的士兵，不是好士兵。

—— （法国）拿破仑·波拿巴

职业下线是指个人在职业发展中能够接受的最低标准，包括薪资待遇、工作环境、岗位性质、职业发展前景等方面。明确职业下线，可以帮助求职者在求职过程中避免盲目接受不符合自身期望的岗位，同时为职业发展设定一个清晰的底线。

在职业探索与求职进程中，每位求职者都怀揣对未来的期望。但现实中职业道路充满变数，并非一路坦途。故而求职者在积极争取心仪职位时，筑牢求职护城河、确定兜底单位极为关键。此策略既能给予求职者心理上的保障，关键时刻也能成为其职业发展的有力支撑。

一、兜底单位：求职旅程中的避风港

职业规划指引方向，兜底单位稳固后方。兜底单位作为求职者在职业规划中的一道安全防线，扮演着至关重要的角色。兜底单位并非指那些处于行业末端或缺乏竞争力的单位，而是指那些虽然可能不是顶尖企业，但拥有稳定的发展前景、良好的工作环境、合理的薪资待遇，以及符合求职者职业规划的岗位。

兜底单位的存在，为求职者提供了一个在追求更高职业目标过程中的缓冲地带，确保求职者在面对不确定性和挑战时，不盲目冲刺更高目标和避免眼高手低，能够有自身可以接受的最低限度的岗位。

二、精心筛选：构建个性化兜底单位清单

构建兜底单位清单，需要求职者进行深入的自我评估与行业调研。这包括但不限于以下几个方面。

1. 自我定位清晰

求职者需要明确自己的职业兴趣、专业技能、工作经验及长期职业规划，这是筛选兜底单位的基础。只有对自己有准确的认识，才能找到真正适合自己的单位。

2. 行业趋势洞察

了解所在行业的发展趋势、竞争格局及潜力领域，有助于求职者识别出具有潜力的兜底单位。这些单位可能正处于快速成长期，能够为求职者提供更多的发展机会。

3. 多维度考察

在确定兜底单位时，求职者应从公司规模、行业地位、企业文化、员工满意度、薪酬福利、培训与发展机会等多个维度进行综合考量。通过查阅公司官网、社交媒体、员工评价等信息，求职者可以更加全面地了解备选单位。

4. 保持开放心态

虽然兜底单位是为了提供安全感而设定的，但求职者应保持开放的心态，不排斥那些可能初看之下并不起眼，但实则具有独特优势和发展潜力的单位。

三、灵活应对：兜底单位的动态调整

职场环境变幻莫测，求职者的个人情况和行业状况会随时间的推移而改变，故而兜底单位的选择不应固化，而需依据实际情况灵活调整。

1. 定期评估

求职者应定期对已锁定的兜底单位进行评估，包括其发展状况、行业地位是否发生变化，以及是否符合当前的职业规划等。对于不再符合要求的单位，应及时替换。

2. 关注新机会

随着个人能力的提升和职业规划的调整，求职者可能会发现新的、更符合自己期望的兜底单位。因此，持续关注行业动态，保持对新机会的敏感性，是调整兜底单位的关键。

3. 保持联系

即使当前并未考虑加入某家单位，求职者也应与兜底单位保持联系，了解其发展动态和人才需求。这不仅能够为将来的职业发展铺路，还能在关键时刻获得宝贵的内部推荐机会。

四、兜底单位的价值与启示

确定兜底单位，不仅是求职策略上的明智之举，更是对求职者心态和职业规划能力的考验。

1. 理性面对挑战

在求职过程中，遇到挫折和遭到拒绝是在所难免的。兜底单位的存在，让求职者能够更加理性地面对这些挑战，保持积极的心态。

2. 平衡风险与机遇

在追求职业梦想的同时，兜底单位提供了一种平衡风险与机遇的方式，确保求职者在面对不确定性的职场环境时，能够有备无患。

3. 持续成长与学习

即使在兜底单位工作，求职者也应保持学习和成长的态度，不断提升自己的专业技能和综合素质，确保职业下线不断提升，为将来的职业发展打下坚实的基础。

筑牢求职护城河，确定兜底单位，是每一位求职者在职业规划中不可或缺的一环。兜底单位不仅能够为求职者提供心理上的安慰和物质上的保障，更能在关键时刻成为其职业发展的助推器。在这个过程中，求职者需要综合运用自我评估、行业洞察、多维度考察以及灵活调整等策略，精心构建并维护自己的兜底单位清单。只有这样，才能在复杂多变的职场环境中稳健前行，最终实现个人价值与职业梦想的双重飞跃。

第三节　增强核心竞争力，提底趋顶向优行

📖 案例导入

李白：折翼官场的诗坛巨擘

1. 初入仕途求无路

李白胸怀壮志，一心逐鹿仕途，却因父为商人，科举之路受阻，唯寄望举荐。他以"大鹏一日同风起，扶摇直上九万里"自比，盼遇伯乐。听闻玉真公主爱才，遂隐居终南山道观旁。得见公主后，李白激情畅谈，从治国理政到诗词歌赋，妙语连珠。然其狂放不羁，令公主虽赏其才，却也受惊，此次求官无果而终。

2. 翰林虚梦意难酬

后经引荐，李白终入宫廷，任翰林供奉。原以为能大展政治抱负，却沦为为皇帝、贵妃吟诗作乐的侍从，如"云想衣裳花想容，春风拂槛露华浓"，以诗赞杨贵妃，心中抱负难抒。李白生性豪放，好酒且直言不讳。他写道"殷后乱天纪，楚怀亦已昏"，借古讽今，暗指唐玄宗沉溺声色、赏罚无度。最终，唐玄宗"赐金放还"，李白翰林生涯匆匆落幕。

3. 卷入风波陷囹圄

安史之乱起，唐玄宗奔逃，永王李璘募李白为幕僚。李白心怀仕途希望，作《永王东巡歌》壮行，"但用东山谢安石，为君谈笑静胡沙"，欲效仿谢安建功立业。岂料，永王之举被视为叛乱，李白以附逆罪被捕。幸得郭子仪与宗夫人相助，免杀身之祸，却仍遭流放。

案例分析：

李白一生再次印证了心理学家欧里·欧文斯的那句话"大多数人录用的都是他们喜欢的，而不是最优秀的人"。哪怕李白再有诗情豪气，再优秀，遇不到懂他的君主，满腹豪情壮志也无处施展。

💬 **名人名言**

没有志向的青年，就像断线的风筝，只会在家中东摇西晃，最终必然丧失前程。

——（法国）罗曼·罗兰

以下探索大学生增强就业核心竞争力的具体途径，旨在为促进高校毕业生高质量充分就业提供理论支持和实践指导。

一、持续提升竞争力，动态提升目标

在日新月异的职场环境中，求职者若想在激烈的竞争中保持领先地位，就必须不断提升自身的核心竞争力，并根据自身发展情况和市场趋势动态调整职业目标。这一过程不仅要求求职者具备持续学习和自我提升的能力，还要求其具备敏锐的市场洞察力和灵活的职业规划策略。

1. 竞争力：职场成功的基石

竞争力是求职者在求职市场及职业生涯中脱颖而出的关键，涵盖专业技能、工作经验、教育背景、团队协作能力等多个方面。在快速变化的职场环境下，求职者需不断提升竞争力，以适应新挑战和机遇。

（1）深化专业技能：专业技能是核心竞争力。可通过参加培训、考证、参与项目提升专业水平。

（2）积累工作经验：参与多种项目、承担不同职责、与不同同事合作，积累实践经验，注重团队协作、沟通、领导力等软技能培养，提升实操和解决问题的能力。

（3）提升教育背景：通过深造、攻读高学历、参加在线课程，提升求职竞争力。

2. 持续提升竞争力的策略

（1）持续学习：保持对新知识、新技能的好奇与渴望，通过培训、阅读、关注行业动态等更新知识和技能。

（2）实践锻炼：积极参与项目和工作任务，在实践中提升实操与解决问题的能力，积累经验、拓展人脉。

（3）自我反思：定期回顾职业发展，分析自身优劣，制订改进计划，明确提升竞争力的方向。

（4）寻求反馈：向同事、上司、导师等获取反馈，客观了解自身表现，针对性制订提升计划。

3. 动态提升目标：适应职场变化的智慧

在职业发展过程中，求职者需要不断根据市场变化、自身能力，以及职业规划的调整，动态提升职业目标。这不仅能够激发求职者的潜能，还能够为其职业发展注入更多的活力。

（1）设定清晰目标：依据职业规划，设定短期目标和长期目标。短期目标如提升专业技能、完成项目，长期目标如晋升职位、转行，明确发展方向。

（2）定期评估调整：定期评估职业发展与目标达成情况。实现目标后设定更高目标，未达成则分析原因、调整策略，确保职业发展处于正轨。

（3）勇于挑战自我：接受更具挑战性的任务和项目，突破自身极限，提升能力与竞争力，实现个人成长和突破。

（4）保持学习成长心态：职场多变，通过培训、阅读行业报告、与同行交流等，保持对职场变化的敏感度，提升适应能力与竞争力，维持职业活力。

4. 职场智慧的运用：灵活应对挑战

在持续提升竞争力和动态提升目标的过程中，求职者还需要运用职场智慧，灵活应对各种挑战。这包括但不限于以下几个方面。

（1）建立人脉网络：人脉是获取职场信息和资源的重要渠道。求职者可通过参加行业活动、加入专业社群、与同行联络，拓展人脉，获取更多职业发展机会。

（2）保持积极心态：面对职场的挑战和困难，保持积极的心态，主动寻找解决办法，避免陷入消极情绪，这是维持活力与动力的关键。

（3）灵活调整职业规划：职业规划是职业发展的指引，但随着市场和自身能力的变化，需要不断优化。求职者应保持对职场动态的关注，灵活调整规划，确保其契合市场需求和个人期望。

二、能力与岗位适配，落实最优去向

在人力资源管理的核心领域，能力与岗位的精准适配不仅是组织高效运作的关键，更是个人职业发展与成就感的基石。

1. 能力评估的深度与广度

（1）专业技能与软技能的双重考量。

能力评估是岗位适配的第一步，它不仅局限于专业技能的考核，还应涵盖沟通、团队协作、创新思维等软技能。专业技能是岗位的基本要求，软技能则决定了个人能否在团队中有效协作，推动项目进展。通过反馈、技能测试、项目案例分析等手段，全面评估员工的能力结构，为精准匹配岗位提供数据支持。

（2）充分挖掘自己的潜能。

除了现有能力，潜在能力（潜能）同样很重要。通过职业性格测试、职业规划访谈等方式，深入了解自己的职业兴趣、学习风格及未来职业愿景，预测在特定岗位上的长期表现和发展潜力，为岗位适配提供前瞻性视角。

2. 岗位需求的精准分析与动态把握

（1）核心职责与技能要求的明确。

岗位需求分析是确保能力与岗位适配的基础。通过工作分析、岗位说明书等手段，明确每个岗位的核心职责、必备技能、工作经验要求，以及可能的职业发展路径。这一步骤要求细致入微，确保岗位需求与个人的实际能力高度契合。

（2）动态调整与适应变化。

随着技术革新、市场趋势的变化及组织内部结构的调整，岗位需求也会发生相应的变化。因此，岗位需求分析应保持动态性，定期审视岗位需求的变化，及时调整岗位配置和技能要求，确保组织始终拥有与市场需求相匹配的人才结构。

3. 个性化职业规划的实施与跟踪

（1）设定清晰的职业目标。

基于自身能力与岗位分析，结合个人兴趣、能力特点和组织战略目标，为自己设定清晰、可实现且具挑战性的短期和长期职业目标，以激发内生动力。

（2）制订个性化的培训计划。

根据职业目标，制订涵盖专业技能提升、软技能培养、领导力发展的个性化培训计划。通过内部培训、外部课程、导师制度等方式，寻求持续学习与发展的机会，构建与岗位匹配的能力体系。

（3）定期回顾与调整。

职业规划是一个持续的过程，需要定期回顾和调整。通过与各方的开放沟通，了解职业发展进展、遇到的挑战及未来的期望，及时调整职业规划路径，持续优化路径，确保自己始终在最适合的职业轨道上。

三、教师该如何提升自己的核心竞争力

教师是人类灵魂的工程师，肩负着"传道授业解惑"的重任。一名优秀教师，不仅要热爱教育事业，更应具备多方面的核心竞争力。下面将围绕专业知识、教学技能、沟通能力、创新能力、适应能力，以及持续学习和反思等方面，探讨如何炼成优秀教师的核心竞争力。

1. 专业知识：奠定教学根基

夯实学科知识：掌握学科核心概念、原理及方法，搭建完整知识体系；关注学科前沿，持续更新拓展知识储备；推动跨学科融合，将不同学科知识融会贯通，提升教学深度。

深化教育理论：学习教育学、心理学理论，把握学生身心发展规律；掌握多元学习理论，灵活运用教学策略；追踪教育心理学最新成果，增强教学的科学性与有效性。

2. 教学技能：点燃学习激情

强化教学设计能力：依据课程标准与学生特点，明确教学目标；设计多元教学活动，

激发学生兴趣；运用现代教育技术，丰富教学手段，提升效率。

提升课堂管理能力：营造积极课堂氛围，建立良好师生关系；有效组织教学，维持课堂秩序，保证课堂效率；灵活处理突发事件，把控教学节奏。

增强教学评价反思能力：采用多种评价方式，全面评估学生学习效果；及时反思教学，总结经验，改进方法；关注个体差异，因材施教，促进学生发展。

3. 沟通能力：搭建心灵桥梁

优化与学生的沟通：尊重学生，平等对话，建立信任；倾听需求，及时给予学生帮助和指导；运用积极沟通技巧，营造和谐师生关系。

加强与家长的沟通：主动反馈学生学习情况，倾听家长意见，共同探讨教育方法；建立家校合作机制，形成教育合力。

促进与同事的沟通：积极参与教研，分享经验，共同提升教学水平；相互尊重、团结协作，营造良好工作氛围；向优秀教师学习，提升专业素养。

4. 创新能力：引领教育变革

创新教学理念：秉持以学生为中心的理念，关注个体发展；探索新教学模式，激发学生潜能；融入创新思维，突破传统局限。

创新教学内容：结合生活与热点，开发校本和特色课程；整合多学科知识，开展跨学科主题学习；借助信息技术，开发数字化教学资源。

创新教学方法：尝试项目式、探究式等新型教学法；运用游戏化、情境教学等策略，提升学生兴趣；利用信息技术，开展线上线下混合教学。

5. 适应能力：应对时代挑战

适应教育环境的变化：关注教育政策变化，及时调整教学策略。

适应信息技术发展，掌握现代教育技术应用技能；应对社会多元化发展，培养学生跨文化理解能力。

适应学生个体差异：了解学生不同学习风格和兴趣爱好，因材施教；关注学生心理健康，及时进行心理疏导和干预；尊重学生个性发展，帮助学生找到适合的发展方向。

6. 持续学习和反思：永葆教育活力

树立终身学习理念：关注教育领域最新研究成果，不断更新教育理念；积极参加各类培训和进修，提升自身专业素养；阅读教育经典著作，提升教育境界。

进行教学反思：定期进行教学反思，总结经验教训，改进教学方法；撰写教学反思日记，记录教学心得，提升教学水平；与同行交流教学心得，互相学习，共同进步。

第四节 以教师行业为例：两条线实操三步走

 **案例导入**

心系教育，圆梦西藏

案例背景：

李同学是重庆某大学学前教育专业 2019 级的学生，现就职于西藏自治区拉萨市墨竹工卡西岗乡斯布村幼儿园；工作期间曾获得墨竹工卡县幼儿教师手工大赛三等奖、六一幼儿演讲比赛教师指导优秀奖。她注重自身修养，时刻牢记"学高为师，身正为范"，以成为一名"四有"好老师为目标，以教育好每一个孩子为追求，坚持爱的教育，以奉献之心平等地对待每一个孩子，让青春之花绽放在高原之上，在祖国大美雪域藏地培养一朵又一朵圣洁的格桑花。

案例分析：

李同学最初对参加工作，有如下担忧：一是参与西部计划的利弊；二是自然环境的挑战；三是文化差异与融入困难。这些困难背后的影响因素包括对职业规划的迷茫、对未知环境的恐惧。

解决思路：

一是注重教育梦想的启航与内心的初探；二是坚定理想信念，热爱西部，服务西部；三是严己修身，立志长存，勇担时代重任。

案例总结：

李同学的成功经验在于坚定信念，甘于奉献，吃苦耐劳。她将继续孜孜不倦，学而不厌，以扎实的学识和过硬的本领，实现她的教育理想。

名人名言

不经巨大的困难，不会有伟大的事业。

—— （法国）伏尔泰

对于即将踏入教师行业的师范生和其他想当教师的同学，如何精准定位自己的职业发展路径，既提升个人竞争力，又确保职业稳定性，是至关重要的问题。那如何在具体某个行业或岗位运用"两条线最优法则"？

"两条线最优法则"是一种广泛应用于多个领域的分析方法。它通过比较或结合两条线的特性（如约束条件、拟合误差、性能指标等），帮助确定最优解或最佳策略，从而实现效率最大化或误差最小化。

下面以重庆小学教育师范生为例，详细阐述两条线实操三步走策略的具体实施过程。

一、确定行业上线，量化差距，制订提升计划

1. 行业上线定义与寻找

行业上线，即教师行业内顶尖用人单位的招聘要求以及行业优秀教育同行的综合表现，包括教学水平、班级管理、教育理念、科研成果等多个方面。对于重庆小学教育师范生而言，行业上线可以定义为重庆市内顶尖小学（如巴蜀小学、人和街小学等）的优秀教师。

2. 量化自身与上线的差距

自制量化清单如表6-2所示。

表6-2　自制量化清单

量化指标	分析操作	判断差距
教学水平	分析上线教师的教学视频、教案等，对比自己的教学技能、课程设计能力等	
班级管理	了解上线教师的班级管理制度、学生评价体系等，对比自己的班级管理能力和学生互动方式	
教育理念	研究上线教师的教育理念、教学方法等，对比自己的教育观念是否与时俱进	
科研成果	查阅上线教师的科研成果、论文发表等，对比自己在教育科研方面的努力和成果	
……	……	

3. 制订计划提升自身竞争力

短期计划：针对教学水平、班级管理等方面的不足，确定具体的提升措施，如参加教学技能培训、观摩优秀教师课堂等。

中期计划：加强教育科研能力，参与校内外的教育科研项目，积累科研成果。

长期计划：树立成为行业内顶尖教师的目标，持续提升自己的专业素养和综合能力。

二、确定下线，守住下线，确保职业稳定性

守住职业求职岗位的下线，对师范生而言，关键在于明确自身的职业下线，并通过合理规划和能力提升来保障职业发展的稳定性和可行性。师范生职业稳定参考如表6-3所示。

表6-3　师范生职业稳定参考

核心指标	具体要求	案例示范
1. 明确职业下线	可接受的最低岗位要求	师范生应结合自身专业背景和职业期望，明确可接受的最低岗位标准，如学校类型（公立或私立）、地区（一线城市或家乡）、岗位性质（教师、教育咨询等）
	薪资与福利下线	根据教育行业的薪资水平和自身生活成本，设定最低可接受的薪资标准，并关注福利待遇，如五险一金、职业培训机会等

续表

核心指标	具体要求	案例示范
2. 提升核心竞争力	专业技能与知识	师范生需持续提升教学能力，包括专业知识、教学方法、教育技术等。通过参加教育实习、技能培训和教师资格证考试，增强自身在教育行业的竞争力
	实践能力	积极参与教育见习、教学实习等实践活动，积累实际教学经验，了解教育行业的实际需求和工作流程
3. 拓展职业视野	多元职业路径	除了传统的教师岗位，师范生还可以考虑教育咨询、教育研究、教育行政等多元化职业方向
	跨领域发展	关注教育行业的跨界融合，如教育媒体、教育出版等领域，拓宽职业选择范围
4. 关注政策与市场需求	政策动态	师范生需关注国家和地方的教育政策变化，如"双减"政策对教师岗位的影响，以及教师资格制度的调整
	市场需求	了解教育行业对不同专业和技能的需求，结合市场需求调整职业规划，确保自身能力与岗位需求相匹配
5. 建立职业支持网络	校企合作与实习机会	利用高校与教育机构的合作资源，争取更多实习和就业的机会
	职业网络	通过参加教育行业活动、加入专业协会等方式，建立职业网络，获取更多的职业信息和支持

三、在上线与下线的不断调整中，找到适合自己的最优岗位

1. 动态调整上线与下线的标准

随着教育环境的变化和个人能力的提升，师范生应不断审视自己的上线与下线标准，根据实际情况进行调整。上线标准应随着教育理念的更新和教学技术的进步而提高，下线标准应始终坚守，持续提升。

2. 岗位适配与策略调整

初步定位：以重庆市内顶尖小学为目标，分析其招聘要求，量化自身与上线的差距。

策略调整：若发现自己与上线差距较大，且短期内难以弥补，可适当降低上线标准，选择其他具有发展潜力的学校或岗位。同时，保持对下线标准的坚守，确保职业稳定性。

持续优化：在岗位上不断学习和实践，提升自己的专业素养和综合能力。同时，关注行业动态和政策走向，及时调整自己的职业规划和发展方向。

3. 实际操作案例

以小学教育师范生小张为例，作为一个地道的重庆人，他首先以巴蜀小学为上线目标，发现自己在教学水平和科研成果方面与招聘要求存在差距。于是，他制订了详细的提升计划，包括参加教学技能培训、参与教育科研项目等。同时，他坚守下线标准，持续提

升自己的教学质量和师范生技能。

经过一年的努力，小张的教学水平和科研成果有了显著提升，但他发现自己与巴蜀小学的招聘要求仍有差距。于是，他调整了上线标准，选择了另一所具有发展潜力的学校，并成功应聘为该校的小学教师。在岗位上，他继续学习和实践，不断提升自己的专业素养和综合能力，逐步向自己的上线目标迈进。

教师行业的两条线实操策略为师范生进入教师行业提供了精准的定位和有效的策略。通过确定行业上线与职业下线、量化差距、制订提升计划，以及岗位适配与策略调整等步骤，师范生可以逐步提升自己的竞争力，确保职业稳定性，并在教育行业中找到适合自己的最优岗位。这一策略不仅有助于师范生的个人成长和发展，也为教育行业的繁荣和进步贡献了自己的力量。

课后实践

请认真填写以下资料，探索适合自己的生涯方向。

我的生涯规划档案

学号_____ 姓名_____ 日期_____

一、你如何描述自己?

1. 你的霍兰德职业兴趣类型代码是：_____、_____、_____

请根据"霍兰德职业兴趣类型"表和职业兴趣测试报告中对六种类型的描述，在下面列出最符合你自身情况的描述。

_____

_____

_____

_____

_____

_____

_____

2. 你的 MBTI 性格类型（代码）是：_____、_____、_____、_____

请根据"MBTI 维度解释"表和"MBTI16 种性格类型及其通常具有的特征"表中对 MBTI 性格类型的描述，写下最能描述你自己的语句。

_____

_____

_____

_____

_____

_____

注意：你所考虑的职业至少在一定程度上允许你表达自己的兴趣和个性。如果在阅读完相关材料并做完测试后你仍不能确定自己的类型，请与职业生涯咨询师约谈。

二、职业清单

1. 你的霍兰德职业兴趣类型建议你考虑的职业

根据你的兴趣探索结果，列出至少 10 种与你的霍兰德职业兴趣类型相对应（或近似）的职业，并标出每种职业的霍兰德代码。

（1）_____ _____
（2）_____ _____
（3）_____ _____
（4）_____ _____
（5）_____ _____
（6）_____ _____
（7）_____ _____
（8）_____ _____
（9）_____ _____
（10）_____ _____
（11）_____ _____
（12）_____ _____
（13）_____ _____
（14）_____ _____
（15）_____ _____

注意：同时请参考你所做的其他兴趣练习。请思考：什么样的职业令你感兴趣？

_____

2. 你的 MBTI 性格类型所建议的职业

根据你的 MBTI 性格类型，从相关测评或资料所列举的职业中挑选出你感兴趣的职业，至少要有 10 种。

（1）_____
（2）_____
（3）_____
（4）_____
（5）_____
（6）_____
（7）_____
（8）_____
（9）_____
（10）_____
（11）_____

（12）_____

（13）_____

（14）_____

（15）_____

请注意：这些职业之间有什么共同之处吗？请根据自己的 MBTI 性格类型，思考什么样的职业能使你感到满意。

_____

三、将你的清单上的职业进行分类和进一步探索

对你在前两页上所列出的每一个职业进行分类，并把它填在相应的横线上。例如，"医生"这个职业在你的霍兰德职业兴趣列表和 MBTI 性格类型列表中都有出现，就将它列在第一类中。在第四类中，列出那些你特别感兴趣但在前面未曾出现过的职业。

第一类：很有可能

在职业兴趣和性格探索中都曾出现过的职业。

_____

_____

_____

注意：这些职业都值得你去深入地探索。你的职业探索最好首先集中在这些职业上。了解这些职业的要求和工作环境等细节。根据你对自己的兴趣和个性的了解，考虑一下你将会如何从事这份工作。

第二类：比较有可能

在职业兴趣和性格探索中分别出现过的职业。

_____

_____

_____

注意：这些职业也有比较大的可能性，供你进行下一步的探索。

第三类：有些可能

根据你的职业兴趣和性格探索，符合你一方面的情况却与你另一方面的情况有冲突的职业。

_____

_____

_____

注意：考虑一下，如果你从事这些职业，会出现什么情况？是否会有矛盾或冲突？如何解决？

第四类：其他职业

在职业兴趣和性格探索中都未曾出现且与之没有共同点，但你感兴趣的职业。

_____

_____

注意：这些职业的可能性通常不是很大。问问自己：你为什么会对它感兴趣？是出于什么样的动机？想想你的目标和信念是否与这些工作匹配。

四、你的价值观

你最重要的五项价值观，并具体说明它们的含义。

1. _____

_____

2. _____

_____

3. _____

_____

4. _____

_____

5. _____

_____

五、你的技能

找出你最擅长并愿意在未来职业中运用的技能。

1. 你最重要的五项自我管理技能（形容词）

(1) _____

(2) _____

(3) _____

(4) _____

(5) _____

2. 你最重要的五项可迁移技能（动词）

(1) _____

(2) _____

(3) _____

(4) _____

(5) _____

3. 你最重要的五项专业技能（名词）

(1) _____

(2) _____

(3) _____

(4) _____

(5) _____

六、继续探索的职业清单

重新查阅你在前面所列出的所有职业，根据你对自己的了解，结合你的价值观和技能，在下面的空白处列出那些你想继续探索的职业（可以是上面曾出现过的职业，也可以是未曾出现但符合上面共同特点的职业）。

_____
_____
_____
_____
_____
_____
_____
_____
_____

注意：在选择你想继续探索的职业时，请不要在未对它有任何了解前就轻易地将它排除。在这张清单上，你需要有足够的职业供自己探索，但也要有一定的目标。也就是说，最好不少于 5 个，不多于 10 个。将你的精力集中在下面这些职业上。

作为职业探索的一部分，下一步我打算：

☐ 收集、研究与特定领域的职业有关的书面信息

☐ 采访有关人士，对我感兴趣的职业领域做进一步的了解

☐ 从职业咨询老师或其他老师那里寻求更多的个人帮助

☐ 通过选修课程来检测自己对某一相关职业领域的兴趣

☐ 通过参加社团活动来检测自己对某一相关职业领域的兴趣

☐ 通过业余兼职、实习或做志愿者等方式来检测自己对某一相关职业领域的兴趣

七、目标设立与行动计划

1. 我的长期目标

_____
_____
_____
_____

2. 为了做到这一点，我还需要以下信息和帮助

_____
_____
_____
_____

3. 为了实现这一目标，在这一个月内我应该做的事

_____
_____
_____
_____

八、我的简历

姓　名		性　别	
联系电话		E-mail 地址	
地　址			
邮　编			
教育背景			
个人特点			
实习实践经历			
获奖及证书			
其　他			

第七章
简历的制胜之道

本章导读

青年是整个社会力量中最积极、最有生气的力量，国家的希望在青年，民族的未来在青年。今天，新时代中国青年处在中华民族发展的最好时期，既面临着难得的建功立业的人生际遇，也面临着"天将降大任于斯人"的时代使命。

——2019 年 4 月 30 日，习近平在纪念五四运动 100 周年大会上的讲话

教育目的

1. 熟悉简历构成的要素，掌握简历的撰写方法。
2. 了解简历的筛选规律，学会根据求职定位投递简历。
3. 掌握简历的优化技巧，提高简历投递成功率。
4. 学会借助 AI 程序完善简历。

第一节　简历的构成

奋楫笃行，履致践远

案例背景：

徐学姐，重庆某大学历史与社会学院 2023 级硕士研究生，曾就职于海亮集团有限公司。在校期间，她积累了丰富的学术和社会实践经验，为毕业后的职业发展打下了坚实的基础。

案例分析：

徐学姐在毕业后选择了从事社工工作，她主要从事项目专员的工作，包括科研申报、项目执行和组织管理等。对于应届生，这份工作带来了较大的压力，但提供了宝

贵的经验。她通过 BOSS 直聘找到了这份工作，并分享了利用该平台寻找合适职位的建议，如上传简历、查询公司资料、主动沟通等。她还提到，公益慈善行业目前正处于蓬勃发展阶段，建议有相关专业背景或兴趣的同学多参与讲座和公益活动，了解自己是否适合这个行业，并在工作中保持良好的心态和态度。她鼓励大家在求职过程中积极主动，不断提升自己。

解决思路：

一是明确职业方向，积极寻找机会。徐学姐通过 BOSS 直聘等平台积极投递简历，最终找到了适合自己的工作。二是积累经验，提升能力。在工作中，她面对各种挑战，通过实践不断提升自己的管理和解决问题的能力。三是保持良好心态，积极面对工作。她认为保持大方、随机应变、与时俱进和随心所欲的态度，有助于自己在行业中发光发亮。

案例总结：

徐学姐的成功经验在于明确职业方向、积极寻找机会、积累经验、提升能力和保持良好心态。她积极利用招聘平台，明确了自己的职业方向，找到了适合自己的工作。在工作中，她不断积累经验，提升自己的能力，同时保持良好的心态，积极面对工作中的挑战。她的经历告诉我们，在面对职业选择时，要明确自己的方向，积极寻找机会，不断提升自己的能力，并保持良好的心态。她的经验和建议对其他同学具有一定的借鉴意义。

> **名人名言**
>
> 人生最大的荣耀不在于从不跌倒，而在于每次跌倒后都能站起来。
>
> —— （苏格兰）托马斯·卡莱尔

简历一般包括基本信息、教育经历、实践经历、个人技能、自我评价等基本内容。

一、基本信息

（一）证件照

证件照会影响 HR 对求职者的第一印象，建议使用职业证件照。证件照简洁大方，可给 HR 留下良好的第一印象。使用生活照或微信头像等作为简历照片，会导致专业形象受损、不符合职业规范与行业标准、分散 HR 注意力、缺乏正式感、影响第一印象。

（二）姓名

填写简历时，应确保使用真实姓名。若姓名中包含生僻字，可在该字后标注拼音，以便 HR 准确识别与称呼。

（三）政治面貌

不同岗位对政治身份的要求存在差异。如果是正式党员或预备党员，在简历中标明这一身份，往往能成为求职的加分项。

（四）籍贯

若籍贯与意向单位存在地域关联，可将其写上简历；反之，标注目前所在城市即可，或标注未来意向工作城市。

（五）求职意向

求职意向需精准明确，具体指向某个工作岗位。HR 更倾向于招聘职业规划清晰的、愿意深耕特定领域的求职者。切忌在简历中营造一种什么工作都能做的全能人设，否则会使 HR 对其职业规划产生质疑，贴上"人才不稳定"的标签。此外，简历内容应与求职意向匹配。求职意向的撰写示例如图 7-1 所示。

| 意向岗位：管培生

电话：130-180-■■■■　　邮箱：23752■■■@qq.com
政治面貌：中共党员　　现居城市：重庆渝北

图 7-1　求职意向的撰写示例

> 点评：岗位要求不明确。管培生可分为营销管培生、运营管培生、财务管培生、技术研发管培生等。不同企业对同一岗位有不同名称，具体信息还需求职者仔细查看招聘要求，对号入座。

（六）手机号

填写手机号码时，建议采用"3-4-4"的分割格式，方便 HR 查看和联系。

（七）邮箱

填写邮箱时，应选择常用邮箱，以便及时接收重要信息。同时，邮箱命名需简洁规范，避免使用冗长复杂的名称。

（八）到岗时间

到岗时间是用人单位较为在意的信息，也是很多求职者容易忽视的细节。

二、教育经历

（一）教育背景

撰写教育背景时，应按照时间倒序呈现。若毕业于985、211 或"双一流"院校，可以进行重点标注，如通过加粗、加大字号等方式。

（二）入学和毕业时间

撰写简历时，应准确表述入学和毕业时间。入学和毕业时间的撰写示例如图 7-2 所示。

教育背景

2024.09至今　　　　　重庆××大学　　　　　市场营销　　　　　本科
◆ 主修课程：基本会计、统计学、市场营销、国际市场营销、市场调查与预测等
◆ 学业荣誉：校级奖学金6次（10%），国家励志奖学金，GPA：3.89

图 7-2　入学和毕业时间的撰写示例

> 点评：毕业时间写为"至今"是无效信息，HR 无法判断真实毕业时间。

（三）荣誉奖励和技术证书

罗列证书时，应重点列举能充分证明学习能力、工作能力的相关证书。

（四）主修课程

必要时，可选取和求职岗位匹配度高的课程进行罗列。

三、实践经历

（一）实践经历的顺序

在撰写实践经历时，可将与求职岗位匹配度最高的经历置于前，确保核心竞争力快速呈现；同时，可优先陈列实习与项目经历，并将其置于校园经历前。

校园经历的撰写示例如图 7-3 所示。

工商管理类三年级四班	心理委员	2020.9—2021.7

*策划能力：策划、开展院级、班级心理类主题活动3场
*创新能力：建立60余份个人心理档案；记录全班同学的活动参与情况，有效增强集体凝聚力
*学习能力：拓展相关知识，获校级心理委员培训证书、参与校级全国百佳心理委员评选
*执行能力：作为班委，代表班级参加"班级规划大赛"决赛，总排名第六

图 7-3　校园经历的撰写示例

（二）运用 STAR 法则准确表述相关信息

"STAR"是情境（Situation）、任务（Task）、行动（Action）、结果（Result）四项的英文首字母缩写。STAR 法则是一种常被面试官使用的工具，用于收集求职者与工作相关的具体信息和能力，可以更精确地预测求职者未来的工作表现。

例如，"在［公司名称］担任［职位］期间（Situation），公司面临［业务挑战，如市场份额下滑］（Task），我主导［项目名称］（Action），通过［具体行动，如市场调研、优化营销策略］，最终成功提升了公司市场份额［X］%（Result）"。但使用该法则时，应避免冗长描述，突出关键成果与贡献。

STAR 法则的运用示例如图 7-4 所示。

新东方	英语老师	2021.1—2021.6

· 授课期间，定期组织阶段检测和课室反馈，根据学生的学习效果制订相应的学习提升计划，授课以来学生英语平均成绩提升30分，续费率达80%
· 积极参加部门组织的磨课、评课、赛课等系列教研活动，进行本学科题库研究，独立完成试题解析，协助救学主管优化本学科题库及建设教学资源内容
· 定期收集各种教务数据（学生反馈、家长反馈），对其进行分析，复盘输出教学总结并及时调整教学策略，运用多种教学方式和管理技巧，调动学生积极性，学员转介绍达70%
· 利用微信、电话与学生、家长保持良好的沟通，解决家长的疑惑，及时反馈问题，调动家长积极性，提高配合度，收集问题点，优化教学方式，实现学生完课率90%，家长满意度95%

图 7-4　STAR 法则的运用示例

（三）概括关键能力

面对简历中的大量文字，为了突出能力与求职岗位的高匹配度，可将实践经历根据能力分类概括，也可在某段重要经历前后概括其核心能力。这个技能可用于简历的任何部

分，且可根据不同的工作内容灵活提炼适配的核心能力关键词。

总结自身优点和特质，并选用事实佐证。

（四）量化描述

运用 STAR 法则，最终要落在结果上，打动 HR 的关键在于结果的量化。量化描述可以反映求职者的能力高低。在简历表述中，由于文字表述主观性过强且不够直观，数据描述优于文字描述。具体量化方法如下。

（1）数据量化：如"用户留存率提升 15%"，而非"优化用户体验"。

（2）行业对比：如"代码效率超过团队平均水平 20%"。

（3）数据筛选：同一个事实，用不同的表述将呈现不同的结果。

STAR 法则在具体案例中的运用示例如下。

假设你从事卖饼工作，昨天你售出 10 张饼，今天售出 30 张饼，你将如何描述你的业绩？

（1）卖过两天烧饼：只陈述了事实，没有体现其具备的能力。

（2）两天一共售出 40 张饼：简单利用数字量化业绩。

（3）今天的销量较昨天增长了 2 倍：通过历史数据的对比，体现业绩的增长。

（4）在售卖烧饼时，通过不断根据客户需求更新话术，提高服务质量，在第二天实现回购率 100%，销量较第一天增长了 2 倍，为公司盈利×××元：利用"STAR 法则+量化描述"，结合不同指标，全方位描述业绩，体现对公司的价值。

四、个人技能

个人技能部分应罗列与岗位相关的技能与证书。例如，应聘程序员时，可列出掌握的编程语言、开发工具；针对证书，则挑选含金量高、与岗位匹配度高的进行展示，如注册会计师证书对应财务岗位。

个人兴趣及特长也可作为个人技能的补充，如热爱马拉松以突出自己抗压耐劳、身体素质好的特长。

五、自我评价

针对自我评价部分，很多求职者认为可有可无，但这一部分至关重要。它体现了求职者的个人品质与企业文化、岗位的融合度。个人评价的内容较为主观，描述时，应往企业文化、岗位需求靠近。自我评价的撰写示例如图 7-5 所示。

自我评价
性格特点：积极活跃，社交力强
个人规划：构建万物互联的智能世界，构建智慧生活全场景

图 7-5 自我评价的撰写示例

点评：这是一份求职华为客户经理的简历的自我评价部分。客户经理属于销售性质的岗位，要求求职者具有社交能力，且选取企业文化作为个人规划愿景。

想要自我评价显得客观，可以用事实进行举例。自我评价的事实举例如图7-6所示。

自我评价

*坚毅且执行力高：曾连续10个小时自研北大系合作公司软件和系统操作

*善良且感恩心强：去年春节发起帮助空巢老人的"火柴计划"公益活动

*阳光且善于交际：曾是院篮球队队员，大学期间创建和管理的社群达100+

图7-6　自我评价的事实举例

第二节　简历的撰写

 案例导入

及时自勉，岁月不待

案例背景：

朱同学是重庆某大学数学科学学院数学与应用数学（师范）专业2019级的学生，大学期间担任四年年级长，多次获得奖学金及学科竞赛奖项，毕业后在重庆市某一实验中学担任高中数学教师。在大学期间，朱同学面临着职业规划的迷茫，需要在考研与就业之间作出选择，同时在个人能力提升和角色转变过程中也遭遇了诸多挑战。

案例分析：

朱同学面临两大困难：其一，在职业规划上，初入大学时对未来方向迷茫，虽担任年级长并了解了一些毕业去向，但仍需在考研与就业之间进行深入思考和权衡，明确自身的职业道路；其二，在个人能力提升和角色转变方面，从大一上台讲话紧张、效果不佳，到大学最后一次上台能流利表达，需要克服自身心理障碍，提升语言表达等综合能力；在从学生到教师的角色转变过程中，需要适应新的身份和工作要求，面临实践经验不足等问题。这些困难背后的影响因素包括对自身职业兴趣和能力的认知不足、缺乏实践锻炼以及职业规划的复杂性。

解决思路：

其一，在职业规划方面，通过担任年级长了解学长学姐毕业去向，在师范类课程学习中明确教师所需的知识和能力，学习简历准备相关内容，以加深对就业的认识，大三下学期实习时积极与学生相处，体验教师职业的魅力，从而坚定就业选择。其二，在个人能力提升方面，通过多次上台锻炼，克服紧张情绪，提升语言表达能力；在实习中，将理论知识与实践相结合，逐步适应教师角色，提升教学能力。其三，在给不同年级学弟学妹的建议中，针对大一学生，建议快速适应大学生活，兼顾学习和能力培养；大二学生积极锻炼写教案、讲课能力，参加师范生技能比赛；大三学生在实习中实现理论与实践结合，综合多方面因素，谨慎选择毕业去向；大四学生根据考研或考编需求，用心备考，同时把握就业机会，理性看待编制问题。

案例总结：

朱同学的成功经验在于积极探索职业方向，通过实践和学习明确就业目标，在个人能力提升和角色转变中不断努力。未来建议朱同学在教师岗位上，持续提升教学专业能力，创新教学方法，关注学生个性化需求，加强与家长和同事的沟通协作，注重自身心理健康，在教育领域不断成长，为学生的数学学习和全面发展贡献更多力量。

名人名言

选择职业是人生大事，因为职业决定了一个人的未来。

——（美国）罗伯特·罗素

在撰写简历之前，求职者首先需要仔细研究和分析目标岗位的具体需求。了解招聘单位对候选人的期望和要求，包括必备的技能、经验、教育背景等。通过深入研究岗位描述，求职者可以更好地定位自己的优势和劣势，从而有针对性地展示自己的能力和经历，确保简历内容与岗位要求高度契合。如果对多个岗位均有求职意向，应避免"一份简历投多岗"，而应根据不同岗位招聘需求制作与之相匹配的简历，做到"一岗一简历"。

一、明确岗位要求

求职者应根据目标岗位的招聘要求，特别注意招聘时明确列出的各种软性技能或硬性技能的需求。一般来说，需要了解的内容包括岗位核心职责、专业技能要求、知识储备要求、工作经验要求、能力素质要求等。

二、梳理岗位要求

梳理岗位要求是制作简历的开始。求职者应针对岗位要求，选取所需的能力，删去其他无用、无关信息，做到"一岗一简历"。简历人设不以完美为追求，而是贴合岗位要求，求职者可以从以下几个方面入手。

（1）角色定位：明确当前职业身份及发展方向。

（2）价值定位：思考自己的核心价值，明确自己能为企业解决哪些问题。

（3）硬性实力：包括技能证书、项目成果。

（4）软性实力：如学习能力、抗压能力等。这些软性实力的标签可以作为关键能力放于实践经历前后。

（5）差异化特质：总结为"人无我有，人有我优"。这包括自己对特定领域的深度理解、行业人脉等资源积累、跨界的复合背景带来的独特视角。

（6）文化适配：与企业价值观的契合点。

三、重视简历排版

一份优质的简历不仅应包括充实的内容，还应包括清晰、美观的版式设计。制作简历时，求职者应合理安排版面布局，确保信息层次分明、重点突出；使用简洁明了的语言，避免冗长、复杂的句式；同时，注意字体大小、颜色和加粗等细节，确保简历整体整洁、专业。精心设计的版式可以更好地吸引招聘方的注意力，提高简历的阅读体验。

了解了简历要素，明确了岗位要求和自身优势后，求职者应注意呈现形式的要点。

（1）整体布局：简历分为横版和竖版。横版更符合阅读习惯、更简洁；竖版适合内容较多的简历。简历示范如图7-7、图7-8所示。

手机：█████████████   邮箱：█████████████   性别：男

求职意向

- 水产养殖技术员

教育经历

| 乔布农业大学 | 水产养殖学 | 本科 | 2022.09—2026.07 |

- GPA：3.6/4.0，专业排名前3；连续2年获得学业奖学金；英语6级（610）

水产养殖实习

| 乔布渔业有限公司 | | 实习生 | 2024.12—2025.03 |

- **病害诊断与处理**：协助技术员进行鱼虾病害的诊断与处理，学习如何通过观察鱼虾的行为、外观和摄食情况判断健康状况，并使用显微镜和化学试剂进行病原体检测，参与制定并实施治疗方案，包括药物投放和病害预防措施；
- **参与投喂管理**：根据不同鱼类的生长阶段和营养需求，科学制定饲料配方和投喂计划；熟悉不同类型饲料的特性及其对鱼类生长的影响，掌握精准投喂技术，避免饲料浪费和水质污染；
- **饲料配方调整**：根据鱼类的生长周期、季节变化和市场需求调整饲料配方，参与配制高蛋白、高能量饲料，确保养殖鱼类获得最佳营养，通过理论学习和实际操作，掌握饲料成分的配比原则和加工技术；
- **养殖场日常管理**：记录养殖日志、整理设备、维护养殖环境等，了解养殖场的整体运作流程，从水质管理、鱼虾养殖到设备维护，全面提升综合管理能力；通过与团队成员的合作，培养了良好的团队协作和沟通能力。

| 乔布水产养殖公司 | | 实习生 | 2024.07—2024.11 |

- 检测溶解氧、pH值、氨氮、亚硝酸盐等关键水质指标，每周汇总数据，发现异常情况及时上报并采取相应措施
- 熟练掌握多种水质检测方法，如化学试剂法、电极法和比色法，能够独立操作溶解氧测定仪、pH计和分光光度计
- 每周编写水质报告，包括各项指标的数值变化、异常情况及解决措施，报告供公司内部和外部客户参考使用
- 参与制定和优化养殖池塘的水质管理方案，通过与技术团队合作，提出合理的换水、增氧和投饵等管理建议

项目经历

| 一体化智能水质监测系统 | 大学生创新创业项目 | 2023—2024 |

- 负责项目的技术开发与实现，设计并优化水质传感器，编写数据处理程序，实现水质的实时监测与预警
- 参与撰写并提交项目商业计划书，详细分析产品特点、市场需求、竞争环境及盈利模式，获得省级二等奖

| 水质改良剂对虾塘水质的影响 | 校级实验室项目 | 2022—2023 |

- 严格遵循标准操作规程，从多个实验虾塘中定期采集水质样品，样品采集后立即进行预处理（包括过滤和储存）
- 测定水样中的溶解氧、pH值、氨氮、硝酸盐、亚硝酸盐等关键指标，识别水质改良剂的作用效果和影响范围
- 使用Excel和SPSS整理分析实验数据，对不同处理组的水质指标进行对比分析，绘制可视化图表清晰展示实验结果
- 协助导师撰写研究论文，整理实验数据和分析结果，编写实验方法和结果部分，参与讨论和修改论文的结构和内容

校园经历

| 水产养殖协会 | 副部长 | 2023.09—2024.09 |

- 参与组织并开展多次校内外技术交流活动，邀请行业专家讲座，提高会员的专业知识与实践技能
- 策划"校园水产养殖体验日"活动，通过互动展览、现场操作演示和知识竞赛，普及水产养殖知识

荣誉奖励&技能证书

- 熟练掌握AniView、PS、SPSS、Loupe等软件，熟练操作qRT-PCR，细胞解离培养，HE染色实验
- 第二届"ASDCI"全球免疫学大会优秀报告奖、第四届乔布省"互联网+"大学生创新创业大赛省级二等奖

图7-7 简历示范（一）

应聘岗位：分团委学生书记

📞 ▇▇▇▇▇▇▇▇ ✉ ▇▇▇▇▇▇

学业情况

学院：经济与管理学院

年级专业：2020 级市场营销

GPA：3.78

排名：10/197

个人技能

办公类：PowerPoint 熟练

Excel 熟练

Word 熟练

Python 了解

语言类：CET-4（504）

自我评价

积极进取、勇于尝试、善于总结；

极强的适应能力和团队意识；

良好的人际交往能力和表达能力。

兴趣爱好

演讲　　朗诵　　美术

任职经历

| 学院分团委组织部 | 主要负责人 | **2021.9 至今** |

*组织协调能力：协助团委加强全院共青团思想建设、共青团干部培养和管理；管理团籍 1 900 余份

*团队协作能力：带领部门人员完成常规、专项工作，参与院级大型活动的开展与举办 5 场

| 学院第十四届青马初级班 | 班主任 | **2021.11 至今** |

*宣传管理能力：负责宣传招生，报名率占全院学生 16%，制定初级班培养方案、细化结业考核标准

| 工商管理类三年级四班 | 心理委员 | 2020.9—2021.7 |

*策划能力：策划、开展班级、院级心理类主题活动 3 场

*创新能力：建立 60 余份个人心理档案；记录全班同学活动参与情况，有效增强集体凝聚力

*学习能力：拓展相关知识，获校级心理委员培训证书、参与校级全国百佳心理委员评选

*执行能力：作为班委，代表班级参加"班级规划大赛"决赛，总排名第六

项目经历

| **"重走长征路，研学奋斗史，筑梦新征程" 实地调研** | | 成员 |

协助策划前往西安、延安进行暑期"三下乡"学习，参与实地个人领学、线上微团课录制，该项实践活动被国家级媒体报道 1 次、省市级媒体报道 2 次、校级媒体宣传报道 10 余次、撰写的调研报告被推荐参加重庆市优秀调研报告评选

实践经历

| 京东物流西南 | 西南校园大使 | **2021.2.8 至今** |

*认真负责：协助总部在西南地区高校的招聘工作，宣传社群、京东校园业务，协助项目落地与推广，参与西南总部游学项目，在工作中与其他校园大使交流学习

| 永辉股份有限公司分店 | 销售人员 | 2021.1.22—2021.2.10 |

*适应能力：此前从未接受相关培训与学习，能快速适应环境，掌握商品特性

*抗压能力：连续四天业绩**第一**，连续两天所有门店排名**前三**，被评为"优秀员工"

荣誉奖励

目前在校期间共获荣誉奖项**国家级 2 项、校级 5 项、院级 5 项**

*奖学金：综合奖学金 2 次、**国家励志奖学金** 1 次

*专业技能：东方财富杯金融精英挑战赛 优秀奖（国家级）

*演讲口才：重庆××大学首届法治演讲比赛 一等奖（校级）

　　　　　第九届"新生杯"辩论赛 单程赛最佳辩手（院级）

*创新创业：重庆××大学"学创杯–创业综合模拟赛"三等奖（校级）

*荣誉称号：演讲与口才兴趣小组 "优秀组员"

图 7-8　简历示范（二）

（2）内容排版：为避免大段文字堆砌，应去掉不必要信息；拉宽段间距和行间距，调节字号大小、笔画粗细以及颜色深浅，凸显重要内容；不同内容划分可使用分割线或者色块。

（3）字体与字号：选用简洁易读的字体，如宋体、黑体、微软雅黑等。标题字号可设置为16~18号，突出醒目；正文内容设为12~14号，保持阅读舒适度。不同内容标题可通过加粗、变色等方式区分，增强层次感。

（4）色调选择：简历的颜色最好只有1~2种，通常以白色、灰色、蓝色、黑色为主；为避免过于普通，可从校徽或求职公司的Logo上选取颜色。

（5）图标修饰：包含大量文字的简历会显得单调，可适当加入一些图标元素以丰富页面。

（6）页面导出：为了防止打开乱码，可另存为PDF，文件可以"岗位+学校+姓名+联系电话"的格式命名。

第三节　善用 AI 优化简历

案例导入

与时俱进、一路向前

一、基本信息

姓名：胡璐。

毕业年份与专业：2019年毕业于重庆某大学，专业为音乐（教师教育）。

二、就业经历

胡璐自2016年开始创业，先后创立了多个项目。从打造原创太阳眼镜品牌，到创立智能化家政品牌，再到启动直播电商项目，她不断适应市场变化，开拓创新，在不同领域积极探索发展。

三、典型事迹

1. 原创设计，打造时尚品牌

2016—2018年，胡璐创立了"eleven太阳眼镜"品牌，将美术学院产品设计与音乐学院理念相结合，进行独立设计和推广运营。该品牌秉持"活力、青春、张扬"的理念，推出多款产品，获业界和客户好评。

2. 科技引领，革新家政行业

2019—2022年，胡璐创立蓝族家政品牌，以新兴智能化科技为引领，与多家家政公司合作，提供综合服务，提升客户体验，保障从业人员权益，树立了良好品牌形象，解决了多人就业问题。

3. 紧跟趋势，转向直播电商

2021年12月起，胡璐带领团队在深圳启动"古星人科技直播带货"项目，借助优质货源和运营主播模式，发展迅速，直播间最高在线人数达10 000人，带货数量超2 000种，收获大量粉丝。

四、感悟与展望

胡璐在创业道路上不断进取，她表示将继续秉持"宝剑锋从磨砺出，梅花香自苦寒来"的信念，克服困难，追求进步，在创业领域持续探索，力求取得更好成绩，为社会创造更多价值。

名人名言

人生在世界是短暂的，对这短暂的人生，我们最好的报答就是工作。

—— （美国）托马斯·阿尔瓦·爱迪生

在人工智能时代，各类工具为大学生制作简历提供了极大便利。合理运用人工智能以及简历制作软件，能让简历脱颖而出，提升求职竞争力。

许多平台都推出了智能简历生成器，大学生只需在模板中填入个人基本信息、教育背景、实习经历、项目经验等内容，便能自动生成格式规范、排版美观的简历。在市面上的智能简历生成器中，职徒简历的模板丰富、排版智能、AI 诊断高效，知页简历的模板专业、操作简单、含 AI 代写，笔灵 AI 能快速生成简历，并对简历进行润色，ResumeGlow 能优化关键词。以下以乔布简历和中国教育在线的神笔简历为例，进行具体介绍。

一、乔布简历

乔布简历是由上海乔布堂信息科技有限公司与多家 985 高校联合开发的一款专业简历制作工具，采集了 300 多家企业 HR 的专业意见。乔布简历为用户提供了简历模板和岗位信息，可以帮助用户快速在线制作一份专业的简历。

（一）丰富的模板资源

乔布简历拥有 3 200 多款简历模板，涵盖八大模块，精准匹配全行业、多岗位，能满足不同专业和求职方向的需求。例如，市场营销专业的大学生，可选用专门突出市场推广、活动策划经历的模板，将实习中参与的项目成果醒目展示；而针对应聘金融分析师岗位的大学生，其简历模板可着重突出专业学历、实习经验等关键信息，使简历更具专业性和针对性。

乔布简历的智能指导与编辑呈现便捷性。在编辑简历时，蓝色智能提示全程相伴，从内容填写到格式调整，一步步指导用户轻松制作简历。同时，它解决了 Word 制作简历时格式易混乱的难题，点击内容即可直接编辑，使调整简历格式变得更简单、高效。

（二）内容优化与建议

当用户完成简历后，乔布简历的 AI 简历修改功能可实现一键润色简历。它可从教育、经历、技能、措辞等多维度进行分析，指出潜在错误和内容的不一致之处，优化内容措辞，提炼岗位重点内容，还可根据应聘岗位提供短期和长期职业规划建议，帮助大学生提升简历的专业性和竞争力。

（三）配套求职服务

乔布简历不仅是一种简历制作工具，还提供丰富的求职服务。其 App 集简历点评、面试经验、职场着装、校园招聘等信息于一体，还为求职者提供了海量全职、兼职、实习职位，支持一键简历速投，实时查看投递状态并与 HR 在线聊天。此外，通过职场社交小组，用户能交流简历制作、求职面试技巧，获取笔试经验、面试经验等实用信息。

二、神笔简历

中国教育在线旗下的神笔简历是一款基于人工智能技术开发的 AI 就业指导服务产品，旨在帮助求职者提升简历撰写能力，提高求职成功率。该产品依托百度文心一言 AI 大模型，为用户提供个性化简历生成、简历优化、自动排版以及 AI 面试预测等功能，广泛应用于高校毕业生的就业指导中。

（一）功能特点

（1）个性化简历生成：根据用户的个人信息和职业目标，智能生成内容突出、符合市场需求的简历，确保简历的独特性和吸引力。

（2）简历优化与自动排版：通过 AI 技术对已有简历进行优化，使其更加充实和专业，同时支持一键生成和自动排版，节省用户时间。神笔简历示例如图 7-9 所示。

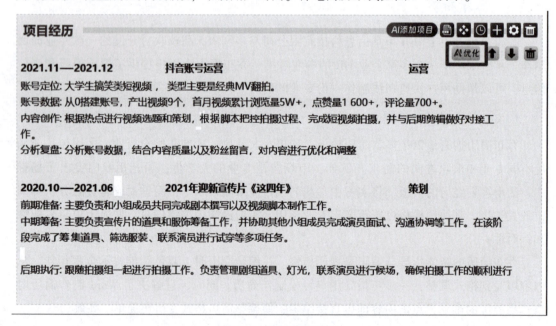

图 7-9　神笔简历示例

（3）AI 面试预测与模拟：提供面试题预测和模拟服务，帮助用户熟悉面试流程，提高面试表现。

（4）简历诊断与自荐信生成：针对求职者简历中的不足之处进行诊断，并自动生成高质量的求职自荐信，进一步提升求职竞争力。

（二）应用场景

（1）高校就业指导：神笔简历已在全国多所高校的招聘会中亮相，如新疆工程学院、兰州职业技术学院、重庆轻工职业学院等，受到毕业生的热烈欢迎。学生通过使用该工具，能够快速高效地完成简历制作，并获得个性化的职业规划建议。

（2）校园推广活动：中国教育在线通过举办校园招聘会、就业指导讲座等活动，将神笔简历推广至更多高校，帮助应届毕业生提升求职技能。

（3）线上平台支持：用户可以通过专属链接或登录入口访问神笔简历平台，使用其提供的 AI 功能完成简历制作和优化。

（三）用户评价与认可

神笔简历因其高效便捷的特点，受到了广大求职者的高度评价。许多大学生表示，通过使用该工具，他们不仅学会了制作高质量简历的方法，还提升了面试技巧和自信心。

该产品还被多所高校列为专属就业指导的工具，并为 2025 届和 2026 届毕业生提供免费服务。

（四）技术优势

神笔简历基于百度文心一言 AI 大模型研发，具备强大的数据处理能力和个性化定制能力。其生成的简历重复率极低（十亿分之一），能够充分满足不同求职者的需求。

除了简历制作外，神笔简历还提供 AI 面试预测、职场适应建议等全方位服务，帮助求职者从"学生"角色顺利过渡到"职场人"角色。

（五）简历服务内容板块

在简历服务方面，神笔简历提供了 AI 简历智写、AI 简历优化和求职自荐信三个内容板块。

1. AI 简历智写

大学生只需要输入公司名称、岗位名称，选择工作经验，AI 就会帮助他们分析这个岗位所涉及工作内容的关键词。例如，大学生在这份工作中进行了竞品分析、运营报告撰写、用户行为分析，在选择关键词后，生成内容，即可获取一份完整的工作经历描述。因此，大学生可以针对不同的岗位制作有针对性的简历。

2. AI 简历优化

AI 会根据大学生原先简历中描述的公司名称、岗位名称、学生的工作经验以及相关工作内容自动优化并生成一份更加充实、完整、有数据支撑的工作经历描述，如图 7-10 所示。

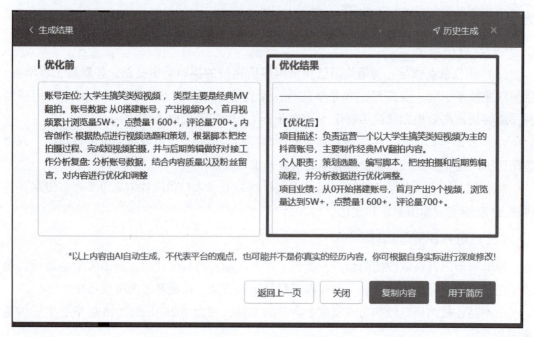

图 7-10　AI 简历优化

3. 求职自荐信

除 AI 简历智写、AI 简历优化之外，神笔简历还有一个非常有用的功能，即 AI 可以根据大学生提供的岗位名称及其身份信息生成一份高质量的自荐信，大学生结合自身实际情况稍作修改即可使用。这封自荐信不仅语言更加流畅、准确，内容和格式也完全符合求职的规范和要求，如图 7-11 所示。这一功能可以帮助大学生节省大量的时间和精力，让他们更专注于提升自己的专业技能和个人素质。

图 7-11　自荐信 AI 生成

大学生准备好简历和自荐信后，就可以寻找心仪的岗位，进行投递和面试。在这个过程中，AI 还可以帮助大学生进行岗位面试题目的预测。大学生只需要输入即将面试的公司名称、岗位名称，选择自己的身份信息，AI 算法就可以进行有针对性的面试问题预测。大学生可以通过 AI 的帮助更好地了解和准备面试，从而提高面试的通过率。预测的面试题目包括通用问题、专业能力等，多个方面供大学生参考，并且每一道题都包含答案解析。

AI 会从多个领域的数据库中提取与问题相关的信息和知识点，并且利用算法和大数据模型进行推理和计算，帮助大学生得出更准确且全面的答案，如图 7-12 所示。

图 7-12　岗位面试预测

三、20 个简历润色专用指令

（1）请将我的校园项目经历重新润色，突出我在团队中的角色和成果。

（2）请帮我优化这段学生会工作描述，强调组织协调能力。

（3）请把这段社团活动经历改写成更能体现领导力的表述。

（4）请改写我的实习经历，用数据量化工作成果。

（5）请优化这段获奖经历，突出奖项的含金量和对求职的价值。

（6）请帮我把课程学习部分描述得更贴合目标岗位需求。

（7）请将这段技能描述调整为突出我快速学习新技能的能力。

（8）请改写这段自我评价，使其更能展现我的职场潜力。

（9）请优化我在志愿者活动中的表现，体现团队合作能力与责任心。

（10）请重新梳理简历结构，突出应届毕业生优势。

（11）请润色这段毕业设计介绍，强调解决问题的思路和方法。

（12）请帮我把参与的学术研究经历描述得更专业、更具吸引力。

（13）请优化这段校园比赛经历，突出竞争优势和应变能力。

（14）请改写这段兼职工作经历，体现抗压能力和工作效率。

（15）请把我的兴趣爱好描述得更能反映与目标岗位相关的特质。

（16）请帮我改写简历中的语言，使其更符合职场用语规范。

（17）请在简历中增加体现学习能力强的表述和示例。

（18）请优化这段简历中使用的动词，增强表述的行动力。

（19）请帮我把简历中的内容按照目标岗位关键词进行优化。

（20）请重新撰写简历中的求职意向，使其更精准、更具针对性。

课后实践

体验一次生涯幻游，并回答后面的问题。

生涯幻游

现在，时光隧道将大家带到了毕业十年后的某一天。

早晨，我慢慢地睁开眼睛，看到天花板了吗？是什么颜色的？感到温馨吗？

起床后，我是匆匆忙忙洗把脸冲出去，还是喝杯水后开始洗漱？洗漱间有多大？装修是什么风格？

好，该吃早饭了。我是出去买早餐还是在家里吃？吃的是什么？有人与我一起吃吗？我们之间有交流吗？交流什么？

我走到衣柜前准备挑选衣服。我的衣柜里供选择的衣服多吗？我选择什么样的上衣、穿什么样的裤子、搭配什么样的鞋子呢？我对自己的着装打扮满意吗？

该去上班了。离开家之前，我回头看了看自己住的地方。这是什么样的房子？这个地方的环境如何？我乘坐的交通工具是什么？有人与我同行吗？他们是谁？

即将到达工作地点，我首先注意了一下我工作的地方。这个地方给我的感觉如何？

进了单位，同事们是如何称呼我的？

我是独立办公，还是和很多人一起办公？我走到了自己的办公桌前，开始安排我上午的工作。工作内容是什么？跟哪些人一起工作？工作中用到什么东西？是我喜欢做的事情吗？

我的午餐如何解决呢？和谁一起去吃饭？吃什么呢？午餐吃得愉快吗？

下午的工作内容与上午有什么不同吗？都做了些什么？我上下班有固定的时间吗？

十年过去了，我的生活是什么样的呢？下班后，我是直接回家，还是要去办一些事情，或是参与一些活动？

回家了。和我一起生活的人是谁？他们在干什么？他们欢迎我回家吗？我对家的感觉如何？回家后我都做了些什么事情？我会与他们分享自己的工作吗？

接下来是休息时间。我躺在床上，回忆着今天的工作与生活。今天过得愉快吗？

我从事的工作是我想要的吗？对工作环境、福利待遇满意吗？我从事的职业与我所学专业有关系吗？我的什么能力对自己帮助最大？哪些东西对自己的负面影响最大？

要不要许一个愿望？许什么样的愿望呢？如果重新选择职业，我还会选这个职业吗？

（资料来源：钟谷兰、杨开，大学生职业生涯发展与规划，华东师范大学出版社，2016年）

记录下生涯幻游的内容。

_____

_____

_____

1. 我工作十年后所从事的工作状况描述

（1）职业是_____

（2）工作内容是_____

（3）工作场所在_____

（4）工作场所周围的环境是_____

（5）工作场所周边的人群是_____

2. 我工作十年后的生活状况的描述

（1）婚姻状况为□已婚　□未婚，概要情况是_____

（2）家中有子女_____人，概要情况是_____

（3）与父母同住吗？□是　□否

（4）家庭住址是_____

（5）居住地周围的环境是_____

（6）居住地周围的人群是_____

3. 请回忆并回答下列问题

（1）你在进行幻游时，印象最深刻的画面是什么？

（2）你对自己从事的工作满意吗？原因是什么？

（3）对自己的生活状态满意吗？原因是什么？

（4）你从事的工作与所学专业有什么关系？

（5）如果让你重新选择职业，你还会选择这样的工作吗？为什么？

（6）你会用哪些词语总结或描述自己的大学生活？

（7）你在幻游中的职业任务与现在的目标最大的不同点是什么？

（8）你在幻游后，最深的感受是什么？

第八章
大学生应聘注意事项

 本章导读

　　中国梦是历史的、现实的，也是未来的。中国梦凝结着无数仁人志士的不懈努力，承载着全体中华儿女的共同向往，昭示着国家富强、民族振兴、人民幸福的美好前景。

　　中国梦是国家的、民族的，也是每一个中国人的。国家好、民族好，大家才会好。只有每个人都为美好梦想而奋斗，才能汇聚起实现中国梦的磅礴力量。

　　中国梦是我们的，更是你们青年一代的。中华民族伟大复兴终将在广大青年的接力奋斗中变为现实。

　　　　——2013年5月4日，习近平在同各界优秀青年代表座谈时的重要讲话

 教育目的

1. 熟悉大学生应聘流程，积极冷静应对每个环节。
2. 熟练运用结构化面试与小组面试的破题技巧。
3. 提前了解笔试相关情况，不打无准备之仗。
4. 规避劳动合同签订过程中的法律风险。

第一节　熟悉应聘流程

📖 案例导入

脚踏实地，砥砺前行

案例背景：

　　李同学是重庆某大学地理与旅游学院地理科学专业2018级的学生，从大一开始创业，他的创业路线为"打造学友圈App——成立爱齿康白创业平台"，通过在重庆大学城

开拓市场，他积累了丰富的创业经验。他希望分享自己的创业经验，为有创业想法的学弟学妹提供参考。

案例分析：

李同学在创业过程中面临两大困难：一是在打造学友圈 App 时，如何获取流量和形成品牌效应，同时平衡创业与学业；二是在成立爱齿康白创业平台后，如何应对市场的不确定性以及公司内部管理和发展问题。这些困难背后的影响因素包括缺乏创业经验、市场竞争激烈，以及对行业趋势判断的不确定性。

解决思路：

一是在打造学友圈 App 阶段，通过提供免费公益服务，如线下免费读书活动、交友活动、最后一公里服务等，进行引流，同时借助学院提供的办公地点和创业指导，积极参加创业大赛获取资金和经验，提升平台知名度；二是在成立爱齿康白创业平台后，深入调研市场，结合市场需求和自身对行业趋势的判断确定公司定位，包括装修、色调搭配、区域分配等，制订合理的员工薪酬激励、团队任务分配和绩效考核制度；三是通过兼职卖手机、销售电话卡等方式维持公司运营，坚持给团队发补贴，共渡难关。

案例总结：

李同学的成功经验在于敏锐捕捉市场机会，勇于尝试，不断学习和调整创业策略，同时保持初心，注重团队建设。未来建议李同学持续关注市场动态和行业趋势，加强公司品牌建设和技术创新，提升核心竞争力；在团队管理方面，进一步完善人才培养和激励机制，吸引和留住更多优秀人才，推动公司持续健康发展，在创业道路上取得更大成就。

> **名人名言**
>
> 欲为天下第一等人，当做天下第一等事。
>
> ——明·胡居仁

大学生应聘流程是一个复杂且系统化的过程，涉及从自我评估到最终签约等多个环节。这一过程不仅需要求职者具备扎实的专业知识和技能，还需要求职者具备良好的心理素质和沟通能力。以下将从准备阶段、简历投递阶段、笔试阶段、面试阶段及签约阶段详细阐述大学生应聘的完整流程。

一、准备阶段

在求职之前，大学生需要进行充分的自我分析和职业规划。这一步骤是整个求职过程的基础，也是求职成功的关键。

（一）自我分析

求职者需要结合自身实际情况，明确自己的兴趣爱好、专业技能以及职业目标。例如，求职者可以通过 SWOT 分析法全面评估自己的能力和职业定位。其中，"S"是指"Strength"，即优势；"W"是指"Weakness"，即劣势；"O"是指"Opportunity"，即机会；"T"是指"Threat"，即威胁。

（二）设定就业目标

求职者可以根据个人特点和市场需求，设定明确的就业目标，包括地域范围、行业类型以及具体岗位。这有助于缩小求职范围，提高效率。

（三）收集就业信息

求职者可以通过报纸、网络、招聘会等渠道，积极获取招聘信息；同时，关注目标企业的招聘动态，避免错过重要机会。

（四）简历准备

简历是求职的第一步，也是最重要的一步。求职简历范本如表 8-1 所示。简历应简洁明了，突出与岗位相关的经历和技能，避免冗长和无关内容。例如，求职者可以按照"标题+基本情况+求职意向+教育背景+社会经验+所获奖励"的格式进行简历撰写。

表 8-1 求职简历范本

姓名		性别		出生年月		民族		照片
籍贯		政治面貌			健康状况			
户口所在地		身份证号码				身高		
学历		何时何院校何专业毕业						
学位								
专业技术职称		熟悉何种外语及程度			计算机应用能力			
参加工作时间			擅长何种工作					
应聘何职位				待遇要求				
详细通信地址			邮政编码			联系电话		
个人主要简历及主要业绩								

（五）面试准备

面试是用人单位考核求职者综合素质的重要环节。求职者需要提前准备自我介绍、回答常见问题以及展示自己的专业能力。

二、简历投递阶段

简历投递阶段是求职者将简历投递到目标企业的关键环节。这一阶段通常采用网申、现场投递和邮件投递等投递方式。投递简历后，还要跟进投递结果。

(一) 网申

网申是目前最普遍的投递方式之一。求职者可以通过企业官网或招聘平台提交简历。在网申时需注意简历命名的规范性，如"学校+姓名+性别+学历+应聘岗位"。

(二) 现场投递

在校园招聘会或企业举办的宣讲会上，求职者可以直接递交简历。这种方式适合需要展示个人风采的场合。

(三) 邮件投递

邮件投递适用于一些大型企业或海外公司。求职者需在邮件中附上简历，并注明联系方式和求职意向。

(四) 跟进投递结果

投递简历后，求职者应主动联系招聘单位，了解简历筛选情况及后续安排。例如，求职者可以通过电话、邮件或网络联系招聘负责人。

三、笔试阶段

多数企业在收到简历后，会在1~2周内发出笔试通知，并根据招聘季节（如春招或秋招）和企业安排进行笔试。因此，求职者需要密切关注简历投递后的邮件通知，并提前做好准备，以确保顺利参加笔试。

一般情况下，笔试顺利通过后，求职者可能就会接到初次面试的通知。有的企业直接通知求职者参加初次面试，但是在初次面试之后会再加一次笔试；也有的企业直接略过笔试环节，通知求职者参加初次面试，将相关专业问题直接在面试中提出。以上情况均可能出现，也都无不妥之处，主要根据企业的时间安排确定。

四、面试阶段

面试阶段是用人单位对求职者进行综合评估的重要环节。这一阶段通常包括初次面试、复试以及最终面试。

(一) 初次面试

初次面试通常是电话或视频面试，主要考核求职者的语言表达能力和基本素质。例如，常见的问题包括"你为什么选择这个岗位""你最大的优点是什么"等。

(二) 复试

复试通常是面对面面试，考察求职者的专业能力和岗位匹配度。例如，复试中可能会涉及专业知识测试、案例分析和行为面试。

（三）最终面试

最终面试是用人单位高层领导与求职者进行的深度交流。此时，求职者需展示自己的职业规划和对企业的理解。

在面试过程中，求职者需保持自信和冷静，注意非语言信号，如眼神交流、肢体语言，以及回答问题时的逻辑性和条理性。

五、签约阶段

（一）签约主要流程

签约阶段是求职者与用人单位达成就业协议的关键环节。

1. Offer 洽谈

当求职者通过所有面试后，用人单位会发放录用通知（Offer）。此时，求职者需与用人单位就薪资待遇、工作地点等细节进行谈判。

2. 签订协议

在确认薪资待遇后，双方签订就业协议书。协议书中需明确双方的权利和义务，如违约金条款等。

3. 入职准备

签约完成后，求职者需按照用人单位的要求准备入职材料，并按时报到。入职材料包括身份证、毕业证等相关证件。

（二）签约要点分享

在求职过程中，签订劳动合同是求职者正式成为企业员工的关键环节。这一环节不仅关乎求职者的权益保障，还涉及诸多法律细节。因此，求职者需要在签约前做好充分的法律认知准备，掌握核心条款，规范签约流程，并学会运用风险防范工具。

1. 劳动合同基础框架

劳动合同是明确用人单位与劳动者权利义务的法律文件。了解劳动合同的基础框架，有助于求职者识别合同类型，明确合同必备条款。

（1）合同类型辨识。

大学毕业生签订的主要有固定期限劳动合同、无固定期限劳动合同和实习协议三类。

①固定期限劳动合同：在约定期限内有效，适用于项目制岗位。例如，某软件开发公司与程序员签订的劳动合同期限为两年，即为固定期限劳动合同。

②无固定期限劳动合同：未明确终止时间，通常适用于长期稳定岗位。根据《中华人民共和国劳动合同法》，劳动者在同一用人单位连续工作满十年，或连续订立两次固定期限劳动合同后，可要求签订无固定期限合同。

③实习协议：明确大学生身份，不适用《中华人民共和国劳动合同法》规定的最低工资标准。实习协议主要适用于在校大学生，目的是为大学生提供实践机会，而非建立正式

劳动关系。

（2）合同必备条款。

根据《中华人民共和国劳动合同法》第十七条，劳动合同应当具备以下条款：①用人单位的名称、住所和法定代表人或者主要负责人；②劳动者的姓名、住址和居民身份证或者其他有效身份证件号码；③劳动合同期限；④工作内容和工作地点；⑤工作时间和休息休假；⑥劳动报酬；⑦社会保险；⑧劳动保护、劳动条件和职业危害防护；⑨法律、法规规定应当纳入劳动合同的其他事项。

例如，一份规范的劳动合同应明确写明工作地点为"北京市海淀区××路××号"，岗位职责为"负责市场调研与数据分析工作"，薪资结构为"基本工资 5 000 元+绩效工资 2 000 元"，社保缴纳标准为"按照北京市社保缴纳基数执行"。

2. 劳动合同条款审查要点

劳动合同的核心条款直接关系求职者的权益保障，因此需要仔细拆解和甄别。

（1）薪资结构拆解。

薪资是劳动合同中最受关注的部分，求职者需要了解薪资结构的构成要素，并掌握一些注意事项。

①薪资结构构成要素：基本工资占比应不低于60%，以确保社保缴纳基数合理。例如，某员工月薪 10 000 元，基本工资应不低于 6 000 元，这样社保缴纳基数才符合规定。

②绩效工资应明确考核公式：例如，"绩效工资=销售额×3%+客户满意度×2%"，这种明确的公式能够帮助员工清楚了解绩效工资的计算方式，避免因考核标准不明确而引发争议。

③补贴项：交通补贴、餐补等补贴项应写入合同附件。例如，公司每月提供 500 元交通补贴和 300 元餐补，应在合同附件中明确列出，确保员工权益。

（2）注意事项。

①警惕"年薪打包制"：一些用人单位采用"年薪打包制"，模糊月薪构成，可能导致社保缩水。例如，公司承诺年薪 12 万元，但未明确月薪构成，社保缴纳基数可能低于实际工资水平。求职者需要求明确月薪构成，确保社保缴纳基数合理。

②年终奖条款需注明发放条件：年终奖是员工的重要收入组成部分，合同中应明确发放条件。例如，"完成年度 KPI（Key Performance Indicator，关键绩效指标）80%以上"，这种明确的条件能够避免年终奖发放的争议。

3. 劳动合同附加条款甄别

附加条款是劳动合同中除核心条款外的重要内容，求职者需要特别关注竞业限制和保密协议。

（1）竞业限制。

①适用对象：竞业限制主要适用于高管和核心技术岗位人员，普通员工通常不适用。例如，某软件公司的技术总监离职后，公司可要求其遵守竞业限制条款；普通程序员则无须遵守。

②补偿标准：离职后月补偿应不低于在职月薪的 30%。例如，员工在职月薪为 20 000元，离职后月补偿应不低于 6 000 元。

（2）保密协议。

①范围限制：保密协议的范围应仅限于商业机密，如公司客户名单、技术专利等。例如，某公司的保密协议明确列出客户名单和技术专利为保密内容，避免范围过于宽泛而引发争议。

②赔偿上限：赔偿金额应以实际损失为限，法院通常不支持超额索赔。例如，合同中约定的赔偿金额为 100 万元，但实际损失仅为 50 万元，法院不会支持超额部分的赔偿。

4. 签约流程的规范化操作

签约流程的规范化操作能够有效防范合同风险，确保求职者的权益得到保障。

签约流程分为预审阶段和面签阶段，求职者需要在每个阶段采取相应的操作。

①预审阶段。

要求企业提前 3 天提供合同文本：求职者应要求企业在签约前 3 天提供合同文本，避免现场仓促签约。例如，求职者可以在收到录用通知后，要求企业提前发送合同文本，以便有足够时间仔细阅读。

使用"条款核对清单"：求职者可以使用"条款核对清单"，逐项标注疑问点。例如，清单中列出合同必备条款，求职者对照清单逐项核对合同内容，标注不明确或有疑问的条款。

②面签阶段。

拒签空白合同：求职者应拒签空白合同，确保合同填写率达到 100%。例如，如果合同中有空白条款，求职者应要求企业当场填写完整。

合同骑缝章需覆盖所有页码：合同骑缝章应覆盖所有页码，防范篡改风险。例如，求职者在签署合同后，应检查骑缝章是否完整覆盖每一页，确保合同内容无法被篡改。

5. 证据固化策略

在签约过程中，求职者需要采取证据固化策略，以应对后续可能的法律纠纷。

（1）文件备份。

①纸质合同：签署后应立即拍照存档，注意拍摄签署日期页。例如，求职者在签署纸质合同后，应立即用手机拍摄合同首页、签署页和日期页，确保备份完整。

②电子合同：通过可信时间戳认证，如"e 签宝"平台。例如，求职者在签署电子合同时，应选择具有可信时间戳认证的平台，确保合同的法律效力。

（2）补充协议。

口头承诺需书面化：口头承诺应书面化，如"HR 承诺 13 薪"需在补充条款中载明，确保权益得到保障。

（三）签约风险防范

在签约过程中，求职者需要掌握一些风险防范知识，以便在遇到问题时能够及时应对。

法律检索是求职者了解劳动合同相关法律的重要途径，求职者可以通过官方渠道和智能工具获取信息，及时规避风险。

（1）官方渠道。

①人力资源社会保障部"劳动合同范本"下载：求职者可以访问人力资源社会保障部官方网站，下载"劳动合同范本"，了解规范的合同文本格式，求职者在签约前可以参考该范本，检查合同条款是否符合法律规定。

②地方劳动仲裁案例库：求职者可以查阅地方劳动仲裁案例库，如"中国裁判文书网"，了解类似案例的处理结果，学习应对策略。

（2）智能工具。

①使用企业信息查询平台查看企业劳动纠纷历史记录：求职者可以通过"企查查"等企业信息查询平台，查看企业是否有劳动纠纷历史记录，以便评估风险。

②AI合同审查工具：求职者可以使用AI合同审查工具，如"法大大"，自动标注风险条款，帮助求职者识别问题。

（四）维权应急方案

在遇到劳动争议时，求职者需要掌握维权应急方案，以保障自身权益。

1. 争议处理流程

（1）协商：首先与用人单位协商解决问题。例如，员工与公司因薪资问题产生争议，可以先与公司人事部门协商解决。

（2）调解：如果协商不成，可以申请劳动调解，通常由街道劳动保障所进行调解。

（3）仲裁：调解不成时，员工可以在争议发生之日起60日内向劳动仲裁委员会申请仲裁。

（4）诉讼：对仲裁结果不满意时，员工可以向法院提起诉讼，维护自身权益。

2. 证据链构建

（1）工资流水：银行盖章的工资流水是重要的证据。例如，员工在申请仲裁或诉讼时，应提供银行盖章的工资流水，证明工资发放情况。

（2）考勤记录：OA（Office Automation，办公自动化）系统截图和同事证人证言是考勤记录的重要证据。例如，员工在证明加班情况时，可以提供OA系统截图和同事证言，将其作为考勤记录的证据。

（3）沟通记录：邮件和微信聊天记录是沟通记录的重要证据。例如，员工在证明与公司沟通情况时，应保存邮件和微信聊天记录的原始载体，将其作为证据。

六、总结与反思

大学生在完成整个应聘流程后，还需进行总结与反思。例如，大学生可以记录成功经验和失败教训，并根据反馈调整未来的职业规划。

大学生应聘流程是一个系统化且复杂的过程，涉及自我分析、投递简历、面试以及签约等多个环节。求职者需在每个环节中保持积极主动的态度，并不断提升自身综合素质和专业能力，以提高求职成功率。希望每位求职者都能找到理想的工作，并在职业生涯中不断成长与发展。

第二节　重视笔试细节

 案例导入

刘巧巧：青春在西部绽放光彩

一、基本信息

姓名：刘巧巧。

毕业年份与专业：2021年，历史学专业。

就业单位及岗位：中国共产党重庆市某区委老干部局，西部计划志愿者。

二、基层就业经历

刘巧巧自2021年起，在中国共产党重庆市某区委老干部局担任西部计划志愿者。在基层工作中，她秉持敬业奉献精神，致力于协助老干部局各项工作，包括理论学习活动组织、日常事务处理等。通过努力，她在工作中展现出良好的职业素养，积极推动工作开展，获得领导和同事的好评。

三、典型事迹

（一）潜心学习，提升自我

刘巧巧把在老干部局工作视为学习契机，不断学习政治理论和业务知识，向老同志取经，将所学知识运用到实际工作中，通过会议、活动积累经验，提高自身能力。

（二）廉洁自律，坚守原则

她严格要求自己，思想上不懈怠，自觉遵守法律法规和廉政规定，工作中求真务实，不弄虚作假，坚守廉洁底线，展现良好作风。

四、感悟与展望

刘巧巧表示，虽然基层工作充满挑战，但她收获了成长和宝贵经验。未来，她将继续坚守岗位，不断提升自己，为老干部服务工作和基层发展贡献更多力量。

名人名言

人生在世，不出一番好议论，不留一番好事业，终日饱食暖衣，不所用心，何自别于禽兽。

——北宋·苏辙

一、关于笔试

笔试通过书面答题的形式考核求职者的知识面、智力、技能和性格等方面的能力，是招聘过程中常用的一种考核方式。它具有客观、公正的特点，能够全面评估应聘者的理论知识储备、逻辑思维能力、分析问题的能力以及文字表达能力。此外，笔试在招聘中起到初步筛选的作用，帮助用人单位从众多求职者中筛选出符合岗位要求的候选人。

笔试能够客观评估求职者的理论知识和基本能力，但其难以全面考核实际操作能力和实践经验。因此，笔试通常与其他考核方式（如面试）结合使用，以更全面地评估求职者。

二、笔试的相关类型

（一）能力素质测试

能力素质测试是一种全面且科学的评估方法，旨在深入挖掘求职者的潜在能力和个人特质。它不仅关注求职者的专业知识和技能，还重视其思维模式、学习能力、适应能力以及心理素质等多个维度。这类测试通过模拟实际工作场景或设计针对性的题目，观察求职者在面对挑战时的应对策略、逻辑思维、问题解决技巧及情绪管理能力等，从而预测其在未来的工作中能否胜任并表现出色。

能力素质测试一般涵盖逻辑思维题、情景模拟题、性格测试题等多种类型。逻辑思维题通过考核求职者的推理能力和分析能力，评估其解决问题的思路和方法；情景模拟题通过设定具体的工作场景，观察求职者在压力下的应变能力和决策能力；性格测试题有助于了解求职者的性格特点、价值观和倾向等，从而为用人单位提供更为全面的人才画像。

以下是能力素质测试的核心特点及备考要点。

1. 核心特点

（1）智能化测评：采用眼动追踪（注视率>85%）、语音情绪分析（语速120字/分钟）等新技术。

（2）岗位适配性：隐性素质要求占40%，如抗压能力、团队协作意识。

2. 备考要点

（1）逻辑模块：每日训练15道图形推理，掌握"旋转对称+点线面叠加"等规律。

（2）情景模拟：每周3次20分钟高压训练。

（3）时间控制：实施"90秒法则"，超时自动跳题并标记。

（二）专业能力验证测试

专业能力验证测试是一种专门用于评估求职者是否具备特定职业所需专业技能和知识的考试形式。这类测试旨在通过一系列科学、系统的题目，全面考核求职者的专业知识、实践技能以及解决实际问题的能力。

这类测试的主要特点包括专业性、实践性和综合性。具体来说，专业能力验证测试可能涉及多种题型和内容。例如，在教育行业，专业能力验证测试可能包括对教育学基础知识、教学策划和组织能力的考核。此外，随着技术的不断发展，这类测试还可能采用在线编程、模拟操作等现代化手段，以更加真实地模拟工作场景，评估求职者的实际工作能力。

以下是专业能力验证测试的核心特点及备考要点。

1. 核心特点

（1）真题导向：近5年高频考点重复率超35%，如财务管理岗必考现金流量表编制。

（2）智能评分：代码题自动检测容错率，如 Python 代码需添加 30% 防御性注释。

2. 备考要点

（1）知识图谱：按"基础理论（40%）—行业标准（30%）—前沿案例（30%）"重构体系。

（2）真题挖掘：分析近 3 年真题，提炼出 8~10 个核心命题逻辑链。

实操模拟：使用仿真平台，如医疗岗的 3D 解剖系统，进行场景化训练。

（三）心理素质评估

心理素质评估通过标准化工具与情境模拟，系统考核求职者的抗压能力、情绪稳定性及职业适配性。常见的评估体系包含心理量表（如 MMPI-2 临床量表）、行为面试（如压力型追问）、AI 情绪识别（如微表情捕捉）三维评估。其中，2024 年国家公务员局数据显示，基层岗位心理测试淘汰率达 23%。备考需采用"认知重构—行为训练—生理调控"三位一体策略，建立"压力档案"以记录应激源，如限时答题焦虑，通过复现考场景象进行系统脱敏，同步配合正念呼吸法稳定心率波动。作答时需注意量表题的"社会称许性平衡"，避免过度美化倾向，在情境反应题中采用"STARL（Situation-Task-Action-Result-Learning）模型"展示成长型思维。

以下是心理素质评估的核心特点及备考要点。

1. 核心特点

（1）压力测试：83% 的岗位设置突发情景追问，如"其他考生否定你方案时如何应对"。

（2）生理监测：智能手环实时追踪心率变异度。

2. 备考要点

（1）脱敏训练：每天进行 15 分钟摄像头前答题，记录微表情波动（眼角下垂<5°）。

（2）呼吸调控：采用"4-7-8 呼吸法（吸气 4 秒、屏息 7 秒、呼气 8 秒）"稳定状态。

（3）社会称许性控制：量表题避免极端选项（"总是"／"从不"选择率<10%）。

（四）备考建议

1. 分期推进

（1）基础期（1~2 月）：能力测评+知识图谱搭建。

（2）强化期（3~4 周）：真题突破+压力场景模拟。

（3）冲刺期（1 周）：全真模考+生理节律调整。

2. 技术工具

（1）逻辑训练：使用"考满分"App 完成每日 15 题速刷。

（2）心理监测：通过"Welltory"App 追踪 HRV（Heart Rate Variability，心率变异性）变化曲线。

（3）专业知识：利用"Anki"制作智能记忆卡片。

3. 黄金法则

（1）时间分配：切割答题时间，基础知识与综合应用比例为 4∶6。

（2）容错管理：设定各模块最低正确率红线，如行测言语理解≥80%。

（3）迭代优化：每周生成错题热力图，集中攻坚 TOP3 薄弱点。

三、笔试应对技巧

笔试是求职过程中非常重要的环节，其主要目的是评估求职者的知识面、综合分析能力和应试能力。为了提高笔试成绩，以下总结了一些有效的技巧。

（一）了解笔试类型与范围

笔试通常分为专业能力考试、综合能力测试、智商测试和心理测试等，不同类型的笔试考核的重点不同。例如，专业能力考试注重专业知识和实际操作能力，而综合能力测试更注重逻辑思维和问题解决能力。因此，求职者需要根据招聘单位的要求，明确笔试的重点内容，并针对性地复习相关知识。

（二）复习基础知识，掌握答题技巧

笔试中基础知识的掌握至关重要。求职者应通过复习大学课程、参考书或高频考点资料，巩固自己的专业知识；同时，注重答题技巧，如先易后难、合理分配时间、注意卷面整洁等。

（三）增强自信心，保持良好心态

自信是成功的关键。求职者需要客观评估自己的实力，克服自卑心理，增强自信心。此外，在考试前保证充足的睡眠和良好的饮食习惯，以确保考试时头脑清醒。

（四）熟悉考试流程与规则

在考试前，熟悉考场环境和考试规则至关重要。求职者应提前到达考场，检查身份证件和考试工具是否齐全，并按照监考人员的提示完成答题。

（五）科学答题，注意时间分配

答题时，求职者应掌握主次之分，先解答简单题目，再处理难题。对于难以直接回答的问题，求职者可以尝试结合所学知识进行分析和推测。此外，注意时间分配，避免在某一题上花费过多时间。

（六）注重细节，复查答案

考试结束后，求职者应仔细检查答案，纠正可能的错别字或语法错误；同时，确保卷面整洁，给人留下良好的印象。

（七）心理调节与自我暗示

在考试过程中，如果遇到难题或产生紧张情绪，求职者可以通过自我暗示以保持冷静。例如，求职者可以提醒自己"我已经准备充分"，或者通过深呼吸缓解压力。

（八）针对特殊题型的应对策略

对于图表题、逻辑推理题等特殊题型，求职者需要先浏览题目，再根据关键字查找相关信息；对于没有明确答案的题目，可以尝试使用排除法或猜测法。

（九）积累实践经验，提升案例分析能力

面对综合性较强的题目，求职者需要运用所学知识分析问题并提出解决方案。例如，

在设计类笔试中，求职者可以通过竞品分析、框架搭建等方式展现自己的设计思路。

（十）模拟练习与总结反思

在备考阶段，求职者可以通过模拟考试的方式熟悉题型和考试节奏；考后及时总结经验教训，找出薄弱环节并加以改进。

通过以上方法，求职者可以更好地应对笔试环节，展现自己的知识水平和能力，从而提高笔试成功率。

第三节　掌握面试技巧

 案例导入

以奋斗之笔，绘青春之花

案例背景：

熊同学是重庆某大学外国语学院英语（师范）专业2017级的学生。2021年8月—2022年7月，她响应国家号召，加入支教队伍，前往城口县咸宜镇中心小学支教，担任一年级数学教师，2022年9月返校继续研究生学业。支教期间，她面临教学任务与专业不符、支教地生活条件艰苦等诸多挑战。

案例分析：

熊同学在就业过程中面临三大困难：一是职业发展与选择的困惑，熊同学在大四面临考研还是支教的抉择；二是专业与教学任务的矛盾，面对完全陌生的学科和教学内容，她缺乏相关教学经验和专业知识，如何胜任教学工作成为巨大挑战；三是教育工作中的德育难题，如何在教学中关注学生心理成长，帮助学生树立正确的三观和理想信念，是她在教育工作中面临的重要挑战。

解决思路：

一是遵从初心，坚定选择，将个人成长与国家乡村教育需求结合，立志让青春在祖国需要的地方绽放光彩；二是发挥主观能动性以克服生活困难；三是注重德育，因材施教，熊同学积极了解学生生长环境，关心学生心理成长，帮助学生树立正确的三观和理想信念，针对不同学生的情况给予个性化的引导和鼓励；四是自我提升，应对教学挑战，不断提升自己的教学能力，逐渐适应并胜任教学工作。

案例总结：

熊同学的成功经验在于坚守初心、勇于吃苦、积极创新和不断自我提升。未来建议她继续专业学习，提升英语教学专业能力，同时将支教中的德育经验和跨学科教学经验运用到未来的教育工作中；关注自身职业发展路径，结合支教经历明确职业方向，注重心理健康调适，以更好地应对未来教育工作中的各种挑战，持续为教育事业贡献力量。

名人名言

在逆境和挫折的考验中，不要消极，不要悲叹。而是把它们看作锤炼意志的良机，拿出勇气，迎难而上。只有通过考验才能坚定志向。

—— （日本）稻盛和夫

一、关于面试

面试是招聘过程中不可或缺的环节，其核心在于通过有计划、有目的的交流，全面了解求职者的能力、素质和潜力。面试通常包括自我介绍、回答问题、展示个人优势以及与面试官互动。面试不仅是用人单位了解求职者的机会，也是求职者展示自身能力、表达职业目标的重要场合。

面试的主要目的是评估求职者是否具备胜任岗位的能力和素质，同时考核求职者是否适合企业文化和团队氛围。面试官通过观察求职者的语言表达能力、逻辑思维、应变能力、情绪稳定性等多方面表现，判断其是否符合岗位要求。此外，面试还能帮助求职者了解企业的工作环境、发展前景及职位的具体要求，从而决定是否接受该职位。

面试中常见的问题包括自我介绍、工作经历、教育背景、技能和经验、职业规划等。面试官还会通过提问考核求职者的逻辑思维能力、解决问题的能力、团队合作精神以及对工作的热情和投入。

例如，面试中可能会问到"请描述一次你解决复杂问题的经历"，求职者需要结合具体案例，从问题描述、解决方案、结果反馈等方面进行回答，展现自己的专业能力和应变能力。

面试是求职过程中至关重要的环节。求职者需要充分准备，展现自信和专业能力，同时注意与面试官的沟通技巧，以提高面试成功率。通过面试，求职者不仅能获得理想的工作机会，还能更好地了解企业文化和职业发展路径，为未来的职业规划奠定基础。

二、面试的形式

面试的形式多样，包括结构化面试、非结构化面试、小组面试、电话面试、视频面试等，每种形式都有其特定的侧重点和适用场景。例如，结构化面试通过标准化问题评估求职者，而非结构化面试更注重求职者的行为表现和沟通能力。

（一）结构化面试

结构化面试是一种标准化、程序化的面试方式，旨在通过预先设计好的一系列问题全面、系统地评估求职者的能力、经验和潜力。这种面试形式强调评估的一致性和客观性，确保每位求职者都能在相同的条件下接受评价。

在结构化面试中，面试官会遵循固定的流程，按照预先确定的问题列表进行提问。这些问题通常涵盖求职者的专业技能、工作经验、个人特质、职业规划以及对应聘岗位的理解和期望等多个方面。通过这些问题，面试官可以深入了解求职者的综合素质，包括沟通能力、逻辑思维能力、问题解决能力以及对挑战的态度等。

此外，结构化面试还注重对求职者回答的量化评分。面试官会根据预设的评分标准，对求职者的回答进行打分，从而确保评估结果的准确性和可比性。

1. 考评机制解密

（1）三维评分标准。

①内容质量（40%）：涉及政策理解深度、解决方案可行性。

②表达逻辑（30%）：涉及核心观点、分层论证、归纳总结。

③形象管理（30%）：涉及着装（如公务员宜深色系，教师岗宜浅色系）与行业匹配度。

（2）典型题型占比（2024年国考数据）。

典型题型占比如表8-2所示。

表8-2　典型题型占比

题型	政策解读类	应急处突类	组织策划类	自我认知类
占比	35%	28%	25%	12%

2. 分级备战策略

（1）基础模板构建。

①政策类题：按照"背景定位—价值阐释—落实路径"三段式构建，如乡村振兴题引用2024中央一号文件。

②应急类题：遵循应急原则，迅速控制事态，依流程处置问题，总结反思完善。

（2）高阶表达升级。

①政策术语转换：将"'放管服'改革"具体化为"企业开办时间压缩至1个工作日的实践案例"。

②数据论证法：引用行业报告量化成果，如"某市政务大厅投诉率下降67%后，群众满意度达98.2%"。

3. 考场微操要点

（1）时间敏感度：每题思考时间不超过45秒，用时钟分割法分为3段：15秒审题、20秒搭框架、10秒润色。

（2）眼神控制：采用三角注视法，按照主考官鼻梁、左侧考官额头、右侧考官下巴的顺序循环。

（3）语音节奏：关键论点语速降至90字/分钟，配合重音强调，如数字、政策名称。

（二）非结构化面试

非结构化面试是一种没有固定模式、框架和程序的面试形式，面试官可以根据求职者的回答和背景自由地提出问题，而求职者也没有固定的答题标准。非结构化面试适用于招聘高、中层管理人员，尤其适合需要考核求职者团队精神、接受新事物能力以及应对复杂情境能力的岗位。这种面试形式具有灵活性高、自由度大的特点，但也存在一些显著的优缺点。

1. 非结构化面试的特点

（1）灵活性强。

面试官可以根据实际情况调整问题内容和顺序，从而更深入地了解求职者的个性、沟通能力和应对复杂情境的能力。

（2）自由对话。

面试更像是非正式的聊天，面试官与求职者可以围绕特定话题展开深入讨论，有助于挖掘求职者的隐藏技能和真实想法。

（3）通常使用开放性问题。

面试中通常使用开放性问题，允许求职者自由表达观点，从而更好地展示其思维能力和沟通技巧。

2. 非结构化面试的形式

（1）案例分析：要求求职者在有限时间内分析真实案例，并提出解决方案。这种方式可以评估求职者的分析能力和创新思维。

（2）情景模拟：通过模拟现实工作场景，观察求职者的行为表现和解决问题的能力，如处理同事关系或完成紧急任务等。

（3）脑筋急转弯：用于测试求职者的快速反应能力和逻辑思维能力。

3. 非结构化面试的优点

（1）深入了解个性：面试官可以根据求职者的回答灵活调整问题，从而更全面地了解其个性、沟通技巧和应变能力。

（2）自然状态：面试氛围较为轻松，求职者可以在自然状态下展现真实的自我。

（3）挖掘隐藏技能：开放性问题有助于发现求职者未曾提及的技能或经验。

4. 非结构化面试的缺点

（1）主观性强：面试结果易受面试官个人偏见的影响，缺乏客观性和一致性。

（2）难以量化：由于问题和回答的多样性，面试结果难以进行量化和横向比较。

（3）组织难度大：需要面试官具备较丰富的经验和技巧，否则面试效果可能不佳。

5. 应对策略与准备建议

（1）熟悉岗位需求：求职者应根据目标岗位的要求调整自己的回答，避免偏离岗位职责。

（2）掌握 STAR 方法：即情境（Situation）、任务（Task）、行动（Action）和结果（Result），用于结构化地回答开放性问题。

（3）注重自我展示：在回答问题时，注意展现自己的沟通能力、逻辑思维能力和团队合作精神。

非结构化面试是一种灵活且开放的面试形式，适合评估求职者的综合能力。然而，由于其主观性强和难以量化的特点，用人单位在使用时需结合结构化面试等方法，以提高招聘决策的准确性和公平性。

（三）小组面试

小组面试是一种常见的面试形式，其核心在于通过团队讨论的方式评估求职者的综合素质、沟通能力、团队协作能力和解决问题的能力。这种面试形式通常由多位面试官和多位求职者共同参与，通常以无领导小组讨论的形式展开，不指定领导角色，所有成员平等参与讨论。无领导小组讨论是一种集体面试方法，旨在通过观察求职者在小组中的表现评估其领导能力、团队协作能力、沟通技巧以及解决问题能力。在这种讨论中，求职者被分成若干小组，每组围绕一个特定的话题或问题进行讨论，而面试官在一旁观察并记录他们的表现。

小组面试一般指无领导小组讨论。无领导小组讨论指由一组应试者组成一个临时工作小组，讨论给定的问题，并作出决策。这种讨论方式能够真实反映求职者在团队工作中的实际表现，包括是否能够积极发言、倾听他人意见、提出建设性建议及妥善处理冲突等。以下是无领导小组讨论的备考建议。

1. 角色定位方法论

六维能力雷达图（适用于不同岗位需求）如表 8-3 所示。

表 8-3　六维能力雷达图（适用于不同岗位需求）

角色类型	公务员岗适配度	企业管培适配度	核心考察重点（公务员）	核心考察重点（企业）
领导者	60%	85%	政策敏感度、风险规避意识、集体决策能力	战略视野、资源整合能力、业绩驱动意识
时间控制者	75%	40%	流程合规性、规则执行严谨度、突发事件应对能力	效率优先思维、灵活调整能力
记录者	30%	65%	公文写作规范性、政策要点提炼能力	数据可视化能力、商业信息敏感度
协调者	80%	70%	群众诉求平衡能力、跨部门协作意识	利益冲突调解能力、客户需求转化能力
创新者	25%	90%	政策框架内创新可行性（如基层治理新路径）	颠覆性思维、商业模式创新力、快速试错能力
执行者	90%	55%	政策落地执行能力、细节把控能力	目标拆解能力、KPI 达成效率

2. 阶段突破策略

（1）破冰阶段（前 3 分钟）。

使用"3C 开场法（Cite 政策、Connect 案例、Create 框架）"抢占先机。例如，"根据《数字政府建设指南》要求（Cite），结合我市政务 App 使用率仅 43% 的现状（Connect），建议从用户体验优化、功能集成、宣传推广三个维度讨论（Create）"。

（2）冲突化解技巧。

①实施"三明治反馈"：肯定对方观点（"你的数据引用很精准"），提出补充（"若增加长三角区域对比会更全面"），推进共识（"我们可以将此纳入方案第三部分"）。

②适时使用"沉默施压"：与激进发言者注视 5 秒后微笑回应。

3. 观测点攻防指南

（1）发言质量监控。

①黄金发言频率：每 8 分钟贡献 1 次实质性观点（单次≤90 秒）。

②创新值提升：在共识框架中添加 1 个反常识视角。

（2）非语言信号管理。

①手势幅度：以 A4 纸为界（横向≤30 cm，纵向≤15 cm）。

②微表情抑制：面对质疑时，保持嘴角上扬≥15°。

（四）电话面试

电话面试是招聘流程中的一种常见形式，通常作为初步筛选环节，用于评估求职者的背景、语言表达能力以及与职位的适配度。这种面试形式因其便捷性和高效性而被广泛采用，尤其适用于跨地域招聘或求职者数量较多的情况。

电话面试的特点和准备策略如下。

1. 电话面试的流程与目的

电话面试一般持续 15~30 分钟，主要目的是核实简历信息、了解求职者的基本情况以及初步评估其是否适合岗位。面试官会通过提问确认求职者的技能、经验、性格特点以及对职位的兴趣。电话面试通常分为自动和非自动两种形式：自动面试包含预设问题；非自动面试则完全由面试官主导。

2. 电话面试的优势与局限性

优势：电话面试可节省时间和成本，且不受地理位置的限制，适合快速筛选求职者。

局限性：缺乏非语言线索（如肢体语言和面部表情），可能会导致信息传递不够全面。

3. 电话面试的常见问题

在电话面试中，面试官通常会询问以下问题。

（1）请做一下自我介绍。

（2）为什么对这个职位感兴趣？

（3）对于简历中存在的空白期，你该怎么解释？

（4）针对某一技术性问题，你怎么看？

（5）你对公司和相关岗位的了解程度如何？

（6）你对这个职位的薪资期望是多少？

4. 电话面试的准备策略

（1）提前准备：求职者应提前了解公司背景、职位要求，并准备好简历、求职信和相关笔记。

（2）环境选择：选择安静无干扰的环境，确保信号稳定，避免外界噪声干扰。

（3）语速与态度：保持语速适中，回答清晰，展现自信和礼貌。避免使用俚语或随意用语。

（4）应对突发情况：如果突然接到来电，可礼貌请求稍后再拨，以便有时间准备。

（5）结束时的礼仪：面试结束时感谢面试官，并提供正确的联系方式，展现职业素养。

5. 电话面试中的注意事项

（1）自我介绍：简洁明了地介绍自己，突出与职位相关的经历和技能。

（2）回答问题：保持冷静，如实回答问题，避免夸大或隐瞒事实。

（3）提问环节：适当提出问题，如关于职位的职责、团队文化等，但避免涉及薪资待遇。

（4）结束语：表达对职位的兴趣，并询问后续流程。

6. 电话面试的表现评估

研究表明，电话面试在某些方面可能不如面对面面试表现优秀。例如，在自我介绍得分和面试官偏好上，电话面试的得分可能较低。然而，电话面试仍是一种有效的筛选工具，尤其在时间紧张或资源有限的情况下。

电话面试是求职者展示自身能力和匹配度的重要环节。通过充分准备和掌握相关技巧，求职者可以提高面试成功率并给面试官留下良好印象。

（五）视频面试

视频面试已成为现代招聘流程中的重要环节，尤其适用于远程招聘或跨地区人才筛选。相较于电话面试，视频面试能提供更丰富的视觉信息，如表情、肢体语言等，但同时对求职者的技术准备和镜头表现力提出了更高要求。

1. 视频面试的常见形式

实时视频面试：由 HR 或用人部门直接通过 Zoom、Teams、Skype 等平台进行实时对话。

异步视频面试：求职者需在规定时间内录制回答预设问题（如 HireVue 平台），系统自动评估或由 HR 后续审核。

2. 视频面试前的准备工作

（1）技术设备检查。

①摄像头和麦克风：确保摄像头清晰度足够，建议采用 1080p（像素），测试麦克风有无杂音。

②网络稳定性：使用有线网络或 5GHz Wi-Fi（即 5GHz 频段的无线网络），避免卡顿。可提前测试网速，推荐 speedtest. net。

③软件安装：提前下载并熟悉面试平台（如 Zoom、腾讯会议），注册账号并测试功能，如屏幕共享。

（2）环境布置。

①背景简洁：选择纯色墙壁或整洁的书架作为背景，避免杂乱。

②光线充足：自然光或环形灯最佳，避免背光（导致脸黑）或强光（导致过曝）。

③减少干扰：关闭手机、隔离宠物、告知家人勿打扰。

（3）个人形象管理。

①着装正式：与现场面试相同，建议着商务休闲装（衬衫+西装外套）。

②妆容适度：避免反光或油光，男士可简单修眉提升精神面貌。

③设备角度合适：摄像头与眼睛平齐，头部在画面中央（避免俯拍/仰拍）。

3. 视频面试中的核心技巧

（1）沟通技巧。

①眼神交流：看摄像头而非屏幕（可贴便签提醒自己）。

②语速适中：比日常对话稍慢，确保对方听清。

③肢体语言：使用适当手势以增强表达力，但避免大幅动作而出画。

（2）回答策略。

①结构化回答：用STAR法则组织案例。

②简短聚焦：每条回答控制在1~2分钟内，避免冗长。

③主动互动：适时点头微笑，回应对方问题后反问"您觉得这个经验是否符合岗位需求？"

（3）突发情况应对。

①网络卡顿：礼貌说明并尝试切换网络/重启软件。

②听不清问题：不要猜测，直接请求重复，可以说"抱歉刚刚没听清，能请您再说一次吗？"

③外界干扰：若被打断，快速处理并致歉后继续。

4. 视频面试后的跟进

（1）感谢信：24小时内发送邮件/微信，重申兴趣并补充遗漏点。

（2）复盘记录：整理被问及的问题及回答，优化未来表现。

（3）追踪进度：若超过1周未回复，可礼貌询问HR后续安排。

总之，视频面试结合了电话面试的便捷性和现场面试的部分互动性，是展示个人专业度的关键机会。通过充分的技术准备、环境优化及沟通训练，求职者能显著提高面试成功率。

三、面试的应答策略

面试是求职过程中的关键环节，掌握有效的应答策略能够帮助求职者更好地展示自己的能力和优势。下面将详细介绍面试中经典题型及其应对策略，以及行为面试技法。

（一）经典题型破解

面试中常见的题型包括自我认知类和职业规划类，以下是针对这些题型的应答策略。

1. 自我认知类（占比28%）

自我认知类问题主要考核求职者对自己特质、能力和成果的认识。在回答这类问题时，求职者可以采用能力锚定公式。能力锚定公式如图8-1所示。

图8-1　能力锚定公式

在回答时，求职者应避免使用过于空泛的形容词，如"认真负责"，而应采用"数据+场景"的表述方式，使回答更具说服力。例如，当被问及"请谈谈你的优势"时，求职者可以说："我具有很强的逻辑思维能力（特质），这使我具备了出色的数据分析能力（能力）。在之前负责的市场调研项目中，我通过对大量数据的分析，准确地预测了市场趋势，为公司节省了20%的营销成本（成果）。"

2. 职业规划类（占比22%）

职业规划类问题考察求职者对自己未来发展的规划和设定的目标。在回答这类问题时，可以采用三阶发展框架。三阶发展框架如图8-2所示。

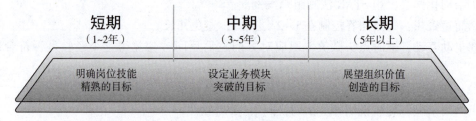

图8-2 三阶发展框架

通过清晰的职业规划，展现出自己对未来的思考和设定的目标，能使面试官相信该求职者是一个有计划、有目标的人。例如，当被问及职业规划时，求职者可以说："在入职后的1~2年内，我将专注于提升自己的Python数据分析技能，通过参与实际项目，熟练掌握数据分析工具和方法（短期）。在3~5年内，我希望能够在数据分析领域取得一定的突破，主导公司某个重要产品的数据分析工作，通过优化数据模型，提升产品的市场竞争力（中期）。5年之后，我希望能够成为数据分析领域的专家，为行业标准的制订贡献力量，推动数据分析技术在更多领域的应用（长期）。"

（二）行为面试技法

行为面试主要考察求职者在过往经历中的行为表现，以预测其未来的工作表现。在回答行为面试问题时，求职者可以采用STAR法则。

Situation（情境）：描述当时的具体情境，包括项目背景、资金、人力和时间限制等，使面试官了解事件发生的环境。

Task（任务）：明确自己承担的任务和角色，突出个人在项目中的权重，如"我负责项目中70%的核心代码开发工作"。

Action（行动）：详细说明自己采取的行动和决策依据，尽量量化，如"基于对32份用户调研数据的分析，我优化了产品方案"。

Result（结果）：展示最终的成果，使用对比数据，如"通过我的优化，产品故障率从5%降至0"。

面试时需注意的求职礼仪

课后实践

可迁移技能词汇测验

在下面的技能清单中的词汇右边，分别标出以下序号：

①能熟练做到的；②能做到的；③不能做到但希望自己可以做到的；④绝对不愿意做的。

达到	照顾	装配	巩固	比赛	指导	培养
开玩笑	攀登	权衡	复制	集中	草拟	设计

执行	决定	完成	协助	提高	运送	打扫
分析	洞悉	调和	预算	解释	发明	比较
鼓励	绘制	联系	选择	做广告	展示	计算
估计	详述	符合	上色	评价	编辑	诊断
运送	忍耐	定义	构成	参加	娱乐	协调
训练	评估	探测	面对	购买	探索	创造
声称	适应	发现	控制	分类	计算	证明
议价	预测	训练	咨询	交流	劝告	表达
建设	评估	加强	代表	领会	安排	证明
编辑	美化	膨胀	发展	联结	审核	授予
概念化	制图	管理	拆除	烹调	保存	建立
纠正	收集	申请	驾驶	计数		

最终，通过这些圈出来的词，总结你的管理技能。

第九章
如何适应职场生活

教育目的

1. 合理运用职场快速适应法则。
2. 了解职业倦怠的成因，掌握预防职业倦怠的方法。
3. 在职场中，能结合不同场景，运用各种应对策略。

第一节　如何快速融入职场

案例导入

严以律己，积极进取

案例背景：

　　谭同学是重庆某大学体育与健康科学学院体育教育专业2018级的学生，现任教于重庆市巴蜀中学。在大学四年的求学和成长过程中，他严格要求自己，不断追求进步，成功走上了教师岗位。谭同学通过积极参与各项校园活动、社会实践以及提升个人修养，最终为自己的职业发展奠定了坚实的基础。

案例分析：

　　谭同学的职业生涯道路看似平凡，背后却充满了他的不懈努力和付出。在大学时期，他面临许多选择和挑战，从加入党组织，到担任学生会的主要负责人，再到积极参与社会实践和志愿服务，他每一步都在实践自己的信念，努力弥补自身的不足，不断提升综合素质。然而，在求职过程中，他并没有满足于优秀的学业成绩，而是通过丰富的课外活动、志愿服务和工作经历增强了自己的竞争力。

解决思路：

谭同学通过坚定的理想信念、持续的努力和积极的实践，逐步完善自己，解决了求职过程中遇到的诸多困难与挑战。以下是他的成功思路：明确目标，坚定理想信念、全面提升自己的综合素质、积极参与社会实践，积累经验、磨炼个人品质和团队协作能力。

案例总结：

谭同学的成功源于他在大学期间便开始规划自己的职业道路，并且通过持续努力、实践和自我提升，逐渐积累了丰富的经验和能力。他通过充分参与各类活动，锻炼自己的综合素质，并在社会实践中获得了宝贵的经验。

名人·名言

立志是事业的大门，工作是登门入室的旅途。

—— （法国）路易斯·巴斯德

当历经重重筛选，终于拿到心仪公司的 Offer 并成功签约时，那份喜悦无疑是难以言表的。然而，喜悦之余，如何快速适应新职场成为求职者面临的新挑战。这个适应过程可以分为签约至上岗前的适岗准备阶段，以及上岗后快速适应的实操融入阶段。为了帮助大学生实现更加顺利的过渡，以下将详细介绍这两个阶段的快速适应法则，并在最后补充关键心态的指导，以确保职场之旅稳健起航。

一、适岗准备：签约至上岗前

（一）行业认知准备：从"小白"到"入门"

具体做法：有效利用每天的碎片时间，如早晨或晚上的 30 分钟，专注于阅读行业新闻。推荐关注"36 氪""虎嗅网"等行业资讯平台，以及 3~5 个属于自己所在行业的微信公众号。这样可以及时获取到最新的行业动态和趋势。

小技巧：建立一个行业术语表，记录遇到的不熟悉的专业名词，并逐个查阅理解。如果大学生欲从事互联网行业，那么"DAU（Daily Active User，日活跃用户数）""转化率""闭环"等术语是必须掌握的。

（二）企业信息储备：了解新"家"

具体做法：深入浏览公司官网和官方公众号，特别关注"关于我们""产品介绍""新闻动态"等板块。这些板块通常包含公司的基本信息、发展历史、主要产品以及最新动态。

小技巧：在了解的基础上，尝试总结公司的主要业务、核心产品、市场定位以及竞争对手，用自己的语言阐述公司的优势和特点。这不仅有助于大学生更好地理解公司，也能使其在面试或入职初期展现专业性和对公司的热情。

（三）岗位技能预研：补齐技能短板

具体做法：仔细阅读 JD（Job Description，职位描述），明确列出其中提到的技能要求，如"熟练使用 Excel""具备数据分析能力"等。

小技巧：针对这些技能短板，制订学习计划，利用适岗期进行针对性学习。例如，如果 Excel 不熟练，可以在网上搜索"Excel 入门教程"，每天安排专门时间进行学习，重点掌握数据透视表、VLOOKUP 函数等常用功能。

（四）人脉资源建设：提前"混个脸熟"

具体做法：通过领英或公司内部通讯录，找到未来同事的联系方式，并主动发送友好的打招呼信息。

小技巧：在利用微信或其他社交媒体加好友时，简单介绍自己，如"您好，我是即将入职的新人×××，很高兴认识您，期待向您学习！"保持礼貌和谦逊，避免过度热情或打扰。

（五）健康管理规划：身体充分准备

具体做法：在适岗期间，注意合理安排作息，保证充足的睡眠和适当的运动。保持良好的身体状态对于适应新工作至关重要。

小技巧：制订一个健康的饮食计划，避免过度依赖快餐和外卖；同时，可以安排一些轻松的运动，如散步、瑜伽或跑步，以缓解压力并保持良好的身体状态。

二、实操融入：上岗后快速适应

（一）工作节奏建立：从"手忙脚乱"到"有条不紊"

具体做法：每天上班前花 10 分钟罗列当天需要完成的任务清单，并按照优先级进行排序；下班前再花 15 分钟进行复盘，记录完成情况和遇到的问题。

小技巧：使用便利贴或手机备忘录等工具记录任务，每完成一项就划掉一项。这不仅能提高大学生入职后的工作效率，还能使其在完成任务时获得成就感，从而保持积极的工作态度。

（二）团队融入策略：从"陌生人"到"自己人"

具体做法：主动参与同事的午餐或下午茶活动，多听少说，了解团队氛围和文化；遇到不懂的问题时，虚心向同事请教。

小技巧：记住同事的名字和职位，并在打招呼时带上称呼，如"早上好，李姐"或"王经理，这份文件需要您签字"。这不仅能拉近与同事之间的距离，还能使工作更加顺畅。

（三）问题解决机制：从"不知所措"到"游刃有余"

具体做法：遇到问题时，先通过百度搜索、查阅公司资料等方式，尝试自己解决；如果无法解决，再向同事请教。

小技巧：在请教问题时，带上思考和尝试过的解决方案。例如，"我尝试了 A 方法，但遇到了 B 问题，您看是不是我哪里做错了？"这样既能体现大学生的主动性和解决问题的能力，也能让同事更愿意提供帮助。

（四）职业发展规划：从"迷茫"到"清晰"

具体做法：每月与上级进行一次简短沟通，了解自己的工作表现、改进方向以及职业发展路径。

小技巧：提前准备好问题清单。例如，"您觉得我在哪些方面还可以提升？""接下来我应该重点学习哪些技能或知识？"这样可以让沟通更加高效和有针对性。

三、心态稳健：前行中持续成长

（一）别怕犯错：汲取错误的"养分"

心态转变：把错误当作学习的机会，而不是失败的标志。新人犯错是常态，关键在于如何面对。

具体操作：每次犯错后，记录下错误的原因、解决方法和改进措施。例如，如果因为沟通不清而造成任务延误，可以总结出"下次接到任务时，先复述确认需求"的改进措施。

延伸心态：接受不完美，允许自己有一个成长的过程，不要因为一次失误而否定自己。

（二）主动学习：做职场的"海绵"

心态转变：职场中没有人有义务指导他人工作，主动学习是快速成长的关键。

具体操作：每天花 30 分钟学习与工作相关的技能或知识，如行业动态、工具使用等；遇到不懂的问题，先自己查阅资料，再请教同事。

延伸心态：保持好奇心，关注行业趋势和技术发展，让自己始终处于学习状态。

（三）保持耐心：静待自我蜕变

心态转变：适应新环境需要时间，急于求成只会增加焦虑。

具体操作：设定阶段性目标，如第一个月熟悉工作流程，第二个月独立完成小项目；每完成一个目标，给予自己一些小奖励。

延伸心态：学会与自己和解，接受适应期的波动和不确定性。

（四）积极沟通：打破信息壁垒

心态转变：职场中，沟通是解决问题的桥梁，也是融入团队的关键。

具体操作：主动与同事、上级沟通，了解他们的期望和需求。例如，定期向上级汇报工作进展，遇到问题及时寻求帮助。

延伸心态：把沟通当作一种能力进行培养，学会倾听和表达，避免误解和矛盾。

（五）勇于担当：积累点滴信任

心态转变：职场中，责任感是赢得信任的基础。

具体操作：主动承担力所能及的任务，哪怕是整理资料、会议记录等小事，也要认真完成。例如，主动提出"这个报告我来整理吧"。

延伸心态：把每件小事都当作展示自己能力的机会，逐步积累信任和口碑。

（六）转变思维：主动掌控局面

心态转变：职场中，心态决定行动。只有主动掌控自己的状态，才能更好地应对挑战。

具体操作：每天上班前给自己设定一个小目标，例如，"今天我要主动和两位同事交流"，下班后复盘、记录自己的进步和不足。

延伸心态：把职场当作修炼场，将每一次挑战都当作提升自己的机会。

（七）团队意识：从"我"进入"我们"

心态转变：职场不是单打独斗的地方，团队合作是成功的关键。

具体操作：主动参与团队活动，了解同事的工作内容和需求。例如，主动提出"这个项目我可以帮忙一部分"。

延伸心态：把团队的成功当作自己的成功，学会分享和协作。

（八）长期主义：看重成长回报

心态转变：职场是一场马拉松，而不是短跑。关注长期成长，才能走得更远。

具体操作：设定长期职业目标，如"三年内成为团队骨干"，并制订具体的行动计划。

延伸心态：把每一次任务都当作积累经验的机会，而不是单纯为了完成任务。

对于职场新人，职场是一个持续学习和成长的平台，需要始终保持积极的学习心态，不断提升综合能力。无论是在适岗准备阶段提前熟悉公司业务、建立职场人脉，还是在实操融入阶段积极沟通、融入团队文化，每一个环节都是积累经验、提升自我的宝贵机会。同时，我们也要明白，职场发展并非一蹴而就，它更像是一场马拉松，而不是短跑冲刺。这就要求我们稳扎稳打，注重每一个阶段的积累，不急于求成。切记，职场之路虽有挑战，但只要我们坚守初心，持续学习，保持稳健的步伐，就一定能在这片天地中绽放光芒。

第二节　如何有效预防职业倦怠

 案例导入

在舒适圈外所向披靡

案例背景：

罗同学是重庆某大学思想政治教育专业 2019 级的学生。在校期间，她勤奋努力，各方面表现出色，多次获得各类奖学金，积极参与创新创业、志愿活动和学生工作，荣获多项荣誉称号。她在大学期间明确了自己的职业方向，致力于成为一名教师。然而，在追求教师梦的过程中，她也面临着考研与就业的抉择以及就业竞争压力等挑战。

案例分析：

罗同学面临两大困难：其一，在职业规划初期，需要在考研和就业之间作出选择，这涉及对自身未来发展方向的判断和权衡；其二，在就业准备过程中，面对学习压力、就业形势严峻以及竞争压力等困境，容易出现心态失衡，如何保持良好心态并提升自身竞争力是关键。这些困难背后的影响因素包括对未来职业发展的不确定性、社会就业环境的压力以及个人心理调适能力。

解决思路：

其一，在职业规划方面，罗同学受"学高为师，身正为范"校风的影响，坚定教师梦，果断放弃考研而直接就业。为提升综合能力，她积极参与多个学生组织并成为骨干，参加大量社会实践，培养多种能力；努力学习专业知识，取得优异成绩，多次获得奖学金；踊跃参加各类赛事，锻炼自己，为就业打下坚实基础。其二，在应对心态和竞争压力方面，当面临由学习和就业压力导致的心态失衡时，她主动倾诉以排解压力，合理安排任务；面对竞争压力，拒绝躺平，专注于熟读初高中教材、优化课程设计，提升自身就业竞争力；工作遇到瓶颈时，加强专业知识学习，增强授课实践能力，积累师范生技能与经验。其三，在榜样的激励下，罗同学以校区的优秀试教老师为榜样，学习其教育观念和方法，坚定走向教育岗位，坚守教师道德情操，不断提升自身素质。

案例总结：

罗同学的成功经验在于明确目标，坚守初心，勇于尝试和挑战，积极提升自身能力，善于调整心态，受榜样激励不断奋进。未来建议罗同学在教师岗位上，持续提升教学能力，创新教学方法，关注学生需求和教育行业发展动态，加强自身心理健康管理，为学生成长和教育事业发展贡献更多力量。

> **名人名言**
>
> 本来事业并无大小；大事小做，大事变成小事；小事大做，则小事变成大事。
>
> ——陶行知

一、关于职业倦怠

职业倦怠又称职业枯竭症，是一种由长期工作压力和高强度工作环境引发的心理和生理现象，主要表现为情感耗竭、去人性化、成就感降低以及生理和心理症状，这些表现会严重影响个体的身心健康、工作表现以及生活质量。

（一）职业倦怠的定义

职业倦怠最早由美国心理学家赫伯特·弗罗伊登伯格于 1974 年提出，他认为这是一种由工作压力导致的心理枯竭现象，表现为情感疲惫、对工作失去热情、效率低下和对他人缺乏同情心。世界卫生组织于 2019 年首次将其正式纳入《国际疾病分类》（ICD-11），并定义为一种职业现象。这一定义强调职业倦怠是由长期未能有效管理工作压力导致的现象，其特征包括能量耗尽或精疲力竭、对工作产生心理距离或消极态度，以及职业效能降低。

（二）职业倦怠的表现

职业倦怠的表现多种多样，包括但不限于以下几点。

（1）情感耗竭：感到疲惫、精疲力竭，无法应对工作中的挑战。

（2）去人性化：对同事和客户表现出冷漠、敷衍的态度，缺乏同情心。

（3）成就感降低：对工作失去兴趣，感到无法胜任，甚至对工作产生消极情绪。

（4）生理和心理症状：如失眠、头痛、抑郁、焦虑等。

二、职业倦怠的负面影响

长期处于职业倦怠状态，不仅会导致员工工作效率低下、创造力下降、离职率增加，还会对其身心健康造成严重损害，如引发焦虑、抑郁等心理问题，以及高血压、心脏病等身体疾病。

职业倦怠绝非简单的工作疲惫，而是在长期高压工作下的身心俱疲、能量耗尽的心理枯竭状态。它像一个隐匿在暗处的"隐形杀手"，悄无声息地给个人带来诸多负面影响。

（一）不利于身心健康

职业倦怠是焦虑、抑郁、失眠等心理问题的"催化剂"。长期处于这种状态，身体会亮起"红灯"，频繁头痛、肠胃功能紊乱、免疫力下降等状况接踵而至。在高压工作环境中，许多人都有过这样的体验：工作强度大而难以入睡，或者在工作时头痛欲裂，这些都可能是职业倦怠的身体预警。

（二）降低工作效率、影响职业发展

职业倦怠更是扮演着"阻碍者"的角色。它使人们对工作失去热情和动力，注意力难以集中，工作效率大幅降低，错误率增加。曾经积极进取的员工，可能会因为职业倦怠而变得消极，错失晋升机会，职业发展陷入停滞状态。例如，一位原本工作表现出色的员工，在经历职业倦怠后，工作质量下降，频繁出错，不仅无法承担重要项目，还可能面临被辞退的风险。

（三）个人生活质量下降

职业倦怠常常会打破工作与生活的平衡。工作中的负面情绪产生不良影响，导致与家人、朋友的关系紧张，生活质量严重下降。面对家人朋友的关心，职业倦怠的人可能只是敷衍回应，甚至因为一点小事就大发雷霆，导致家庭氛围变得压抑。

由此可见，职业倦怠对个人的影响是全方位、深层次的。若不加以重视和预防，它将如同滚雪球般，给个人的生活带来更大的危机。因此，制订有效的职业倦怠预防干预方案迫在眉睫，这不仅关乎个人的职业发展，更关乎个人的身心健康和生活幸福。

三、职业倦怠的成因

众多学者针对职业倦怠的成因展开了广泛且深入的研究。他们在对不同行业、不同职位的众多职场人士调查与分析后发现，职业倦怠并非由单一因素引发，而是多种因素相互交织、共同作用的结果。

（一）工作负荷大、身心疲惫

在当今快节奏的社会中，工作压力如影随形，成为导致职业倦怠的首要因素。长期的高强度工作、超长的工作时间以及过高的工作目标，如同"三座大山"，压得职场人士喘不过气。许多员工每天工作时长超过 8 小时，甚至在 10 小时以上。这种长期的高强度工作，会使他们的身体和心理疲劳不断累积，最终引发职业倦怠。长时间的工作压力还会导致身体出现各种不适，如头痛、背痛、失眠等，进一步影响工作状态和生活质量。

（二）工作成就感低

职业晋升空间受限、缺乏培训与成长机会，是让员工陷入职业发展迷茫期，进而失去工作热情的重要原因。在一些企业中，晋升渠道狭窄，论资排辈现象严重，年轻有能力的员工难以获得晋升机会，这使他们对未来感到迷茫，工作积极性受挫。缺乏培训与成长机会也让员工的能力难以得到提升，无法适应工作的变化和发展，从而产生职业倦怠。例如，一位在传统制造业工作多年的员工一直从事基础的生产操作工作，企业很少提供培训和晋升机会，他会感觉自己的职业生涯陷入停滞状态，从而对工作逐渐失去兴趣和动力。

（三）人际关系难处理

职场中的人际关系同样对职业倦怠有着不可忽视的影响。同事关系紧张、与上级沟通不畅等问题，就像隐藏在暗处的"暗礁"，随时可能让员工的工作心情和效率受到影响，增加职业倦怠的风险。在团队合作中，同事之间缺乏信任和协作，互相推诿，会导致工作氛围压抑，工作效率低下。与上级沟通不畅，无法理解上级的工作要求和期望，或者得不到上级的认可和支持，也会让员工感到沮丧和无助。例如，一位员工在工作中提出了自己的想法和建议，却遭到了上级的否定，且没有得到合理的解释，这会让他觉得自己的努力不被重视，逐渐对工作失去热情。

（四）个人兴趣、能力与工作内容不匹配，价值观与企业文化冲突

当个人兴趣、能力与工作内容不匹配，价值观与企业文化冲突时，员工对工作就会缺乏动力和成就感，职业倦怠也随之而来。例如，一个对创意设计充满热情的人，却从事着重复性的文案整理工作，每天面对枯燥的文字，很难提起工作的兴趣和积极性。若价值观与企业文化冲突，如个人注重工作与生活的平衡，企业却倡导加班文化，这种冲突会让员工内心产生矛盾和挣扎，进而对工作产生抵触情绪。

四、预防职业倦怠的方法

认知是行动的先导，在预防职业倦怠的征程中，认知层面的觉醒与转变至关重要。它是筑牢预防职业倦怠根基的关键所在。只有从内心深处认识到职业倦怠的危害，洞察其产生的根源，并树立正确的职业观念，大学生才能在面对职场挑战时，保持清醒的头脑和积极的心态，有效预防职业倦怠的发生。

（一）早点识别倦怠信号

职业倦怠的形成并非一朝一夕，在其发展过程中，会释放出诸多信号，只要大学生用心留意，便能及时察觉。

1. 工作动力严重不足

这表现为曾经对工作充满热情，积极主动承担任务，如今却消极被动，对工作提不起兴趣，仅仅为完成任务而工作。例如，每天早晨起床准备上班时，一些人会常想"今天要是周末就好了"，一想到上班就无比疲惫，甚至产生抵触情绪。

2. 身体发出预警信号

（1）频繁疲惫：即便经过充足休息，精力也难以恢复。

（2）易生病：易患感冒，产生头痛、肠胃不适等症状。

（3）睡眠质量下降：入睡困难、多梦易醒。

3. 工作效率明显降低

这表现为注意力难以集中，工作时容易分心；原本能高效完成的任务，现在需花费更多时间和精力，错误率也显著增加；与同事沟通协作时，缺乏耐心，容易产生矛盾和冲突，导致人际关系紧张。

4. 情绪出现较大波动

这表现为变得容易焦虑、烦躁、抑郁，对工作和生活感到悲观失望，经常抱怨工作不如意，对未来失去信心；曾经能轻松应对的工作压力，现在却觉得不堪重负，甚至产生恐慌心理。

当这些早期信号出现时，大学生绝不能忽视，而应及时反思自己的工作和生活状态，采取相应的措施进行调整，避免职业倦怠进一步发展。

（二）树立正确的职业观

树立正确的职业观是大学生抵御职业倦怠的坚实盾牌。大学生要深刻认识到，工作不仅是为了获取物质报酬，更是实现个人价值、获得社会认可和尊重的重要途径。

从个人层面来看，它是大学生实现经济独立的基石，让其能够自食其力，并为追求更高品质的生活提供物质保障。工作还是个人成长和自我实现的平台。通过工作，大学生可以不断学习新知识、新技能，提升自己的能力和素质，克服各种挑战，实现自我价值的提升。每一次成功完成项目，每一次获得客户的认可，都能让大学生感受到自己的成长和进步，获得成就感。

从社会层面来看，工作是社会运转的重要组成部分。每个人都在自己的岗位上为社会创造价值：医生救死扶伤，教师教书育人，工人生产产品，服务人员提供优质服务。正是有了每个人的辛勤付出，社会才得以正常运转，不断发展进步。

大学生要学会从工作中寻找意义，明确自己的职业目标。大学生可以思考自己的工作对他人、对社会有哪些积极影响。例如，一名普通快递员的工作虽然平凡，但能为无数人带来便利，让人们能够及时收到自己购买的产品。当认识到工作的意义和价值后，大学生就能增强职业认同感和使命感，从而更加热爱自己的工作，减少职业倦怠的发生。

（三）自我认知再提升

"知己知彼，百战不殆。"在职场中，了解自己同样至关重要。提升自我认知，有助于大学生更好地认识自己的兴趣、优势和价值观，从而找到与自身相匹配的工作，降低职业倦怠。

大学生可以通过多种方式深入了解自己：其一，进行自我反思，回顾自己过去的学习、工作和生活经历，思考自己在哪些方面表现出色、哪些方面还有不足，思考自己的兴趣点在哪里、喜欢从事什么样的工作；其二，借助专业的职业测评工具，如 MBTI 性格测试、霍兰德职业兴趣测试等，从多个维度对自己的性格、兴趣、能力等进行分析，从而了解自己、及时调整。

在了解自己的基础上，大学生还要对工作进行全面评估，分析工作内容、工作环境、职业发展前景等是否与自己的兴趣、优势和价值观相匹配。如果发现工作与自身不匹配，大学生可以尝试与上级沟通，寻求调整工作内容或岗位的机会；如果无法在现有工作中找到匹配点，那么适时调整职业方向，寻找更适合自己的工作，或许是明智之举。

例如，一个性格开朗、善于与人沟通的人，却从事着一份需要长时间独处、专注于数据处理的工作，他很可能会感到压抑和不适应，从而产生职业倦怠。此时，他可以考虑转向销售、市场推广等更能发挥自己沟通优势的岗位，这样不仅能提高工作的积极性和主动性，还能提升工作的满意度和成就感。

四、心能目标导航：双重提升计划

（一）心灵能量充电：职场调适策略

1. 乐观心态养成：笑对职场困难，视困难为成长契机

举例：小李刚入职时，因为不熟悉工作流程，经常犯错。但他没有气馁，而是把每次错误都记录下来，分析原因并改进。半年后，他不仅熟练掌握了工作技能，还因为积极的态度得到了上级的认可。

实操建议：每天记录一件让自己产生成就感的小事，如"今天独立完成了一份报告"或"解决了同事的一个问题"，逐渐培养乐观心态。

2. 情绪智慧掌握：主导自我情绪，学会管理和调节情绪

举例：小张在一次项目汇报中表现不佳，感到非常沮丧。但他没有让情绪影响工作，而是通过深呼吸和短暂休息调整状态，最终在后续任务中表现出色。

实操建议：当情绪出现较大波动时，尝试 3 分钟呼吸法：深呼吸 3 次，问自己："这件事真的那么严重吗？我能做些什么改变现状？"

3. 抗压韧性提升：强化心理力量，勇于面对挑战

举例：小王在接手一个紧急项目时，压力巨大。但他通过分解任务、设定小目标，最终按时高质量完成了项目，并因此获得了晋升机会。

实操建议：面对压力时，将大任务拆解为小目标，每完成一个小目标就给自己一个小奖励，如喝杯咖啡或休息 10 分钟。

（二）理想蓝图重塑：工作模式定制

1. 工作规划合理：高效利用时间，制订有序计划

举例：小陈每天上班前花 10 分钟列出当天任务，并按优先级排序。这种方法让他避

免了手忙脚乱，工作效率大幅提升。

实操建议：使用"四象限法"规划任务，即将任务分为重要且紧急、重要但不紧急、紧急但不重要、不紧急也不重要四类，优先完成重要且紧急的任务。

2. 内容适时调整：增强挑战与自主性，激发工作热情

举例：小刘在熟悉基础工作后，主动向上级申请参与更具挑战性的项目。这让他不仅学到了新技能，还让他的工作热情持续高涨。

实操建议：每季度与上级沟通一次，讨论工作内容的调整方向，争取更多自主权和挑战性任务。

3. 职场激情续航：新鲜感保持术

举例：小赵通过参加公司组织的培训课程，学习了数据分析技能，并将其应用到日常工作中。这让他不仅提升了工作效率，还获得了同事的认可。

实操建议：每月学习一项新技能或阅读一本专业书，保持对工作的新鲜感和求知欲。

五、稳步心理调适策略

（一）心理调适的渐进式演练

1. 短期：每天进行积极的心理暗示，营造乐观工作氛围

举例：小孙每天上班前对着镜子说一句"今天会是充满收获的一天"。这种积极暗示让他在工作中更加自信。

实操建议：每天记录几件值得感恩的事情，如"同事帮我解决了问题""今天学到了新知识"。

2. 中期：定期参与冥想或放松活动，巩固情绪管理能力

举例：小周每周参加一堂瑜伽课，通过冥想和放松，缓解了工作压力，情绪管理能力显著提升。

实操建议：每周安排1~2次放松活动，如跑步、听音乐或与朋友聚会。

3. 长期：通过持续学习和挑战自我，增强心理韧性

举例：小吴每年设定一个学习目标，如考取专业证书或掌握一项新技能。这种持续学习让他始终保持竞争力。

实操建议：每年制订一个学习计划，并将其分解为每月、每周的小目标，逐步实现。

（二）工作模式的精细优化

1. 初期：制订详细工作计划，合理分配时间，提高效率

举例：小郑使用时间管理工具番茄钟法，将工作时间分为25分钟的工作段和5分钟的休息段，工作效率显著提升。

实操建议：尝试不同的时间管理工具，找到最适合自己的方法。

2. 中期：主动与上级沟通，调整工作内容，增加自主性

举例：小高在熟悉基础工作后，主动向上级提出优化流程的建议，并获得了实施机

会，工作内容更加丰富。

实操建议：每季度与上级进行一次职业发展沟通，讨论工作内容的调整方向。

3. 长期：探索内部转岗或晋升机会，拓宽职业视野

举例：小秦通过内部转岗从行政岗位转到市场岗位。这不仅拓宽了他的职业视野，还使他找到了更适合自己的发展方向。

实操建议：关注公司内部的转岗或晋升机会，主动了解相关岗位的要求并提前准备。

（三）职场热情续航的策略

1. 短期：参加培训课程，学习新技能，提升专业能力

举例：小何每月参加一次线上培训课程，学习了 PPT 制作和数据分析技能。这些技能让他在工作中更加得心应手。

实操建议：每月学习一项新技能，并将其应用到实际工作中。

2. 中期：关注行业动态，参与交流活动，拓展人脉资源

举例：小唐通过参加行业论坛，结识了几位业内专家。这不仅拓宽了他的职业视野，还使他获得了宝贵的职业建议。

实操建议：每季度参加一次行业交流活动，主动与同行交流，建立社交关系网络。

3. 长期：设定并追求长短结合的职业目标，实现个人成长与职业发展

举例：小刘设定了"三年内成为部门主管"的目标，并将其分解为每年的小目标，如"第一年提升专业技能，第二年积累管理经验"。

实操建议：每年设定一个长期目标和若干短期目标，并定期进行复盘和调整。

（四）平衡工作、生活的艺术

1. 日常：制订科学的时间表，确保工作与生活平衡

举例：小赵每天下班后留出 1 小时陪伴家人，周末安排半天时间用于发展兴趣爱好。这种平衡让他在工作中更有动力。

实操建议：每天固定时间用于休息和娱乐，避免让工作占据全部生活。

2. 阶段调整：根据工作与生活变化，灵活调整时间表

举例：小陈在项目繁忙期适当减少娱乐时间，项目结束后安排一次短途旅行，放松身心。

实操建议：根据工作强度灵活调整生活安排，避免长期处于高压状态。

3. 长期维护：培养兴趣爱好，建立支持系统，保持身心健康

举例：小张通过坚持跑步和摄影，不仅缓解了工作压力，还结识了一群志同道合的朋友。

实操建议：培养至少一项兴趣爱好，并建立自己的支持系统，如家人、朋友、同事。

预防职业倦怠，是对自己身心健康的深情呵护，是对职业发展的长远投资，更是对美好生活的执着追求。从当下做起，从点滴做起。每天给自己一个积极的心理暗示，合理规划工作任务，抽出时间陪伴亲朋好友，培养一项新的兴趣爱好……这些看似微不足道的改变，都将汇聚成强大的力量，帮助我们有效预防职业倦怠，让我们在工作中重拾热情与活

力，在生活中收获幸福与满足。愿我们都能在工作与生活的舞台上，绽放出最耀眼的光芒，书写属于自己的精彩篇章。

第三节　新手教师如何成长

 **案例导入**

心有暖阳，脚踏实地，拨云见日终有时

案例背景：

陈同学是重庆某大学美术学院 2019 级本科生，在校期间积极参与班级建设、学生工作、志愿服务等各类活动，临近毕业时确定考公方向。在大学生活中，陈同学面临着职业规划迷茫、就业方向确定较晚等挑战。

案例分析：

陈同学面临两大困难：其一，在职业规划方面，对是否从事本专业工作犹豫不决，缺乏明确的职业方向，导致校招及其他求职尝试均未成功，后期才确定考公，时间紧迫；其二，在确定毕业去向目标方面，容易陷入迷茫和焦虑，面对自身的不足和失败，难以保持良好心态，且容易受他人影响。这些困难背后的影响因素包括对自身兴趣和职业优势的认知不足、缺乏有效的职业探索方法以及心理调适能力较弱。

解决思路：

其一，在职业规划上，建议尽早做好规划，明确目标，避免多线进行而耗费过多精力；对于不想从事本专业的同学，要特别重视确定实习时的职业方向；逐步舍去不必要的活动，将精力集中到目标规划上。其二，在能力提升上，积极参与各类活动，通过加入学生会、担任班级干部以及参与社会实践和志愿服务活动，提升自身综合能力，实现自我价值，珍惜每一次成长的机会。其三，在心态调整上，通过设想理想生活，运用递向思维明确内心目标；学会接纳不完美的自己，面对失败保持平常心，不与他人进行无意义的比较，只和过去的自己赛跑；若感到迷茫，也不应慌乱，而应及时调整改变。

案例总结：

陈同学的经验在于积极参与大学活动提升自我，虽在职业规划上有所波折，但能总结教训。其成功之处在于不断反思和探索适合自己的道路。未来建议陈同学在考公备考中，制订科学的学习计划，提升专业知识和应试能力；同时持续关注行业动态和就业信息，为考公成功后的职业发展做好准备；注重心理健康，在备考压力下保持良好心态，在公职道路上实现自身价值，为社会发展贡献力量。

名人名言

体力劳动是防止一切社会病毒的伟大的消毒剂。

—— （德国）卡尔·海因里希·马克思

本节以新手教师的职场适应为例，论述其在不同场景的应对策略。

初为人师，就像踏入一片充满无限可能的新大陆。新手教师的第一年，是从理论迈向实践的关键转折点，是职业生涯的基石，也是自我成长与蜕变的黄金时期。在这一年里，每一堂课的精心准备、每一次与学生的互动交流、每一回和家长的沟通协作，都如同成长乐章中的音符，奏响了进步的旋律。

此外，在这一年里，新手教师会面临诸多挑战，如课堂纪律的管理、教学方法的选择、与家长的沟通技巧、处理学生间的矛盾冲突等。为了帮助新手教师更好地应对这些挑战，本书精心整理了较为丰富的关键场景的应对策略，涵盖教学日常、学生管理、家校沟通等多个方面。无论是面对棘手的学生，还是筹备重要的家长会；无论是组织丰富多彩的班级活动，还是处理教学过程中的突发状况，在这里，新手教师都能找到实用的应对策略。这些应对策略就像一把把钥匙，可以开启成功教学的大门，使新手教师在教育之路上稳步前行，迅速成长为一名优秀的教师。

一、教学日常类

（一）教学设计场景

教学设计场景存在的问题及应对策略如表 9-1 所示。

表 9-1　教学设计场景存在的问题及应对策略

存在的问题	应对策略
教学内容重点不突出，难以区分重点与非重点内容，导致课堂平均用力，学生抓不住关键知识	依据课程标准和学生实际情况，将教学目标细化为具体、可观察、可测量的小目标
教学目标设定不清晰，缺乏可操作性与可衡量性，教学活动缺乏方向	运用举例、类比、演示等方法突出重点、突破难点，合理安排教学内容顺序，构建完整知识体系
教学设计缺乏创新，教学方法单一，难以激发学生学习兴趣	设计小组讨论、角色扮演、提问等互动环节，调动学生积极性

（二）课堂纪律管理场景

课堂纪律管理场景存在的问题及应对策略如表 9-2 所示。

表 9-2　课堂纪律管理场景存在的问题及应对策略

存在的问题	应对策略
学生不遵守规则，随意讲话、走动，课堂秩序混乱，影响教学氛围和效果	开学初与学生共同制订简洁明了的课堂规则，如按时上课、认真听讲等，并明确违反规则的后果，同时向学生解释规则的重要性

续表

存在的问题	应对策略
新手教师缺乏经验，处理违纪行为时可能无从下手或措施不当，导致问题加重	及时处理违纪行为，根据违纪程度采取不同措施，如对轻微违纪用眼神暗示、走到身边提醒，对严重违纪严肃批评并按规则惩罚；设立表扬信、小红花、荣誉证书等奖励制度，开展小组竞赛，对遵守纪律、表现优秀的学生或小组进行表扬和奖励

（三）作业批改与反馈场景

作业批改与反馈场景存在的问题及应对策略如表9-3所示。

表9-3　作业批改与反馈场景存在的问题及应对策略

存在的问题	应对策略
批改方式单一，常采用全批全改，耗费大量时间、精力，且效果不佳	根据作业类型和目的选择合适的批改方式，如简单练习作业随堂批改，重点难点作业面批，也可组织小组批改
批改时只注重对错，忽视学生解题思路和方法分析，反馈不及时、缺乏针对性，学生难以获得有效学习指导	及时反馈作业情况，不仅要指出错误，提出具体改进建议，还要肯定进步；针对作业中普遍存在的问题进行集中讲解分析，展示优秀作业，促进学生相互学习

（四）课程进度把控场景

课程进度把控场景存在的问题及应对策略如表9-4所示。

表9-4　课程进度把控场景存在的问题及应对策略

存在的问题	应对策略
教学时间规划不合理，部分内容花费时间过多，重要内容却匆匆带过	依据课程标准、教学大纲、教材内容和学生实际情况制订详细教学计划，合理规划每个教学内容的教学时间，每周预留1~2节课的弹性时间
对学生学习情况估计不足，不能及时根据学生实际情况调整进度；突发情况如生病请假、学校活动等易导致课程进度滞后	教学过程中密切关注学生学习情况，根据学生接受程度和学习进度调整教学节奏；进度滞后时，利用自习课、课余时间补课，精简教学内容，突出重难点，采用小组合作学习、项目式学习等高效教学方法提高效率

二、学生管理类

（一）学生个体差异应对场景

学生个体差异应对场景存在的问题及应对策略如表9-5所示。

表 9-5　学生个体差异应对场景存在的问题及应对策略

存在的问题	解决策略
难以全面了解学生在学习能力、兴趣爱好、性格特点等方面的个体差异；无法满足不同学生的学习需求，不利于学生全面发展	在课堂上观察学生学习表现，课后与学生交流互动，还可通过问卷调查、心理测试等方式全面了解学生特点
	实施分层教学，将学生根据学习能力和知识水平分为不同层次，设定相应教学目标、内容和方法
	针对学习困难或有特殊需求的学生进行个别辅导，关注其心理状态，鼓励树立信心，激发学习动力

（二）学生矛盾处理场景

学生矛盾处理场景存在的问题及应对策略如表 9-6 所示。

表 9-6　学生矛盾处理场景存在的问题及应对策略

存在的问题	应对策略
学生之间矛盾多样，如利益冲突、性格不合、沟通不畅等，若不及时处理，会影响学生学习和身心健康，甚至引发更严重后果；教师处理时易情绪化	学生矛盾发生时，及时介入，制止冲突，与矛盾双方分别谈话，了解事情起因、经过和双方想法，给予学生充分的表达机会
	引导学生分析矛盾原因，组织讨论解决问题的方法，培养学生沟通能力和解决问题的能力，引导学生换位思考，理解他人感受和立场

（三）问题学生转化场景

问题学生转化场景存在的问题及应对策略如表 9-7 所示。

表 9-7　问题学生转化场景存在的问题及应对策略

存在的问题	应对策略
问题学生在学习、行为、心理等方面存在的问题类型多样，包括学习困难型、行为偏差型、心理问题型，其问题成因复杂，转化难度较大	通过与家长沟通、与前任教师交流、观察学生日常表现等方式了解问题产生的根源
	关心爱护问题学生，尊重其人格尊严，建立信任关系
	根据学生具体情况制订个性化转化方案，如为学习困难学生制订学习计划，为行为偏差学生制订行为规范和奖惩制度，为心理问题学生转介专业心理咨询师

（四）学生激励策略场景

学生激励策略场景存在的问题及应对策略如表 9-8 所示。

表 9-8　学生激励场景存在的问题及应对策略

存在的问题	应对策略
缺乏有效激励学生的方法，学生存在学习动力不足、难以主动投入学习	目标激励，帮助学生设定明确、具体、可实现的学习目标，将大目标分解为小目标，使学生在实现小目标过程中体验成功喜悦，增强学习动力
	榜样激励，在班级中树立学习榜样，如学习成绩优秀、品德或才艺突出的学生，组织主题班会、经验分享会等向榜样学习的活动
	情感激励，建立良好师生关系，关心学生学习和生活，关注其情感需求，及时给予鼓励和安慰

三、家校沟通类

（一）家长会筹备场景

家长会筹备场景存在的问题及应对策略如表 9-9 所示。

表 9-9　家长会筹备场景存在的问题及应对策略

存在的问题	应对策略
在文稿准备上，发言稿可能内容不全面、语言不恰当	撰写详细有条理的发言稿，包括自我介绍、班级情况介绍、教学计划与目标、班级管理措施、教育经验分享等内容，语言简洁明了、通俗易懂，控制篇幅、突出重点
环境布置缺乏经验，难以营造良好氛围	提前打扫教室，设置班级展示区展示学生成果，书写欢迎标语，摆放绿植，准备小礼物
细节衔接不到位，如通知不清晰、互动环节缺失等，影响家校沟通效果	提前发布邀请函，明确时间、地点、主题和议程；做好温馨提示，用座位图和座签引导家长就座；准备破冰游戏或暖场视频，互动解答疑问；会后写会后感言并发送给家长

（二）家长日常沟通场景

家长日常沟通场景存在的问题及应对策略如表 9-10 所示。

表 9-10　家长日常沟通场景存在的问题及应对策略

存在的问题	应对策略
电话沟通时可能目的不明确、语言组织混乱、沟通时间不当	电话沟通前明确目的和内容，组织好语言，注意礼貌，控制通话时间
微信沟通存在语言不规范、回复不及时、隐私保护不当等问题	微信沟通时语言规范、简洁明了，及时回复家长消息，避免在群里公开讨论学生隐私问题

续表

存在的问题	应对策略
家访前准备不充分，家访时沟通方式可能不当	家访前提前预约时间，了解学生家庭住址和成员情况；家访时以平等尊重的态度交流，先肯定学生优点与进步，再指出问题与不足，关注家庭环境影响，记录家访内容和家长意见建议

（三）家长质疑应对场景

家长质疑应对场景存在的问题及应对策略如表9-11所示。

表9-11　家长质疑应对场景存在的问题及应对策略

存在的问题	应对策略
面对家长对教学方法、教学进度、学生成绩等方面的质疑，可能存在听时不认真、解释不清楚、解决问题能力不足等问题	积极倾听家长意见和想法，给予充分表达时间，不打断，用眼神、点头等表示在认真听
	用通俗易懂的语言向家长解释教学方法的设计理念、目的和实施效果，分析学生成绩时全面介绍学习情况，包括优势、不足和成绩波动原因
	针对家长质疑提出具体解决方案，如调整教学计划、制订个性化学习计划等，展示解决问题的诚意和能力

（四）家长资源利用场景

家长资源利用场景存在的问题及应对策略如表9-12所示。

表9-12　家长资源利用场景存在的问题及应对策略

存在的问题	应对策略
对家长资源了解不全面，不明确家长能提供哪些帮助	通过问卷调查、家长会、日常交流等方式了解家长职业、兴趣爱好、专业特长等信息，建立家长资源库
资源利用不充分，未有效邀请家长参与教学活动和学校活动	根据教学和学生成长需求，邀请家长参与教学活动，如医生家长讲健康知识、警察家长进行安全教育等；组织家长志愿者参与学校活动，如运动会协助组织、维持秩序等

四、同事协作类

（一）新老教师交流场景

新老教师交流场景存在的问题及应对策略如表9-13所示。

表 9-13　新老教师交流场景存在的问题及应对策略

存在的问题	应对策略
新手教师主动与老教师交流的意识不足，参与学校组织的新老教师交流活动不够积极，难以充分利用老教师的经验和知识提升自己	主动向老教师请教教学中的问题，如教学设计、课堂管理等方面的困惑，定期与老教师交流，分享教学心得和体会
	积极参与学校组织的师徒结对、教学研讨会、经验分享会等交流活动，认真向师傅学习，在研讨会上积极讨论，在经验分享会上倾听学习

（二）团队教学合作场景

团队教学合作场景存在的问题及应对策略如表 9-14 所示。

表 9-14　团队教学合作场景存在的问题及应对策略

存在的问题	应对策略
团队教学合作中分工不明确，导致部分工作无人负责或多人重复做，使教学进展、学生情况等信息交流不及时，影响教学效果	根据教师专业特长、教学经验和兴趣爱好合理分配教学任务，明确每个教师的职责
	建立有效的沟通机制，定期召开团队会议，交流教学进展、学生情况和遇到的问题，共同探讨解决方案，分享教学资源，实现资源共享

（三）办公室人际关系处理场景

办公室人际关系处理场景存在的问题及应对策略如表 9-15 所示。

表 9-15　办公室人际关系处理场景存在的问题及应对策略

存在的问题	应对策略
办公室相处时间长，教师之间易产生矛盾、摩擦	尊重他人意见和想法，即使不同意，也以开放心态倾听交流，尊重他人隐私和劳动成果
在教学、科研、职称评定等方面存在利益关联，可能导致人际关系紧张	当同事遇到困难时主动提供帮助，如解决教学问题、分担工作任务等
教师在尊重他人、避免冲突等方面存在不足	与同事意见不合时保持冷静，通过沟通、协商解决问题；若冲突无法避免，及时寻求上级领导或其他同事的帮助

（四）参与教研活动场景

参与教研活动场景存在的问题及应对策略如表 9-16 所示。

表 9-16　参与教研活动场景存在的问题及应对策略

存在的问题	应对策略
在教研活动中发言准备不充分，难以提出有价值的观点和建议	提前准备发言内容，结合教学实践提出有价值的观点和建议，如分享有效的教学方法和策略，并分析实施效果和存在的问题

续表

存在的问题	应对策略
学习他人经验不够认真，对优秀教学案例和方法借鉴应用不足	倾听其他教师发言，学习教学经验、技巧和智慧，深入研究优秀教学案例和方法并应用到自己的教学中
分享自身教学成果和研究成果不够积极	积极分享自己的教学成绩、研究项目和成果，促进教学经验传播和教学研究开展

五、自我提升类

（一）教学反思与改进场景

教学反思与改进场景存在的问题及应对策略如表9-17所示。

表9-17　教学反思与改进场景存在的问题及应对策略

存在的问题	应对策略
教学反思不够深入，只停留在表面现象，未能深入分析问题	每节课后记录教学亮点和不足，包括教学方法运用、学生参与度、教学环节衔接等，记录突发事件和学生独特见解；分析学生课堂表现、作业完成情况、考试成绩，了解学生知识掌握程度和学习问题
改进措施缺乏可操作性，难以有效实施	制订具有可操作性和可衡量性的改进计划，如提高学生课堂参与度的具体措施和目标
尝试新教学方法的积极性不高，教学方法更新缓慢	根据教学反思结果，尝试在线教学、项目式学习等新方法

（二）专业知识学习场景

专业知识学习场景存在的问题及应对策略如表9-18所示。

表9-18　专业知识学习场景存在的问题及应对策略

存在的问题	应对策略
学科知识储备不足，对学科前沿动态了解不够	深入学习所教学科的基础知识、概念、原理和技能，构建完整知识体系，关注学科发展动态和前沿研究成果
理论知识欠缺	学习教育学、心理学、教育心理学等教育理论，掌握教学设计、教学方法、教学评价等理论知识
学习途径单一，主要依赖传统方式	通过阅读专业书籍、参加培训课程、在线学习等多种途径学习，如每月阅读一本教育理论书籍、参加校外专业培训和学术研讨会、在慕课平台学习相关课程

（三）心态调整与压力应对场景

心态调整与压力应对场景存在的问题及应对策略如表9-19所示。

表 9-19　心态调整与压力应对场景存在的问题及应对策略

存在的问题	应对策略
工作任务繁重、家长期望高、教学和管理困难等导致新手教师压力大，心态易失衡，产生焦虑、沮丧等负面情绪	正确认识教师角色和职责，明确工作目标和价值，树立信心，相信自己能胜任工作
	学会接受自己的不足和失败，将其视为成长机会，分析教学效果不理想等问题的原因，总结经验教训，调整教学方法和策略
	通过运动、社交等方式缓解压力，如每周运动 30 分钟以上，或与家人、朋友、同事交流分享遇到的问题
	进行积极心理暗示，如遇到困难时告诉自己"我可以"，还可通过冥想、深呼吸放松身心，每天花 10~15 分钟冥想

六、特殊场景类

（一）公开课准备场景

公开课准备场景存在的问题及应对策略如表 9-20 所示。

表 9-20　公开课准备场景存在的问题及应对策略

存在的问题	应对策略
选题不恰当，未结合自身教学风格和学生实际，难度把握不准	选题结合自身教学风格和学生实际情况，参考课程标准和教材内容，选择难度适中、处于学生最近发展区的课题
教学设计缺乏逻辑性和吸引力，导入和讲解环节不够精彩	精心设计教学环节，导入环节新颖独特，讲解清晰明了、重点突出，运用直观演示法、小组合作学习法等多种教学方法
磨课环节不到位，试讲次数少，对反馈意见不够重视	多次试讲，邀请有经验的教师听课，认真听取反馈意见，及时调整教学环节和方法

（二）考试应对场景

考试应对场景存在的问题及应对策略如表 9-21 所示。

表 9-21　考试应对场景存在的问题及应对策略

存在的问题	应对策略
命题难以兼顾科学性、全面性、规范性和创新性原则，试题难度和区分度把控不好	命题遵循科学性、全面性、规范性和创新性原则，根据教学大纲和学生实际水平控制试题难度和区分度
监考过程中可能出现时间把控不准、对作弊行为监管不力等问题	监考严格遵守考试时间，提前到达考场做好准备工作，认真履行职责，密切关注学生考试状态，制止作弊行为，营造良好考试环境

续表

存在的问题	应对策略
阅卷工作不认真细致，成绩分析不深入，无法为教学提供有效参考	阅卷认真细致，严格按评分标准评分，保持客观中立，及时进行成绩统计和分析，根据成绩找出学生学习问题，为后续教学提供参考

（三）学生活动组织场景

学生活动组织场景存在的问题及应对策略如表 9-22 所示。

表 9-22　学生活动组织场景存在的问题及应对策略

存在的问题	应对策略
活动策划经验不足，目标不明确，形式选择不当	明确活动目标，根据学生年龄特点、兴趣爱好和教育需求选择合适的活动主题和形式，制订详细活动计划，包括时间、地点、人员、流程、物资准备等
组织实施过程中对学生主体作用发挥不够，安全保障措施不完善	组织实施时发挥学生主体作用，成立活动小组，使学生分工合作，关注学生表现和需求，给予指导帮助，制订安全预案，确保学生人身安全

（四）应对教学事故场景

应对教学事故场景存在的问题及应对策略如表 9-23 所示。

表 9-23　应对教学事故场景存在的问题及应对策略

存在的问题	应对策略
教学事故发生后补救不及时，导致影响扩大	一旦发生教学事故，及时采取补救措施，如教学内容错误立即纠正并补充正确知识、教学进度失控合理调整教学计划
对事故反思总结不深刻，未能从根本上避免再次发生	主动承认错误，向学生和学校相关部门说明情况，表达歉意和改进决心
	深刻反思事故原因，组织教师讨论分享经验教训

新手教师的第一年是充满挑战与机遇的成长之旅。通过精心设计教学方案、巧妙管理课堂纪律、耐心处理学生问题、积极与家长沟通合作、虚心向老教师学习以及勇敢参与教学创新，在多个场景中不断实践与探索，新手教师可以逐渐找到属于自己的教育节奏和方法。这些经历不仅提升了他们的教学能力，更让他们学会了理解、包容与合作，深刻体会到教育不仅是知识的传授，更是心灵的沟通与成长的陪伴。每一次成功的课堂、每一个学生的进步和家长的认可，都可以让他们感受到教育的价值与意义，坚定前行的决心。未来的教育之路依然充满挑战，但只要保持积极的心态、不断学习、反思与创新，将教育梦想融入每一个教学细节，新手教师终将成为学生喜爱、家长信任、社会认可的优秀教师，在教育的舞台上绽放光芒。

如何提升教师的核心
竞争力——说课与
试讲

📝 **课后实践**

阅读以下资料，思考一下，如果入职后遇到以下问题，你该怎么应对？建议以 2~4 人为一个小组，每个小组申领一个问题，讨论后形成统一意见。下节课再在全班逐一进行讨论，商讨出应对策略。

（1）工作压力大：这是许多员工会遇到的问题。工作任务繁重、时间紧迫、竞争激烈等因素都可能导致员工感受到巨大的压力。

（2）沟通问题：有效的沟通是职场成功的关键。然而，很多时候由于沟通不畅、信息传递错误或理解偏差，工作容易出错或团队关系容易紧张。

（3）人际关系问题：与同事或上级之间的关系处理不当，可能会导致职场冲突和矛盾，影响工作效率和氛围。

（4）职业发展迷茫：许多员工对自己的职业方向和发展目标感到迷茫，不知道该如何规划自己的职业生涯。

（5）技能不足或知识更新滞后：随着行业的快速发展和技术的不断更新，员工需要不断学习新知识和技能以适应变化。然而，有些员工可能会因为技能不足或知识更新滞后而面临职业危机。

（6）晋升机会有限：尽管工作表现出色，但出于公司政策、职位或其他原因，员工可能难以获得晋升机会。

（7）薪资待遇不满意：员工可能会对自己的薪资待遇感到不满意，认为自己的付出与回报不成正比。

（8）工作与生活平衡问题：长时间的工作和加班可能会导致员工无法平衡工作和生活，从而影响身心健康和家庭关系。

（9）领导风格不匹配：有些时候，员工的个人工作习惯与领导的管理风格之间存在差异，这可能导致工作效率低下，员工感到不满意或受到挫败。

（10）工作内容单调乏味：对于某些职位，工作内容可能相对单一和重复。这容易让员工感到无聊和缺乏动力，甚至影响他们对工作的投入和热情。

（11）缺乏明确的职业规划：当员工对自己的职业方向和发展路径不清晰时，可能会感到迷茫和不安，从而缺乏长期的工作动力和目标。

（12）团队协作问题：团队中可能存在协作不畅、责任不明确或任务分配不合理等问题。这会影响团队的整体效率和氛围。

（13）行业变革带来的挑战：随着科技的进步和市场的变化，某些行业可能会经历剧烈的变革。这意味着员工需要不断适应新的工作环境和要求，可能会带来一定的压力和不确定性。

（14）职场欺凌与不公：虽然许多公司都致力于创建公平、公正的工作环境，但职场欺凌、性别歧视或其他形式的不公现象仍然存在。这会对员工的心理健康和工作满意度产生负面影响。

（15）对新技术或工具的适应问题：随着科技的发展，新的技术和工具不断涌现。对于某些员工，适应这些新技术可能会成为一项挑战，需要花费额外的时间和精力去学习和掌握。

以上这些问题只是职场中常见的一部分，实际上由于经历和环境不同，每位员工会遇到不同的问题。面对这些问题，重要的是保持积极的心态，主动寻求解决方案，并不断提升自己的能力和素质，以适应职场的变化。

第十章
大学生创新创业实践指导

本章导读

当代青年是同新时代共同前进的一代。我们面临的新时代，既是近代以来中华民族发展的最好时代，也是实现中华民族伟大复兴的最关键时代。广大青年既拥有广阔发展空间，也承载着伟大时代使命。青年是国家的希望、民族的未来。我衷心希望每一个青年都成为社会主义建设者和接班人，不辱时代使命，不负人民期望。对广大青年来说，这是最大的人生际遇，也是最大的人生考验。

——2018 年 5 月 2 日，习近平在北京大学师生座谈会上的讲话

教育目的

1. 了解创新创业的定义。
2. 认真学习相关知识，了解大学生开展创新创业的途径。
3. 积极学习创新创业的实践途径，在创新创业实践中实现自我成长。

第一节　关于创新创业

 案例导入

集群策之力量，做同学暖心人

案例背景：

王同学是重庆某大学数学科学学院统计学专业 2016 级的学生，在毕业后创办了自己的书店，专注于为大学生提供教材和学习资源。他的创业经历始于大学时期，通过兼职和不断尝试，他积累了宝贵的实践经验，最终将自己的想法变为现实。

案例分析：

王同学的创业经历可以总结为以下几个方面的挑战和思考：起步的艰辛、发现市场需求、创业中的创新思维。

解决思路：

其一，从实践中积累经验。王同学在创业初期并没有急于求成，而是通过多次尝试与总结，不断优化自己的项目。他通过兼职积累了创业所需的耐心和韧性。其二，抓住市场痛点，创新创业。在发现教材回收和再利用的需求后，王同学通过自己的创业眼光，创新性地提出了"二手书"项目，既解决了教材的浪费问题，又为大学生提供了更实惠的学习资源。其三，灵活应对挑战。面对资金、场地、运输等困难，王同学没有轻易放弃，而是通过合伙、租赁、购买二手设备等方式解决问题，并在实践中不断改进自己的管理和运营模式。

案例总结：

王同学的创业经历不仅体现了他敢于尝试和创新的精神，也展示了他坚韧不拔的毅力。在面对创业中的困难时，他通过实践不断总结经验，突破了初期的种种困难，逐步发展了一个成功的商业项目。

名人名言

非经自我发奋所得的创新，就不是真正的创新。

—— （日本）松下幸之助

一、创新创业的相关定义

（一）创新的定义

"创新"一词，历史悠久，含义丰富且深刻。"创新"一词早在我国的南北朝就已经出现，基本含义是"创立或创造新的事物"。"创新"一词的英文"Innovation"，源于拉丁语"Innovare"，有三个含义，即更新、变革、制造新事物。《现代汉语词典》（第7版）中将"创新"的其中一个含义解释为"抛开旧的，创造新的"。创新是以新思维、新发明和新描述为特征的一种概念化过程。由此可见，创新包含三个含义：第一，更新；第二，创造新事物；第三，改变。

创新是人类特有的，是人类主观能动性的高级表现，是推动民族进步和社会发展的不竭动力。一个民族要想走在时代前列，不能离开创新思维和创新活动。创新是一种人的创造性实践行为，实践是创新的根本所在。创新的无限性在于物质世界的无限性。

（二）创业的定义

创业的定义可以从多个角度进行阐述，其内涵丰富且具有多样性。

从狭义上看，创业通常指创办一家新企业，是通过发现和利用商业机会，组织资源，提供产品或服务以创造经济价值的过程。这种定义强调了创新、资源整合和风险承担的重要性，是创业者通过努力将想法转化为现实的实践过程。

从广义上看，创业不仅限于创办企业，还包括开创事业、创造新价值或新事物的活动。例如，广义的创业可以涵盖社会创业、文化创业、科技创业等，其核心在于通过创新思维和行动，实现个人、集体或社会的目标。此外，创业还被视为一种劳动方式，需要创业者运用服务、技术、器物等资源进行思考、推理和判断，从而优化资源配置并创造更大的经济或社会价值。

创业的本质不仅在于获得经济收益，更是一种精神追求和态度。它体现了创业者对挑战的勇气、对目标的执着以及对社会贡献的责任感。创业过程往往伴随着高风险和不确定性，但也充满机遇和可能性。创业者需要具备敏锐的洞察力、灵活的应变能力和坚持不懈的精神，才能在复杂的环境中实现目标。

创业是一种复杂的行为过程，既包括发现和利用机会，也涉及资源整合、创新实践和价值创造。无论是狭义还是广义的定义，创业都强调了创新精神、资源整合能力以及承担风险的勇气。它不仅是经济活动的一部分，更是个人价值实现和社会进步的重要推动力。

（三）创新创业的定义

创新创业是一种通过创新思维和行动，将新想法转化为实际生产力并创造价值的过程。它既包括技术创新、产品创新等具体领域的创新，也包括创业活动中的资源整合和机会捕捉。创新创业不仅是经济发展的重要驱动力，也是个人实现价值和社会进步的重要途径。

二、创新创业者概述

（一）创新者的定义与分类

1. 创新者的定义

创新者的定义有其历史属性和时代属性。在不同历史时期，人们对创新与创新者的理解有所差异。真正的创新者，必然是既能立足于现实又能面向未来的创新者，那些不能适应未来发展的只能是"伪创新者"，必将被时代淘汰。创新者通常具有精力充沛、注意力集中、坚持不懈、想象力丰富、富有冒险精神等特征。创新者与循规者的区别就在于，创新者具有创新意识、创新思维、创新知识、创新能力、创新精神、创新人格并能够取得创新成果，循规者则是常规思维占主导地位，创新意识、创新能力、创新精神不强，习惯按照常规的方法处理问题。

综上所述，本书将创新者定义为具有创新意识、创新精神和创新思维，并能付诸行动的人。

2. 创新者的分类

依据不同的标准，创新者可以分为不同的类型。依据创新者创新创业的表现形式，可以分为知识创新者、技术创新者、制度创新者、服务创新者、组织创新者、管理创新者等；依据创新者创新创业的领域，可以分为教育创新者、工业创新者、农业创新者、国防创新者、金融创新者、社会创新者、文化创新者等；依据创新者创新创业的性质，可以分为研究型创新者、综合型创新者、应用型创新者。

（二）创业者的定义与分类

1. 创业者的定义

《牛津英语词典》对"创业者"有明确的定义，即"在担当风险的情况下开启或运行一定业务来获取经济利益的人"。比较有影响力的是彼得·德鲁克的定义，他在其所著的《创新与创业精神》一书中写道："创业是一种行为，而不是个人性格特征。"通过梳理，我们对创业者作出如下界定。

创业者主要是指认识到市场机会，通过创立企业试图获得机会带来的收益，而同时必须为错误的决策承担风险的人。

首先，创业者必须是市场机会的发现者。创业者凭借其信息的优势、知识的积累和特殊的敏感性，发现新的市场需求，以更低的价格提供现存市场产品和未被完全识别出的需求。

其次，创业者通过开创企业或在现有组织中组织人、财、物等要素，开发市场机会并获得由机会带来的收益。

最后，创业者必须为自己对机会价值判断的失误承担风险。

2. 创业者的分类

从创业过程中所处的角色和所发挥的作用来看，创业者可以分为独立型创业者、主导型创业者、跟随型创业者；从创业者的背景和动机来看，创业者可以分为生存型创业者、投资型创业者、事业型创业者；从创业思路来看，创业者可以分为复制型创业者和创新型创业者。

（三）创新创业者的定义

由前文可知，创业者根据创新思路来划分，可以分为复制型创业者和创新型创业者。其中，复制型创业者是指通过模仿或复制市场上已有的成功企业的经营模式、经营理念、发展战略等进行创业的创业者。创新型创业者是指突破传统的经营理念，通过自身的创造性活动引导新市场的开发和形成，通过培育市场营造商机的创业者。创新型创业可以细分为技术驱动型创业和创意驱动型创业。

目前，"创新"和"创业"的概念分别出现在创新理论和创业学的教材中。本书认为，创新和创业并不是割裂开的，二者相互融合，缺一不可。

三、大学生创新创业者的特征

那么，大学生创新创业者应该具备哪些特征呢？本书认为，大学生创新创业者的特质可以从心理特征、身体特征和思维特征三个方面进行划分。大学生创新创业者在心理特征方面的特质包括敏感、富有冒险精神、自信、永不满足和抗压能力强，在身体特征方面的特质是精力充沛，在思维特征方面的特质是具有目标导向性。

（一）心理特征：自强不息

大学生创新创业者自强不息的心理特征包含敏感、富有冒险精神、自信、永不满足、抗压能力强五个方面。

1. 敏感

敏感一般是指人们对环境和事物的变化具有很高的灵敏度。这里的环境变化并不是指诸如全球变暖、沙漠化加剧等生态学意义上的环境变化，而是指能影响创新创业的各种外在因素的变化，如技术环境变化、政策环境变化、经济环境变化、市场环境变化。技术环境变化包括新的科技发明的出现、现有技术新的用途被发现等。政策环境的变化包括国家为了实现经济社会发展的战略目标而作出的政策改变，这些政策改变表明国家将重点支持、鼓励什么，限制、禁止什么，不再支持、反对什么。而宏观上诸如通货膨胀的程度、消费、投资和需求的变化，产业结构的变化，微观上某地企业所属的行业总体发展状况的变化，都属于经济环境变化的范畴。市场环境变化则包括竞争对手、消费偏好和心理倾向等方面的变化。由此可见，创新创业者所处的环境复杂深刻，包含的信息丰富繁多。创新创业的机会往往源于创新创业者敏感地意识到环境变化过程中的市场空白。创新创业者作为市场空白的发现者，或者市场缝隙的弥补者，要在纷繁复杂的环境中迅速识别出创新创业的机会，就要比一般人具有更为灵敏的信息感知力和更为敏锐的机会意识。

2. 富有冒险精神

市场经济条件下，风险随处可见，但风险也有大小之分。开发一个新的市场、研发一种新的产品、创造一个新的服务平台，往往充满了更多的不确定性，风险也更大。这是因为，创新或创造新事物的不确定性是多方面的。例如，新产品或服务模式开发可能遭遇失败、可能出现筹资困难；现有的政策体制改革相对滞后，可能阻碍市场的形成和发展；培育的新市场可能被追随模仿者利用等。因此，要迈出创新创业的第一步，并坚持下去，创新创业者就需要有敢于冒险的意愿和决心。当然，这里的敢于冒险的意愿和决心是建立在对客观现实的科学分析基础之上的，而并非赌徒式的侥幸投机。但是，创新创业者还应当看到，随着创新创业趋近于成功，创新创业者求稳的思想会逐渐占据上风，创业初期的冒险精神将会出现衰退。

3. 自信

西方有句谚语，"罗马不是一天建成的"。创新创业是一个循序渐进的过程，这期间遇到的困难、挫折以及意外事件较多，不可能一蹴而就。当人们面对挫折时，自信与否很重要，它影响人们的选择、努力和坚持，也影响人们对目标能否成功实现的信念。杜根定律认为，一个人的成败取决于他是否自信，若这个人是自信的，其自信意识不断强化，形成良性循环，最后往往能获得胜利；若这个人是自卑的，自卑就会扼杀他的聪明才智、消磨他的意志。成功的创新创业者往往拥有强烈的自信，这使他们在面对挑战和挫折时不回避、不放弃、不动摇、不懈努力，直至成功。

4. 永不满足

永不满足不是贪得无厌，而是不安于现状，渴望不断探索、创新和超越。创新创业者往往是不安于现状的。这种不安于现状源于多个方面，如创新创业者不安于现有的生活状态、不止步于现有的成就、渴望挑战和冒险、渴望超越自己或他人、对未知的和新的事物充满好奇、渴望不断尝新、不愿拘泥于"标准答案"、渴望探索解决问题的更多方案等。这种永不满足本身不是人们决心创业的决定性因素，但它能产生一种助推力。只要确定创新创业的目标，这种永不满足的特质就会推动创新创业者朝着目标不断前进。

5. 抗压能力强

抗压能力一般指心理承受力，是个体对逆境引起的心理压力和负面情绪的承受与调节能力，主要是对逆境或压力的适应力、容忍力、耐力、战胜力等。创新创业者在探索实践中会遇到各种挫折和危机，心理承受力差的人在危机和挫折面前往往会慌乱、犹豫、气馁，甚至意志消沉，有的人还会出现身体不适。因此，创新创业者只有具备较强的抗压能力，才能拥有积极稳定的心态去应对随时可能出现的危机和挫折。

（二）身体特征：精力充沛

人的身体特征千差万别，例如，每个人的嗓音、腔调、身材、容貌、体型、体质等都不可能完全一样。但创新创业者普遍具有的一个身体特质便是精力充沛。创新创业的过程是艰苦且复杂的，除了处理日常的繁杂工作，他们还要应对随时可能出现的意外和麻烦。由于创新创业之初，团队规模小、人手少，创新创业者往往既是老板，又是员工。他们任务繁重、工作时间长、压力大，如果精力不济，必然力不从心，难以承受创业重任。成功的创新创业者不一定是强壮的，但几乎都是精力充沛的。

（三）思维特征：具有目标导向性

尽管创新创业的过程是一个不断探索和尝试的过程，但这种探索实践活动既不是"走一步算一步"，也不是"东一榔头，西一棒子"。创新创业者的实践是围绕总体目标的实现来开展的，创业者的思维特征表现出明显的目标导向性。所谓目标导向性是指以目标为导向，寻找实现目标的条件和方法，再进行实践。目标是创新创业者一切工作活动的出发点和落脚点。

第二节　大学生如何开展创新创业

 案例导入

梦想实现的道路，使人生不断变得充实

案例背景：

刘同学是重庆某大学计算机与信息科学学院电子商务专业专升本 2018 级学生，在大学期间，他积极探索，结合自己的兴趣和优势，逐渐走上了创业的道路。他现已成为重庆某公司的创业合伙人，担任文案策划工作，并在工作中积累了丰富的实践经验。

案例分析：

刘同学的成长经历充满了挑战和机遇。在大学期间，他深知自己要面向未来的职业竞争，因此积极提升自己的各项能力。特别是在自媒体领域，他通过认真学习和不断尝试，在小红书等平台上取得了初步的成果，逐步积累了丰富的写作、拍摄及内容创作经验。然而，创业的道路并不平坦。在经历了多次失败后，刘同学总结出自己的"智慧锦囊"：创作文案时要吸引眼球、信息简练且具有情绪价值；在图片创作方面要善于捕捉拍摄角度，找到自己的风格；在内容创作过程中要放平心态，不断享受过程，而非过度关注流量的增长。此外，虽然刚开始在自媒体平台上并未取得显著的流量，但刘同学并没有因此气馁，而是通过坚持和不断改进，迎来了自己的突破。成功的爆文和随之而来的广告投放工作为他带来了持续的动力，使他逐渐从一个初学者成长为行业中的佼佼者。

解决思路：

以积极的心态面对挑战，发挥个人优势，持续学习、脚踏实地，逐步实现目标。

案例总结：

刘同学的成功离不开他积极的心态和不懈的努力。通过不断地总结经验并调整策略，他在创业路上积累了宝贵的经验，也逐渐实现了自己的梦想。从自媒体内容创作到营销策划，他一步步克服了困难，打磨了自己的能力，并最终成为营销策划领域的重要一员。

名人名言

志向是天才的幼苗，经过热爱劳动的双手培育，在肥沃田土里将成长为粗壮的大树。

——（苏联）瓦西里·亚历山德罗维奇·苏霍姆林斯基

大学生创新创业是一项复杂且充满挑战的过程，需要大学生结合理论知识、实践能力、创新思维和资源支持等多方面因素。

一、大学生开展创新创业的方法

以下从多个角度详细阐述大学生如何开展创新创业。

（一）培养创新创业意识

创新创业是大学生实现个人价值和社会贡献的重要途径，也是推动社会进步的重要力量。大学生应树立积极的创业观念，认识到创新不仅是发明新事物，更是一种思维方式和生活态度，敢于挑战现状，打破常规，寻找新的可能性。

大学生培养创新创业意识需要从转变思维模式、积累知识与技能、实践与试错三方面入手。

1. 转变思维模式

大学生应打破"被动学习"的惯性，培养主动探索精神；学会质疑现有模式，关注社会痛点，思考如何用创新的方式解决问题；大量阅读创新创业案例，如乔布斯、马斯克等，激发灵感。

2. 积累知识与技能

大学生应学习商业、管理、营销等跨学科知识；关注科技前沿，如 AI、新能源，寻找创新机会；参加创新创业讲座、工作坊及 MOOC 课程。

3. 实践与试错

大学生应积极参与"中国国际大学生创新大赛""挑战杯"等赛事；加入校园创业社团或孵化器；尝试小成本项目，如校园服务、自媒体运营，积累经验；失败后及时复盘，培养抗压能力。

此外，大学生应多与创业者、导师交流，拓宽视野；关注政策扶持，如大学生创业补贴，降低试错成本。创新创业意识的核心是保持好奇心与行动力，敢于突破常规。以重庆某学校为例，大学生参与创新创业的具体流程如图 10-1 所示。

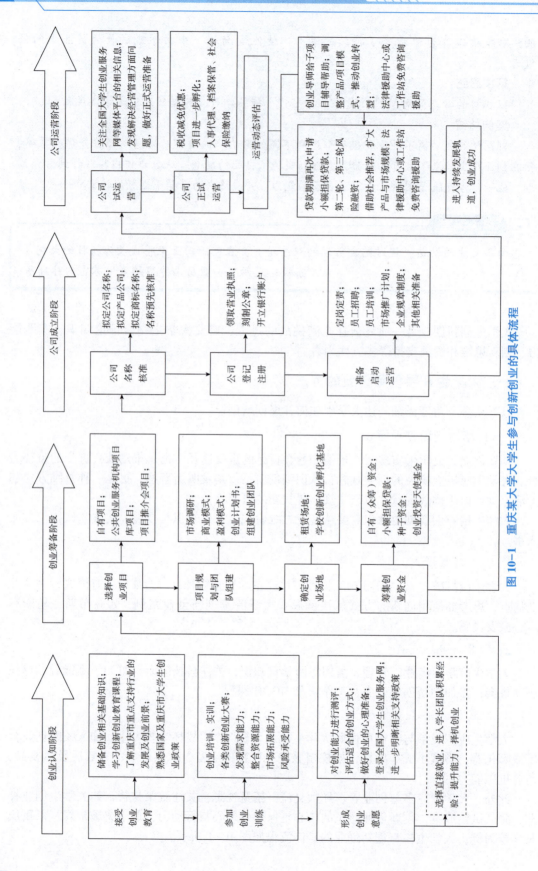

图 10-1　重庆某大学大学生参与创新创业的具体流程

（二）提升创新思维和能力

创新思维和能力是创业的基础，大学生应打破传统思维的束缚，学会从不同角度看待问题，寻找新的解决方案。大学生可以通过阅读创业相关书籍、参加学术讲座、创业沙龙等活动，拓宽视野，激发创新思维；同时，注重跨学科学习，将不同领域的知识和技能结合，形成独特的竞争力。

要提升创新思维和能力，大学生可以从以下五个方面入手。

1. 培养好奇心与观察力

大学生应主动关注社会热点和行业趋势，多问"为什么"和"如何改进"，从日常生活和学习中发现问题并提出新思路。

2. 跨学科学习与实践

大学生应突破专业限制，选修设计思维、心理学、商业管理等课程；参与科研项目或学术竞赛，锻炼多角度解决问题的能力。

3. 刻意练习创新创业方法

大学生应掌握头脑风暴、六顶思考帽、TRIZ 理论等工具；通过案例分析，如苹果、特斯拉的创新模式，拆解成功逻辑。

4. 实践验证与快速迭代

大学生应将想法落地为小项目，如校园小程序、短视频创作，通过试错优化方案；参加"大创""挑战杯"等比赛积累实战经验。

5. 构建开放协作网络

大学生应加入创新社团或创业团队，与不同专业同学交流；向导师或行业前辈请教，吸收多元观点。

（三）积累实践经验

实践是提升创新创业能力的重要环节。大学生应通过参与社会实践、志愿服务、科研训练、实习兼职等方式，积累实践经验，提高组织协调能力和团队合作能力。此外，参加创业比赛、创业培训等活动，可以进一步锻炼创业经验。

要积累创新创业实践经验，大学生可以从以下五个方面入手。

1. 参与实践活动

大学生应积极参加"大创""挑战杯"等竞赛，加入校园孵化器或创客空间，通过模拟企业运营和项目实操锻炼综合能力。

2. 深入行业实习

大学生应利用寒暑假到相关企业实习，学习运营管理、市场开拓等实战经验，尤其是进入初创公司历练，快速积累行业认知。

3. 开展小微试错

大学生应从校园配送、自媒体运营等低门槛项目入手，通过小成本试错验证商业模式，培养市场敏感度。

4. 构建资源网络

大学生应主动联系校友企业家，寻求导师指导，加入创业者社群，获取行业资源和实战建议。

5. 系统学习提升

大学生应选修商业计划书撰写、路演技巧等实务课程，参与创客训练营，补足财务、法律等领域的知识短板。

大学生应关键要秉持"做中学"的理念，将每个实践环节都视为认知迭代的机会，逐步形成"理论—实践—反思"的良性循环。

（四）明确市场定位和目标

创业前，大学生需要进行充分的市场调研，了解市场需求、竞争态势和潜在客户群体，确保项目符合市场需求；同时，需要明确创业目标，设定合理的发展方向，避免盲目投资。在数字化时代，明确市场定位和目标对大学生创新创业至关重要。

1. 深度市场调研

大学生应通过问卷调查和社交媒体分析收集数据，重点了解消费者痛点和行业趋势。例如，大学生可以采用三步法：①确定竞品渗透率；②锁定目标客户群；③计算市场规模。

2. 差异化定位策略

大学生应结合专业背景选择细分领域，运用大数据分析发现差异化机会。例如，针对智能家居企业，大学生可以通过数据分析强化安全功能，或选择小众商品避开与大平台直接竞争。

3. SMART 原则应用

大学生应制订具体（Specific）、可衡量（Measurable）、可实现（Attainable）、相关（Realistic）、有时限（Timetable）的目标。例如，大学生可以先设定"3 个月内获取 1 000 名校园用户"的短期目标。

4. 动态验证调整

大学生应持续跟踪用户反馈，通过小规模试销验证假设；注意避免主观臆测，保持定位与市场需求的高度契合；关键要把握"需求导向优于产品导向"原则，通过精准定位建立竞争优势。

（五）利用高校和社会资源

大学生应充分利用学校提供的创业孵化器、创业基金、创业导师等资源，同时积极利用政府提供的优惠政策，如税收减免、创业补贴等，为创业提供资金支持和政策保障。

大学生创业要善于整合高校和社会资源以构建支持体系，具体可以从以下几个方面入手。

1. 高效整合高校资源

（1）依托校内孵化平台。

大学生应积极入驻校级、院级孵化器，获取免费办公空间及基础设施；申请"大创计划"等专项经费（国家级项目资助可达 2 万元）；参与高校组织的商业计划书撰写培训及路演辅导。

（2）激活学术转化潜力。

大学生应联合导师科研团队推动专利技术产业化，如理工科重点对接实验室成果；选修跨学科课程，如"商业建模+技术开发"，提升项目可行性；通过校友会链接行业资源。

（3）校友资源转化。

大学生应关注校友会资源，共同孵化创业。例如，某高校 5 名学生，通过学院校友企业资源共同以"红海直聘平台"为依托，以"创业形式服务高校就业"的方式开展数字化直播带岗、新媒体宣传等，创业取得成效。

（4）灵活运用制度支持。

大学生应申请"弹性学制"，保留学籍以专注初期创业；将参赛获奖或实践成果折算为学分；利用校办企业资源测试产品原型。

2. 精准对接社会支持

（1）政策性资源杠杆。

资金端：大学生应申请政府小额无息贷款（部分省份最高 50 万元）；入驻众创空间，享受三年税收减免政策；争取科技型骨干企业创新基金（最高 300 万元）。

服务端：大学生应通过人力资源社会保障部门"绿色通道"快速注册企业；获取法律援助及知识产权咨询。

（2）市场化资源协同。

资本合作：大学生应参与天使投资路演以吸引早期融资；通过众筹平台验证市场需求创新创业方法。

产业联动：大学生应加入行业协会获取供应链资源；与企业共建联合实验室，加速技术迭代。

（3）网络化生态构建。

导师网络：大学生应聘请企业家担任顾问（校友优先）；加入创业者社群以获取实战经验。

创新信息整合：大学生应关注政府官网、行业协会动态、捕捉政策红利；利用大数据工具分析行业趋势。

3. 关键策略建议

（1）动态匹配原则。

大学生应根据项目阶段选择资源组合——种子期侧重"校内孵化+导师指导"，成长期引入"社会资本+政策补贴"。

（2）主动链接机制。

大学生应主动寻求链接——校内定期与创新创业学院联动，校外建立"政—校—企"沟通台账。

（3）创新创业方法风险规避要点。

大学生应避免过度依赖单一资源，优先选择有成功案例的孵化器，签订合作协议时明确权责边界。

4. 典型创意参考

（1）技术类项目：如某校 AI 团队通过教授牵线获得企业订单。

（2）服务类项目：如学生利用当地的人力资源社会保障部门补贴，快速拓展社区业务。

（3）系统化整合"校区—园区—社区"三区资源，"小而精"的垂直领域突破更易实现可持续增长。

（六）组建高效团队

创业需要一个强大的团队作为后盾。大学生应根据自身兴趣和能力，选择合适的合作伙伴，组建互补性强的团队，建立有效的沟通机制，提升团队凝聚力和创造力。

大学生在组建创业团队时，需要明确创业目标与愿景、选择互补性强的团队成员、制订明确的职责分工、建立有效的沟通机制、培养团队精神与文化、提供培训与支持、灵活调整与持续优化，以及注重社会责任与可持续发展，以确保团队高效运作并实现创业目标。以下将详细阐述如何组建高效团队。

1. 明确创业目标与愿景

创业团队的成功离不开清晰的目标与共同的愿景。大学生在组建团队前，应首先明确创业方向和目标，这不仅能够吸引志同道合的伙伴，还能为团队成员提供明确的工作指引。例如，大学生创业团队可以通过市场调研和资源分析，确定一个具体且可行的创业目标，如开发一款环保产品或提供共享经济服务。同时，团队成员需要对创业目标有高度的认同感，这样才能在面对挑战时保持一致性和凝聚力。

2. 选择互补性强的团队成员

一个高效的创业团队需要具备多元化的人才组合，包括技术、市场、财务等不同领域的专业人才。在选择成员时，大学生创业团队应注重成员之间的互补性，避免出现能力重叠或职责不清的情况。例如，大学生创业团队可以优先考虑具有技术背景的同学担任 CTO（Chief Technology Officer，首席技术官），负责产品研发；市场营销能力强的同学担任 CMO（Chief Marketing Officer，首席营销官），负责品牌推广；财务能力突出的同学担任 CFO（Chief Financial Officer，首席财务官），负责资金管理。此外，团队成员的性格和价值观也需匹配，以减少内部摩擦。

3. 进行明确的职责分工

为了提高团队效率，大学生创业团队应明确每个成员的职责和角色。例如，CEO（Chief Executive Officer，首席执行官）负责整体战略规划，CTO 负责技术研发，CMO 负责市场推广等。同时，大学生创业团队应制订详细的公司章程或团队规则，明确权责分配，避免因职责不清导致的冲突。此外，合理分配利益也是团队稳定的重要保障，大学生创业团队可以通过股权激励等方式让团队成员分享项目成果。

4. 建立有效的沟通机制

沟通是团队高效运作的核心。大学生创业团队应定期召开会议，包括定期会议、面对面沟通和在线沟通等，确保信息畅通。例如，团队可以利用企业微信、钉钉等工具进行日常沟通，并通过定期总结会议讨论进度与问题。此外，建立开放的反馈机制，鼓励团队成员提出意见和建议，有助于及时解决问题并优化团队运作。

5. 培养团队精神与文化

团队精神与文化是创业成功的关键因素之一。大学生创业团队可以通过组织团建活动、分享会等方式增强成员之间的信任与合作。例如，团队可以定期举办团队建设活动，如户外拓展、聚餐等，以增进成员间的了解和默契。此外，建立良好的团队文化，如公平公正的价值观、积极向上的工作态度等，也有助于提升团队凝聚力。

6. 提供培训与支持

大学生创业团队往往缺乏实际经验，因此需要通过培训与支持提升成员的专业能力和综合素质。例如，团队可以参加创业讲座、研讨会等活动，学习商业模式构建、市场分析及融资策略等内容；此外，还可以邀请有经验的导师或顾问为团队提供指导与支持。

7. 灵活调整与持续优化

在创业过程中，市场环境和项目需求可能会发生变化，因此团队需要具备灵活调整与持续优化的能力。例如，在初期阶段，团队可以保持小规模运作，随着资金和资源的积累再逐步扩大团队规模。同时，团队应定期评估自身运作情况，并根据实际情况进行调整。

8. 注重社会责任与可持续发展

大学生创业团队在追求经济效益的同时，也应关注社会责任。例如，团队可以将环保理念融入产品设计，或关注社会弱势群体的需求。此外，团队应注重可持续发展能力的培养，通过不断学习和创新适应市场变化。

大学生组建高效团队需要从目标明确、成员选择、职责分工、沟通机制、团队文化等多个方面入手，并结合实际情况灵活调整。只有这样，才能打造一个高效稳定的创业团队，为实现创业目标奠定坚实基础。

（七）风险管理与持续学习

创业过程中，大学生需要具备风险识别和管理能力，合理规划创业项目，规避潜在风险。同时，创业是一个不断学习和改进的过程，大学生应保持开放的心态，通过参加培训、研讨会等方式，不断更新知识和技能，以适应市场变化。

1. 认识并管理创新创业中的核心风险

（1）市场与项目选择的风险。

许多大学生的失败源于盲目选择项目或缺乏充分的市场调研。正确的做法是结合自身专业背景和市场需求进行可行性分析；同时利用数字化工具，如大数据分析，预测行业趋势。

（2）资金与财务管理的挑战。

大学生可以通过以下方式面对资金与财务管理的挑战：①制订详细的预算和现金流计划；②发展多元化融资渠道，如政府补贴、天使投资；③设立"应急储备金"，以应对突发状况。

（3）运营与管理能力的不足。

因经验欠缺导致的决策随意性可能引发运营与管理能力不足。其解决方案包括：①组建互补型团队（技术+管理+营销）；②明确分工并建立制度化的沟通机制；③通过案例分析学习成熟企业的管理模式。

（4）法律风险的忽视。

部分创业者会因合同纠纷或知识产权问题而陷入困境。大学生需提前学习《中华人民共和国公司法》《中华人民共和国劳动法》等基础知识；可借助高校提供的法律咨询或校企合作资源规避潜在问题。

2. "动态优化"是风险管理的关键

（1）建立预警机制。

大学生应定期评估项目进展，如每月复盘，利用 SWOT 分析法识别新出现的市场或技术威胁。

（2）从失败中吸取经验。

大学生应从失败中吸取经验。例如，某创业者因未及时调整产品定位而失败后，进行重新调研，最终转型成功，这说明了"试错—改进"循环的重要性。

3. "持续学习"是应对不确定性的核心能力

（1）主动获取前沿知识。

校内资源：大学生应选修创新创业课程，如商业计划书撰写；参与孵化器举办的专家讲座。

校外实践：大学生应通过实习或行业交流，了解实际运营痛点。

（2）培养适应性思维。

数字经济时代技术迭代加速要求大学生培养适应性思维。

①大学生应关注政策变化，如"碳中和"政策催生的绿色经济机会。

②大学生应学习现代管理方法。

（3）构建"学习型团队"文化。

大学生创业团队应鼓励成员分享行业报告或参加 MOOC 课程；定期组织头脑风暴，以激发创新。

（4）"知行合一"的实践路径。

大学生应采用 MVP（Minimum Viable Product，最小可行产品）模式快速测试市场反应，例如，某校园文创项目先通过社群预售，再扩大生产；利用高校支持网络。

大学生创业的优势在于强劲的创新活力，但短板是经验不足。系统化风险管理（识别—应对—优化）和终身学习（知识更新—实践反馈），使他们既能规避"硬伤"，又能抓住时代机遇。

（八）寻找创业灵感和方向

创业的第一步是找到一个合适的创业点子，这个点子应能解决某个痛点、满足某种需求或创造某种价值。大学生可以通过分析自身兴趣、专业特长和市场需求，找到创业方向，并不断验证和优化创业想法。

（九）政策支持

国家对大学生创新创业的支持政策，如创业担保贷款、税收优惠、创业补贴等，为大学生创业提供了良好的外部环境。大学生应积极了解并利用这些政策，为创业提供保障。

（十）案例学习与经验分享

大学生可以通过学习成功创业案例，了解成功背后的策略和方法，吸取经验教训，为自己的创业项目提供参考；同时，通过参加创业大赛等活动，与成功创业者交流，获取宝贵的经验和建议。

总之，大学生创新创业需要从意识、能力、资源、团队、风险、学习等多个方面综合考虑，结合自身实际情况，制订科学合理的创业计划，充分利用各种资源和政策支持，不断提升自身能力，以实现创业目标并为社会作出贡献。

二、大学生创新创业的相关法律法规和政策文件

国家发布的大学生创新创业的相关法律法规和政策文件主要包括以下几个方面。

（一）《普通高等学校学生管理规定》

教育部新修订的《普通高等学校学生管理规定》（以下简称《规定》）于 2017 年 2 月 4 日发布，自 2017 年 9 月 1 日起施行。此次修订是对 2005 年版《普通高等学校学生管理规定》的全面更新，旨在适应新时代高等教育发展的需求，进一步规范高校学生管理行为，保障学生合法权益，并推动高校依法治校。

《规定》鼓励大学生参与创新创业活动，为学生提供制度支持。例如，《规定》允许新生保留入学资格并开展创新创业实践，入学后可申请休学创业，并简化了休学批准程序。

《规定》为学生的创新创业活动提供了制度支持，鼓励学生参与社会实践，培养其社会责任感和实践能力。具体条款可直接在教育部官网搜索《普通高等学校学生管理规定》进行查看。

（二）《国家级大学生创新创业训练计划管理办法》

《国家级大学生创新创业训练计划管理办法》（教高函〔2019〕13 号）由教育部于 2019 年 7 月 15 日发布。该办法明确了"国创计划（国家级大学生创新创业训练计划）"的主管部门职责、项目运行流程以及经费使用规范等内容。该办法旨在深化高校创新创业教育改革，提升大学生创新创业能力，培养适应创新型国家建设需要的高水平创新创业人才。

该办法的核心内容包括以下几个方面。

1. 指导思想与目标

该办法明确了"兴趣驱动、自主实践、重在过程"的原则，强调通过资助大学生参与项目式训练，推动高校教育教学改革，促进教育思想观念转变、人才培养模式创新以及学生创新创业实践的深入发展。

2. 管理职责

该办法规定了不同层级的管理职责。教育部作为宏观管理部门，负责制定政策、指导和监督国创计划在全国范围内的实施；省级教育行政部门负责指导和规范省级实施工作；高校作为实施主体，负责具体项目的管理和执行。

3. 项目管理

项目管理包括项目发布与立项、过程管理、结题与公布等环节，确保项目顺利进行并有效评估成果。此外，该办法还特别强调了经费管理的专款专用原则，以及师生培训机制的建立，以保障项目实施的顺利进行。

4. 项目类型

国家级大学生创新创业训练计划包括创新训练项目、创业训练项目和创业实践项目，分别针对本科生个人或团队、本科生团队和学生团队。这些项目旨在培养学生的创新精神和实践能力。

5. 后续支持与成果验收

该办法还规定了项目结题验收的必要性，并要求对项目成果进行有效评估，以确保项目的实际效果。

6. 修订与更新

该办法自 2019 年发布以来，多次被引用和实施。2023 年和 2024 年，教育部继续依据该办法开展相关项目的立项和结题验收工作，显示其在政策延续性和稳定性方面的优势。

（三）《中华人民共和国促进科技成果转化法》

《中华人民共和国促进科技成果转化法》（以下简称《促进科技成果转化法》）是为规范和促进科技成果的转化活动，推动经济建设和社会发展而制定的一部重要法律。该法最早于 1996 年 5 月 15 日由第八届全国人民代表大会常务委员会通过，并于同年 10 月 1 日正式实施，后于 2015 年进行修订。

该法的主要内容包括以下几个方面。

1. 科技成果的定义与范围

修订后的《促进科技成果转化法》明确了科技成果的定义，即通过科学研究与技术开发所产生的具有实用价值的成果。它涵盖自然科学、工程技术、农业和医学等领域，但不包括人文社会科学领域的研究成果。此外，该法还规定了科技成果转化的含义，即为提高生产力水平而对科技成果所进行的后续试验、开发、应用、推广直至形成新技术、新工艺、新材料、新产品，发展新产业等活动。

2. 促进科技成果转化的目标

该法旨在通过规范科技成果转化活动，加速科技成果的商品化、市场化和产业化，从而推动科技进步、提高经济效益和社会效益。同时，该法强调科技成果转化应服务于创新驱动发展战略，促进科技与经济的结合。

3. 组织实施、保障措施与技术权益

该法对科技成果转化的组织实施、保障措施以及技术权益进行了详细规定。例如，该法鼓励研究开发机构、高等院校和企业等创新主体转移转化科技成果，并要求其建立相应的职称评定、岗位管理和考核评价制度。此外，该法还规定了政府在政策协同方面的职

责，以创造良好的科技成果转化环境。

4. 法律责任与收益分配

该法明确了科技成果转化过程中所涉及的法律责任，包括对弄虚作假行为的处罚。

5. 修订与完善

2015 年，全国人民代表大会常务委员会对《促进科技成果转化法》进行了修订，进一步完善了法律条款，以适应创新驱动发展战略的需要。修订后的法律更加注重激励机制的建立，如允许国有科技型企业实施股权和分红激励政策。

6. 配套政策与行动方案

为落实《促进科技成果转化法》，中华人民共和国国务院及相关部门还出台了多项配套政策和行动方案，如《国务院关于印发实施〈中华人民共和国促进科技成果转化法〉若干规定的通知》和《国务院办公厅关于印发促进科技成果转移转化行动方案的通知》等，这些政策文件从不同层面支持科技成果的转化工作。

7. 地方性法规与实施细则

各地根据《促进科技成果转化法》也制定了相应的实施细则，如《湖南省实施〈中华人民共和国促进科技成果转化法〉办法》和《北京市促进科技成果转化条例》等，进一步细化了国家法律的具体执行措施。

《促进科技成果转化法》是中国促进科技创新和经济发展的关键法律之一。它不仅规范了科技成果的转化活动，还通过一系列配套政策和地方性法规，为科技成果的转化提供了全面的支持和保障。这部法律对于推动我国科技进步、实现创新驱动发展战略具有重要意义。

（四）国务院办公厅发布的指导意见

《国务院办公厅关于进一步支持大学生创新创业的指导意见》（以下简称《意见》）是首次专门针对大学生创新创业出台的政策文件，由国务院办公厅于 2021 年 10 月 12 日发布，旨在提升大学生创新创业能力，增强创新活力，推动大学生实现更高质量的就业和全面发展。这一政策的出台背景是基于大学生作为"大众创业万众创新"生力军的重要作用，以及近年来大学生创新创业过程中面临的融资难、经验少、服务不到位等问题。

《意见》的主要内容包括以下几个方面。

1. 提升创新创业能力

《意见》强调要深化高校创新创业教育改革，加强大学生创新创业培训，打造创新创业培训活动品牌，完善中国国际"互联网+"大学生创新创业大赛[①]的可持续发展机制。

2. 优化创新创业环境

《意见》通过加强创新创业服务平台建设，优化创新创业环境，提升示范基地的带动作用，完善成果转化机制，加大对创业失败大学生的扶持力度，为大学生创新创业提供良

---

① 现更名为中国国际大学生创新大赛。

好的外部环境。

3. 财税和金融扶持

《意见》提出要落实税收优惠政策，鼓励金融机构为大学生创业项目提供金融服务，加快发展天使投资，培育天使投资人和创业投资机构。

4. 促进成果转化

《意见》通过建立大学生创新创业信息服务平台，汇集创新创业帮扶政策和优质资源，为大学生提供精准推送行业和市场动向等信息，促进创新创业成果的转化。

5. 加强政策落实和服务保障

《意见》要求各地政府和高校认真贯彻落实相关政策，加强协调指导，督促支持大学生创新创业各项政策的落实。

6. 举办创新创业大赛

《意见》通过办好中国国际"互联网+"大学生创新创业大赛赛事，激发大学生创新创业热情，提升创新创业项目的影响力和品牌效应。

7. 完善创业服务体系

《意见》还提出要改进创新创业指导服务工作机制，完善创新创业服务方式，落实大学生创新创业保障政策，为大学生提供全方位的支持。

简而言之，《意见》的出台标志着国家对大学生创新创业的支持力度进一步升级，地方政府和高校也正在形成合力，充分激发大学生创新创业的潜能，推动大学生创新创业工作迈向新的高度。

（五）知识产权保护与合同法规

国家通过完善知识产权保护与合同法规，为大学生创业提供坚实的法律保障，保护其创新成果。

（六）税收优惠与贷款贴息政策

国家出台了一系列税收优惠与贷款贴息政策，为大学生创业提供资金支持。例如，符合条件的大学生自主创业可申请创业担保贷款，额度最高可达10万元。

（七）创业孵化基地建设

国家鼓励各地建设创业孵化基地，为大学生创业提供实践平台，并提供政策咨询、项目对接、导师辅导等服务。

（八）其他相关政策文件

其他相关政策文件包括《国务院办公厅关于深化高等学校创新创业教育改革的实施意见》《工商总局关于进一步促进个体私营经济发展的若干意见》等，这些政策文件从不同角度支持大学生创新创业。

总之，国家通过一系列法律法规和政策文件，为大学生创新创业提供了全方位的支持，包括制度保障、资金支持、法律保护以及创业孵化平台建设等。这些法律法规和政策文件不仅激发了大学生的创新创业热情，也为推动社会经济发展和科技进步发挥了重要作用。

第三节　大学生创新创业技法

 案例导入

山不让尘，川不辞盈

案例背景：

张同学是重庆某大学地理与旅游学院旅游管理（对口高职）专业学生。本科期间，他获得了多项专业竞赛奖项，参与并主持3项大学生创新创业训练计划项目（1项国家级、2项省部级，均已结项），发表了1篇学术论文，并获得计算机软件著作权、实用新型专利各1项。他还获得了"三好学生""优秀共青团员""科技学术创新先进个人""青马工程先进个人"等荣誉称号，现已推免至上海大学管理学院旅游管理专业。

案例分析：

张同学在大学期间通过担任"青马基地"接待联络中心干事和学院辩论队副队长等职务，培养了自主学习能力、团队合作与沟通能力以及批判性思维和问题解决能力。这些能力为他未来的发展奠定了坚实的基础。在准备保研过程中，他面临的主要困难是时间管理，但他通过详细的规划和科学合理的时间安排，成功克服了这一困难。

解决思路：

一是注重自身能力的培养，通过参与各种活动和担任职务，提升自主学习、团队合作、沟通以及批判性思维和问题解决能力；二是明确目标，保持对目标的清晰认知，减少迷茫，同时做好详细的时间规划，合理安排各项任务；三是坚持和积累，认为坚持和长久的积累是成功的基础，同时抓住机会，做好充分准备。

案例总结：

张同学的成功经验在于注重自身能力的培养、明确目标、坚持和积累。他通过各种经历和努力，不断提升自己的能力和素质，最终实现了自己的目标。未来建议他继续保持积极进取的态度，不断提升自己，为实现更大的理想而努力。同时，他的经验也值得其他同学借鉴，鼓励大家注重自身能力的培养，明确目标，坚持努力，抓住机会。

名人名言

伟大的事业，需要决心、能力、组织和责任感。

——（挪威）亨利克·易卜生

大学生在进行创新创业时，要灵活运用各种创造原理和创新思维模式解决实际问题。本节将介绍一些常见的创新创业技法。

创新创业技法是创造原理与生产、生活实践结合后，将创造原理具体运用出来的程序

或创新创业方法步骤的方法，主要有智力激励型创新创业技法、设问型创新创业技法、列举型创新创业技法、类比型创新创业技法和组分型创新创业技法。除了这些典型的创新创业技法，还有一些其他的技法，如六顶思考帽法和思维导图法。

一、智力激励型创新创业技法

（一）头脑风暴法

1. 头脑风暴法概述

智力激励型创新创业技法中，最为典型的是头脑风暴法。头脑风暴法又称智力激励法、集思法、畅谈法等，是由美国创造学家亚历克斯·奥斯本于 1953 年正式发表的集体思考方法，即项目组成员以会议形式，通过讨论，相互激励引发联想反应，在自由的氛围下，畅所欲言。

如何清扫电线积雪

2. 头脑风暴法的原则

（1）自由畅想原则：要求与会者自由畅谈。

（2）延迟评判原则：对别人提出的任何设想，即使是幼稚的、错误的、荒诞的，都不许批评。这一原则也要求与会者不能进行肯定的判断。

（3）以量求质原则：会议强调，在有限时间内提出设想的数量越多越好。

（4）综合集成原则：会议鼓励与会者用别人的设想拓展自己的思路，提出更新奇的设想，或补充他人的设想，又或将他人若干设想综合起来提出新的设想。

3. 头脑风暴法的运用程序

（1）准备阶段：包括明确讨论主题、确定主持人及 8~12 个参会人员、准备会场、明确人员分工等。

（2）会议实施阶段：包括热身、介绍问题及要求、与会人员分析问题、主持人引导发言、自由畅谈提出设想等。

（3）会后归纳整理阶段：会后，主持人分类整理好会议记录，展示给与会者，再从效果和可行性角度筛选出有实用价值的设想，最终确定 1~3 种最佳方案。

（二）默写式智力激励法

在头脑风暴法的基础上，人们又根据具体情况对其形式进行了多种多样的发展，其中最常见的是默写式智力激励法。默写式智力激励法是由德国学者鲁尔巴赫根据德意志民族善于沉思的性格特点，以及由通常的头脑风暴会议可能存在数人争抢发言导致点子遗漏的缺点，对头脑风暴法进行改造而创立的一种用书写的方式阐述点子的方法。按照这一方法，每次会议有 6 人参加，每人首先备有一张卡片。会议要求每人于 5 分钟内在各自的卡片上写出 3 个设想，故名"635 法"，然后将卡片传给自己的右邻。每人接到左邻的卡片后，在第二个 5 分钟内参考别人所写的设想后在其下写出 3 个设想，再次把自己填写的卡片传给右邻……以此多次传递，共传 6 次，半小时即进行完毕，理论上可产生 108（6×3×6）个点子。

（三）卡片式智力激励法

卡片式智力激励法可分为 CBS 法和 NBS 法两种。CBS 法由日本创造开发研究所所长高桥诚根据奥斯本的头脑风暴法改良而成；NBS 法是日本广播电台开发的一种智力激励法。

1. CBS 法

CBS 法的特点是，会议期间任何人都可以对其他人提出的创意进行质询和评价。CBS 法的具体做法如下。

（1）组织人员参加会议，会前明确会议主题。

（2）每人分发 50 张卡片，另外准备 200 张备用。

（3）会议最初 10 分钟为"独奏"阶段，与会者单独进行脑力激荡活动，各自在卡片上填写设想，每张卡片写一个设想，以 20~30 字为宜，文字应简明易懂。

（4）接下来的 30 分钟，由与会者按座位次序轮流发表自己的设想，每次只能宣读一张卡片。宣读时将卡片放在桌子中间，让与会者都能看清楚。若卡片内容与他人重复，应予以舍弃，等待下一轮，但不得两次轮空。听众可以提出质询，或实时将新的构想写在备用的卡片上。

（5）最后用 20 分钟进行交流讨论，诱发新设想，议论并完善原来提出的好设想。会议一般进行 1 小时左右，不仅完成产生设想的程序，还基本完成对设想的评议筛选工作。

使用该方法的注意事项：参会人员在 3~8 人为宜；桌子需大致能铺 200 张卡片；主持人需注意时间。

2. NBS 法

日本广播公司又在上述基础上，提出一种叫作 NBS 法的智力激励法。它与 CBS 法的不同之处在于，在 NBS 法下，个人的设想要在会前就准备好填写在卡片上，尽量不要花费会议时间。NBS 法的具体做法如下。

（1）会前必须明确主题。

（2）与会者对会前所提示的主题进行设想，并把设想写在卡片上，然后带入会场（每张卡片写一个设想，每人提出 5 个以上的设想）。

（3）会议开始后，每人出示自己的卡片，并依次作出说明。

（4）在别人宣读设想时，如果自己发生了"思维共振"，产生新的设想，应立即填写在备用卡片上。

（5）待与会者发言完毕，将所有卡片集中起来，按内容进行分类，横排在桌上，在每类卡片上加一个标题。

（6）然后进行讨论，挑选出可供实施的设想。

使用该方法的注意事项：参加者宜 5~8 名；时间花费 2~3 小时。

3. CBS 法和 NBS 法操作须知

CBS 法和 NBS 法在时间上都进行了限制，在紧张的气氛下，与会者的大脑处于高度兴奋状态，有利于激发新的设想。CBS 法和 NBS 法都可适用于产品革新、技术改进、改善管理等工作。

运用这两种方法，能填补人们的知识空隙，相互激励，相互诱发，产生连锁反应，扩大和增加创造性设想。因此，它们能产生大量的创造性设想。

此外，这两种方法把书面表述和口头畅谈结合了起来，一张卡片一个设想，内容完整，条理清楚，便于会后的整理与开发，效果比较理想。

二、设问型创新创业技法

设问型创新创业技法是指通过有序地、有目标地提出一些问题，使问题具体化，启发人们系统地思考解决问题的可能性，产生创新方案的创新创业技法。设问型创新创业技法中最为典型的是奥斯本检核表法，较为常用的引申方法有 5W1H 法、和田十二法和系统设问法。

（一）奥斯本检核表法

1. 奥斯本检核表法概述

奥斯本检核表法由创造学之父亚历克斯·奥斯本提出，又称检核表法、分项检查法、对照表法等。该方法根据研究对象的特性列出 9 个方面的问题，逐项进行思考和讨论，以便寻求新创意、新方案和新思路。

该方法应用范围广，突破了旧的思考框架，有利于使用者拓展思路，简单易学，具备很强的操作性和实用性。

2. 奥斯本检核表法的内容

奥斯本检核表法主要从现有研究对象有无他用、能否借用、能否改变、能否扩大、能否缩小、能否代替、能否调整、能否颠倒、能否组合 9 个方面进行提问，并形成检核表。

（1）有无他用：现有事物还有没有其他用途或设想，或者稍加改造可以扩大其用途或发明新的东西。

（2）能否借用：现有事物能否借鉴其他事物的设想或引入其他创新成果，能否模仿其他事物。

（3）能否改变：现有事物能否在形状、结构、气味、颜色、声音等方面进行适当改变。

（4）能否扩大：现有事物能否在功能、使用范围、技术、时间、强度、价值等方面增加一些东西，实现扩大。

（5）能否缩小：现有事物能否再缩小，去掉某些部分，使其简单化、浓缩化、微型化。

（6）能否代替：现有事物能否通过更换顺序、型号、材料、资源、功能等进行代替。

（7）能否调整：现有事物能否通过变更模式、变换布置、改变型号等进行调整。

（8）能否颠倒：现有事物能否对正反、头尾、上下、主次等相反的方向进行颠倒。

（9）能否组合：现有事物能否在方案、原理、材料、功能等方面进行重组。

3. 奥斯本检核表法的注意事项

奥斯本检核表法具有很强的实用性，使用该方法时需要注意：不要过分拘泥于该方法，应结合其他多种创新创业技法；检核的内容应根据具体的事物和应用进行灵活改变。该方法主要提供一种大概的思路，需要进一步与其他技法结合。

（二）5W1H 法

作为设问型创新创业技法引申方法之一的 5W1H 法，在解决实际问题时，开拓了创新的思路，提高了创新的成功率。

1. 5W1H 法概述

石头变斑马线

5W1H 法又称六何分析法，是用英语词汇中的 6 个疑问词进行设问的方法，这 6 个英文词的首字母是 5 个 "W" 和 1 个 "H"，所以被称为 5W1H 法。该方法在国际上被广泛使用，有助于人们进行全面分析和深入研究。

2. 5W1H 法的内容

5W1H 法针对选定的客体，从具体事件、原因、时间、地点、人员和方法 6 个方面提出问题，并进行思考。5W2H 分析法的说法也存在，是在 5W1H 的基础上又增加一个 "H"，即 "How much（多少）"。

（1）What（何事，具体事件）。

"What" 指确定事件，解决 "是什么" 的问题，即：条件是什么？目的是什么？重点是什么？结构是什么？功能是什么？这样做的理由是什么？不这样做会怎么样？

（2）Why（何因，原因）。

"Why" 指确定目的，解决 "原因" 的问题，即：目的是什么？为什么要做？可不可以不做？

（3）When（何时，时间）。

"When" 指确定顺序，解决 "时间" 的问题，即：在什么时间做？为什么在这个时间做？有没有别的时间做？

（4）Where（何处，地点）。

"Where" 指确定场所，解决 "地点" 的问题，即：何地最适宜？地点选在哪里？为什么选在那里？是否可以选在别处？

（5）Who（何人，人员）。

"Who" 指确定责任人，解决 "谁来做" 的问题，即：谁能胜任？为什么是他来做？是否可以由别人来做？

（6）How（何法，方法）。

"How" 指确定手段，解决 "怎么做" 的问题，即：怎么干？为什么干？有无其他方式方法？

3. 5W1H 法的具体操作步骤

（1）检查现状的合理性：通过回答 "What" "Why" "When" "Where" "Who" "How" 等问题，梳理当前需要解决的问题，分析问题的本质。

（2）找出现行方案的优缺点，探讨能否进行改善：找出问题产生的原因和存在的影响，探讨现行方案的优点和缺点，确定可以改善的方面。

（3）提出改善方案：基于问题的分析和现行方案进行探讨，制订可行的解决方案和有效的措施，并付诸行动。

（三）和田十二法

和田十二法，又称和田创新法则或和田创新十二法，由我国学者许立言、张福奎借用奥斯本检核表基本原理，加以创造而提出。它既是对奥斯本检核表法的一种继承，又是一种大胆的创新。这些技法更通俗易懂，简便易行，便于推广。如果按这十二个 "一" 的顺序进行核对和思考，人们就能从中得到启发，诱发创造性设想。

（1）加一加：加高、加厚、加多、组合等。

（2）减一减：减轻、减少、省略等。

（3）扩一扩：放大、扩大、提高功效等。

（4）变一变：改变形状、颜色、气味、音响、次序等。

（5）改一改：改变缺点、不便、不足之处。

（6）缩一缩：压缩、缩小、微型化。

（7）联一联：原因和结果有何联系，把某些东西联系起来。

（8）学一学：模仿形状、结构、方法，学习先进。

（9）代一代：用别的材料代替，用别的方法代替。

（10）搬一搬：移作他用。

（11）反一反：能否进行颠倒。

（12）定一定：给定界限、标准，能否提高工作效率。

（四）系统设问法

系统设问法是针对事物系统地罗列问题，然后逐一加以研究、讨论，多方面扩展思路，从单物品中萌生出许多新的设想的方法。系统设问法可以从下列方面入手。

1. 转化

这件物品能否有其他用途？将其稍微进行改变，是否还有别的用处？

例如，"拉链"最初只用在鞋上，后来人们将它用在提包、服装上等，其用途十分广泛，甚至还应用到解决在太空失重状态的行走问题上。

2. 引申

有别的东西像这件物品吗？能否从这件物品引申并设想出其他东西？

例如，医院的病床可躺可坐，成为可调成椅状的病床。儿童手推车也是由椅子引申而来的。

3. 改变

改变原来的形状、颜色、气味、样式等，会产生什么结果？

例如，普通椅子占据的空间较大，人们改变了其结构，设计了折叠椅，不用时可以收起来，节省空间。

4. 放大或缩小

将这件物品按比例放大、缩小会产生什么结果？单向放大、缩小又会怎样？

例如，长途货运时，小包装箱很不方便，人们将其放大成了现在的集装箱运输，大大提高了效率；将普通台灯的灯头与底座之间的距离放大，就成了落地台灯；将热水瓶缩小成保温瓶，既保温又方便携带；为方便旅行，人们用的牙膏、香皂等都进行了缩小。

5. 复杂

在这件物品上可加上别的东西吗？加上一些"佐料"会怎样？

例如，自行车上缺少装东西的容器，有人想到在车把前方加装一个网篮，结果很受欢迎；椅子增加了枕头的、架脚的、升降的和仰躺的机件，就变成结构复杂的理发椅。

6. 精简

从这件物品上抽掉一些东西可以吗？减轻分量或复杂程度后效果如何？

例如，为了使鞋穿脱方便，将鞋帮予以简化，得到了拖鞋；将椅子的四条腿进行简化，设计出了可旋转的座椅。

7. 代替

有没有其他物品可以代替这件物品？是否有其他材料、成分、过程或方法可以代替此类材料、成分、过程或方法？

例如，在设计圆珠笔时，用原生态的竹子或中间打孔了的小木条代替笔筒，再在外形设计上多下点功夫，就可以显得这支笔更环保、生态，也更高档。

8. 颠倒

正反互换会怎样？反过来又会怎样？能否反转？

例如，汽车能倒行，为啥自行车不行？于是有人设计了有两个飞轮、行驶中既能前进又能倒退的自行车。

9. 重组

交换一下零件位置会怎样？变动序列、改换因果关系、改变速率应提供什么条件？产生何种结果？

例如，螺旋桨飞机被发明后，螺旋桨都是设计在机首的，两翼从机体伸出，尾部安装稳定翼。美国著名飞机设计专家卡里格·卡图按照空气的浮力和气动原理，对螺旋桨飞机进行了重组，将螺旋桨改放在机尾，犹如轮船一样推动飞机前进，而稳定翼放在机头处，设计出了世界上第一架头尾倒换的飞机。重组后的飞机，具有尖端悬浮系统，以及更加合理的流线型机体形状，不仅提高了飞行速度，还排除了失速和旋冲的可能性，增强了安全性。那么，如果把螺旋桨装在飞机上面会怎么样？这就是直升机的诞生原理。

三、列举型创新创业技法

在列举型创新创业技法中，属性列举法最为典型。此外，常用的方法还包括缺点列举法、希望点列举法和综合列举法。

（一）属性列举法

1. 属性列举法概述

属性列举法又称特征列举法、分布变化法，是根据对象的特殊属性，通过在每一类属性中加入特定的指标，探索有利于创造发明的创新技术。属性列举法适用于老产品升级。它的功能是列出产品的特性，创建一个表格，然后列项目以增强这些特性。

属性列举法是 R. 克劳福特教授总结出来的创新技术。这种方法强调用户在创建过程中观察和分析问题或问题的特性或特征，然后针对每一个特征提出改进或改变的建议。属性列举法不同于其他的创新创业技法，它要对需创新和改革的项目进行深入观察和分析。

属性列举法必须尽可能地列出一个对象的各种属性或特性，然后针对每个属性或特性确定实现方向和方法。一些实践表明，要解决的问题越小、越简单、越直观，就越容易成功地使用属性列举法。属性编号将决策系统划分为子系统，即将决策问题分解为局部子问题，并将它们的属性一一列出；将这些特征分解为概念边界、变化规律等，研究这些特征是否可以改变、改变后对决策的影响，以及研究决策问题的解决方案。这种方法的优点是它保证了对问题各个方面的全面研究。

2. 属性列举法的操作步骤

第一步，明确研究对象和目的。列出修改对象的所有特征或属性，如将自行车拆解成零件，列出各零件的功能、特点及与整体的关系，并做成清单。如果对象过于复杂，应先勾勒对象，选择目标明确的部分，逐一突破。

用特性列举法进行
电风扇创新设计

第二步，了解研究对象的现状，熟悉其基本结构、工作原理和应用机会，运用分析、分解、分类的方法，对研究对象进行必要的结构分解，并列出四个主要领域的特征。

（1）名词属性：主要指事物的结构、材料、整体等。

（2）形容词属性：如视觉（色泽、大小、形状）。

（3）动词属性：主要指事物功能方面的特性。

（4）量词属性：如数量、使用寿命、保质期等项目。

第三步，从需求出发，对列出的属性进行分析、抽象，并与其他项目进行比较，通过提问引出创新思路，用替代方法对原有属性进行改造。

第四步，应用综合法综合原有属性和新属性，寻找功能和属性的替代和改进方案，提出新的思路。在使用属性列举法时，对事物属性分析得越详细越好，同时应提出并论证程序，使产品能够满足人们的需求和目标。

（二）缺点列举法

1. 缺点列举法概述

缺点列举法将发现的众多缺点一一列出，进行优先排序，然后根据事物的缺点讨论改进方案，使做出来的新事物缺点更少。这种方法是由日本鬼冢喜八郎提出的一种决策方案。

圆珠笔的特性列举

当前，各行各业都在快速发展，新事物、新项目层出不穷。在这样的大环境下，统计缺点的方法就显得非常重要了。因此，在使用缺点列举法时，需要注意多方面查找缺陷，如功能、用户评价、周围环境等，而不是只查找某一部分。

2. 缺点列举法的操作步骤

缺点列举法是一种常见的分析方法，用于识别某个事物或观点存在的缺点。以下是缺点列举法的操作步骤。

（1）了解分析对象。

首先需要对分析对象有清楚的了解，如产品、服务、政策或某个观点等。

（2）确定分析标准。

在进行缺点列举前，需要确定评价标准，这样才能更加客观地发现其缺点。

（3）列举缺点。

根据分析标准，列举可能存在的缺点，可以通过调查、研究或经验获得相关信息。

（4）分类整理。

将列举出来的缺点分成几类，以便更好地进行分析和讨论。

（5）总结归纳。

对列举出来的每个缺点进行总结和归纳，提炼核心问题和关键因素。

（6）提出改进建议。

针对列举出来的缺点，提出可行的建议，以帮助改善分析对象并提升其品质或效率。

需要注意的是，在使用缺点列举法时，应该尽可能客观中肯，充分考虑各种情况和可能性，避免主观、片面地看待问题；同时，应该尝试提出解决问题的建议和措施，以便更好地改进和提升。

凡事不可能十全十美，或多或少都有其缺点，所谓"金无足赤，人无完人"。列举现有物品的缺点，并根据缺点提出改革思路，是一种有效而简单的创作方法。

（三）希望点列举法

1. 希望点列举法概述

爱因斯坦说："想象力比知识更重要，因为知识是有限的，而想象力概括着世界的一切，推动着进步，并且是知识进化的源泉。"达·芬奇曾经希望人们能够借助自己的力量飞上天空。于是，他设计

奶粉有哪些缺点？

了一架人力飞机，由人类驾驶，手脚并用，使羽翼飞机的翅膀像鸟儿一样拍打飞翔。虽然其设计没有奏效，但用人力实现飞行的愿望，经过数百年的努力，已经实现。

希望点列举法是由内布拉斯加大学的罗伯特·克劳福德提出的。希望点可以是人们的想象，也可以是某种创新希望点；列举法是指通过计算新事物的希望属性寻找新发现对象的方法。而希望点列举法就是仔细观察和充分调查，基本上从生活、学习、工作的需要出发，根据自己或他人的期望，表达出自己"希望"的东西，然后利用自己所学的知识和他人的经验，提出切实可行的解决方案的方法。

根据是否有明确、固定的创建对象，希望点列举法可分为两类。

（1）目标固定型：目标是通过计算希望分，对确定的创作对象形成改进创新方案。

（2）目标离散型：从一开始就没有固定的创作目标和对象。它通过勾勒全社会、各行各业、各层级人民在不同时间、不同地点、不同条件下的希望点，找到创新支点，塑造创意价值、创造话题。它注重自由联想，适合大规模的创造和发现活动。

2. 希望点列举法的操作步骤

希望点列举法主要有以下四个步骤。

第一步：激发和收集人们的希望，并且提出希望点。希望一般来自两个方面：一方面是事物本身存在不足，希望得到改进；另一方面是人们的需求变更，有新的要求。搜集希望点的常用方法如下。

（1）书面搜集法：按事先拟定的目标，设计一种卡片，发动用户和本单位的员工，邀请他们提供各种想法。

（2）会议法：召开5~10人的小型会议（1~2小时），由主持人就新项目或新产品开发征集意见，激励与会者开动脑筋，互相启发，畅所欲言。

（3）访问谈话法：派人直接走访用户或商店等，倾听各类希望性的建议与设想。

对通过上述三种方法所得到的希望进行研究，可以形成希望点。

第二步：分析希望点。将这些希望点罗列整理出来，按不同属性、不同目的分门别类，以表格的形式表现出来，让这些希望点一目了然；然后多画一列表格，写下自己因这些希望点而激发的新思想与疑问，并针对这些新思想与疑问与周围人进行交流，从中得到启发。

第三步：鉴别希望点。观察该希望点是否为创造性强且科学可行的希望点。

第四步：对可行性希望进行具体研究，并制订方案、实施创造。以希望点为依据创造新产品，以满足人们的希望；再将这些希望点筛选归类，合并同类项，从中选出可行性高、科学性强的希望点进行思考与延伸。

（四）综合列举法

1. 综合列举法概述

属性列举法、缺点列举法和希望点列举法都只偏重于某一方面展开创造性思维，因而在一定程度上给创造带来一定的束缚。每一种列举法都有其独特的长处，我们不仅要找到物品创新的希望点和缺点，还需要尝试实行更新的创新思维方法。从根本上讲，创造应该是没有任何限制的。因此，我们在发散创造性思维的时候，可以综合运用上述方法，这就是综合列举法。

伸缩钢笔的发明

综合列举法是针对所确定的研究对象，从属性、缺点、希望点或其他任意创造思路出发列举尽可能多的思路方向，对每一思路方向充分地发散思维，最后进行分析筛选，寻找最佳创新思路的创造技法。具体来说，它对研究对象应用属性列举法进行分析和分解，列举各项属性；运用缺点列举法和希望点列举法逐项对属性进行分析；综合缺点与希望点，对事物原特征进行替换，综合事物的新老特征，提出创造性设想。

因此，综合列举法是最实用且具有创新意义的方法。我们在生活中应该多加运用，不断综合各种列举法的优点，进行创造性思维，并以此进行创新行为。

2. 综合列举法的操作步骤

第一步：确定研究对象。在进行研究前，我们要确定进行分析的对象，根据其体现的各种特性运用综合列举法并展开分析。

第二步：对研究对象应用属性列举法进行分析和分解，列举各项属性。

（1）列举属性：列举研究对象的各项属性，包括外在的、可观察的和内在的、难以直接观察的。例如，对于一个产品，可以列举它的品牌、价格、功能、设计、材料、原产地、售后服务、销售渠道等属性。

（2）分析属性：对于每一项列举出的属性，进行深入的分析和解释，包括其作用、价值、优缺点、影响因素等。例如，对于一个产品的品牌属性，需要分析它对消费者购买行为的影响、对公司品牌形象的贡献等。

（3）分解属性：对于某些复杂的、包含多个子属性的属性，进行进一步分解，以便更好地理解和研究。例如，对于一个产品的设计属性，可以进一步分解为外观设计、功能设计、用户体验设计等子属性进行研究。

总之，属性列举法可以帮助我们全面了解和认识研究对象，为后续的研究分析奠定基础。

第三步：运用缺点列举法和希望点列举法对逐项属性进行分析。

综合缺点与希望点对事物原特征进行替换，综合事物的新老特征，可以提出创造性设想。缺点列举法找出现有事物的各种缺点并将其进行列举，再针对这些缺点提出解决方案和改善对策。而希望列举法不断地提出希望，进而探求解决方案和改善对策。这一步骤通过提出对该问题的事物的希望或理想，使问题和事物的本来目的聚合成焦点来加以考虑。

如何改进相机?

四、类比型创新创业技法

在类比型创新创业技法中，综摄法最为典型。此外，常用的方法还包括原型启发法、移植法和仿生法。

(一) 综摄法

1. 综摄法概述

综摄法又称类比思考法、类比创新法、提喻法、比拟法、分合法、集思法、强行结合法、科学创造法，是一种常用的研究方法。

综摄法的基本原理是综合运用一系列不同的研究方法和研究技术，以达到更复杂、更深入的研究效果。综摄法的核心是针对不同的研究和调查方法，将研究对象分成多个方面，然后将它们组合起来，达到"一分为多，多分为一"的效果，从而形成一个完整的研究结果。

这种方法的优点是对研究对象分多个方面进行研究，可以充分利用各种研究方法和研究技术的优点，弥补其他方法和技术的缺点，取得更好、更多、更准确全面的研究结果，提高研究的信度和效度。

2. 综摄法的操作步骤

综摄法具体的操作步骤包括准备阶段和实施阶段。

在准备阶段，先确定会议室和开会时间，再确定与会者，一般有 10 个与会者参加。与会者可以是不同领域的研究人员，但必须是专家。由领导者进行指导，领导者应该掌握使用这种方法的所有常识和细节，如两大思维原则，即异质同化和同质异化。一般采用三种方法实现这两个原则：拟人类比、直接类比和符号类比。

在实施阶段，首先，主持人向与会者介绍方法的总体概念、实施大纲、四种模拟技术和两种主要思维方式；其次，主持人提出一个与主题更相关的研究主题，并给出材料，带领与会者讨论，当讨论涉及问题解决时，主持人明确提出并要求与会者根据两个原则和四种模拟技法积极思考可解决问题的方法；最后，整理综合选项，找到最佳选项。综摄法的基本原理包括化未知为已知和化已知为未知。

综摄法的精髓是通过识别事物之间的异同从而捕捉富有启发性的新思路，并通过其富有启发性的新思路产生可行的创造性设想，得出解决问题的具体实施方案。

(二) 原型启发法

1. 原型启发法概述

原型启发法最初是一个心理学概念，是指以实例为灵感，寻找解决问题的方式或方法，又称为原型灵感，受启发解决问题的事物称为原型。

原型启发法是一种创造性思维。生活中接触到的一切事物的品质和特点，都能在每个人的脑海中形成一个原型。在解决问题的过程中，问题解决者部分地受到原型的启发，结合当前问题中的相关知识，创造性地找到解决问题的方案。

原型启发法是一种重要的创意构思方法。许多成功的作品或多或少都受到各种原型的启发。原型灵感有两种形式：一种是灵感，另一种是类比。原型灵感内容非常丰富，不限于一种。从丰富的经验证据中区分出几种类型的启发式方法，较为常见。例如，人们通过研究鸟类翅膀的结构设计飞机机翼；雷达是通过欺骗性地模仿超声波的位置而创建的；人们在分析了狗鼻子的结构后，发明了比狗鼻子更敏感的电子嗅觉器官。

2. 原型启发法的操作步骤

（1）资料的启发。

美国发明家威斯汀豪斯受一本杂志的启发，发明了一种可以控制整列火车的制动装置。在开挖隧道时，驱动风钻的压缩空气是通过橡胶管从 900 米外的空压机送来的，于是气闸装置应运而生。

充气雨衣的构想

（2）技术的启发。

在修补柏油马路时，往往需要将原来的柏油烤至软化，但加热或红外线灼烧只对表面有效，内部很难软化。有人认为微波炉可以快速加热食物内部，于是将这项技术应用到筑路机械上，取得了很好的效果。

（3）生物的启发。

维格罗是一种不生锈、轻便、可水洗的尼龙搭扣，广泛应用于服装、窗帘、椅套、医疗器械、飞机和汽车等产品，也被宇航员用来将食品袋"挂"在墙上。激发这一奇妙创作灵感的原型是：瑞士发明家布里乔治·德·梅斯特拉尔带着他的猎狗打猎，回家后发现他的裤子和狗身上都沾满了苍耳。

（4）常识的启发。

结症是马、骡身上常得的一种病，主要是指粪便阻塞在肠管内不能移动。这种病一旦发作，死亡率极大。后来，兽医根据一个简单的常识：鸡蛋很难打破，但很容易打碎，想出一种独特的"冲击术"，解决了这一大难题——将一只手深入肠道握住结粪，另一只手瞄准腹腔外突然一击，将结粪打散。多年来，兽医用这种方法治疗了很多匹病马，没有一匹马死去。

（5）生活的启发。

美国工程师杜里埃认为，要保证内燃机高效运转，汽油和空气必须混合均匀。关于如何搭配，却无从谈起。1891 年的一天，他看到妻子在喷香水，灵机一动，为发动机制造了化油器。

（6）原理的启发。

有人研究了西瓜皮能使人滑行的原理，发现是踩在西瓜皮上减少摩擦力所致，从而阐明冰鞋只能在冰上滑行却不能在路上滑行的原因。

（三）移植法

1. 移植法概述

移植法是将一个技术领域的某物或某种技术方法、方法嫁接应用于另一个技术领域，从而产生新发明的方法。常用的移植方法有材料移植法、部件移植法、结构移植法、原理移植法和方法移植法。

（1）材料移植法。

材料移植法就是把某种产品正在使用的材料移植到别的产品上，从而改变别的产品的性能，省时、省料，更新产品的方法。

（2）部件移植法。

部件移植法就是把某一个产品的部件移植到另一个产品上，从而更新性能、更新产品的方法。

（3）结构移植法。

结构移植法就是把一个物品，包括动物、植物的良好形状结构或内部结构移植于创造发明，从而获得结构合理、方便应用、能解决实际问题的新产品的方法。

（4）原理移植法。

原理移植法就是把一些科学原理移植到创造发明的实践中，从而发明出不同功能、不同用途的新产品的方法。

（5）方法移植法。

方法移植法就是把一个领域解决问题的方法移植于另一个领域解决另一些问题，从而发明出另一些新产品的方法。

移植法的原理是有的理论和技术相互之间可转移，一般是把已成熟的成果转移、应用于新的领域，并用来解决新的问题。因此，它是现有成果在新情境下的延伸、拓展和再创造。

2. 移植法的操作细节

（1）移植法的思维方式。

使用创新的移植技术时，通常有两种思维方式。

①成果推广移植：将已有的科技成果移植于其他领域，其关键是在厘清现有成果的原理、作用和利用范围的基础上，运用发散思维方法寻找新的载体。

②解决迁移问题：从一个研究问题出发，用发散思维找到已有的结果，用移植技术解决问题。

（2）移植法的操作步骤。

移植法的操作步骤包括以下几步。

①难以通过常规方法找到理想的设计方案或解决问题的思路，或无法利用本专业领域的技术知识找到出路。

②在其他领域有解决同样或类似问题的方法和途径。

③对移植结果是否能保证系统整体的新颖性、进步性和适用性进行估计或判断。

（3）移植法的途径。

一般情况下，移植法有两种途径。

①把原则和方法应用到具体的事情上。思维方法如下：已知的原理和方法→列出这个已知原理和方法可以产生的具体功能→列出现实生活中需要这些功能的事物→为应用原则和方法提出各种假设→测试这些假设。

②寻找可移植的原理和方法解决所研究的问题。

移植法是最常用的创新创业技法之一，是一种简单有效的方法。想用移植法进行创新和发明，扩展知识是关键，即不断用新知识武装自己。使用移植法，思路会豁然开朗，使用者可能立马会找到解决一个关键问题的方法。

（四）仿生法

1. 仿生法概述

各种动物和植物伴随着人们度过了成千上万年，各种生物有很多巧妙的功能和结构，人们通过观察、研究、模仿生物，发明创造出需要的产品。这种有意识地模仿生物进行创新发明的方法就是仿生法。它主要从生物的形态、原理、结构、形态以及行为方面进行模仿。

2. 仿生法的分类

（1）形态仿生。

形态仿生指模仿生物的形态，是最主要仿生方法，如乌贼与鱼雷诱饵。

（2）装饰仿生。

装饰仿生指将天然的色彩、纹理、图案直接或间接应用到产品中，如萤火虫和冷光。

（3）结构仿生。

模仿生物精致、巧妙、合理的结构，可以创造新产品。生物学家发现，蜘蛛丝的硬度是钢丝的五倍，英国公司便合成了一种像蜘蛛丝的纤维，用来制造防弹衣、装甲车的外壳。

（4）原理仿生。

原理仿生指按照自然物规律，找出有价值的形态与功能结构，如潜水艇和鱼鳔。

3. 仿生法的操作步骤

（1）确定仿生目标。

在实施仿生法之前，首先需要明确仿生的目标。确定仿生目标可以帮助人们明确想要解决的问题或取得的成果。需要考虑的是，要仿生的是哪个生物系统，以及想要利用仿生法解决什么问题。通过确定仿生目标，人们能够更好地制订实施步骤和搜集必要的信息。

（2）收集仿生对象的信息。

在实施仿生法之前，需要对仿生对象进行充分的了解和搜集信息。这包括从科学文献中阅读相关研究成果、观察和研究仿生对象等。通过对仿生对象的信息搜集，人们能够更好地理解仿生原理和仿生对象的特性，为后续的仿生设计打下良好的基础。

（3）分析仿生对象的特性和功能。

在搜集完仿生对象的信息后，需要对其进行分析，了解其特性和功能。人们可以通过系统性地观察和分析仿生对象的解剖结构、运动方式、生理特性等进行研究。

此外，人们还可以分析仿生对象在特定环境下的行为和适应能力。通过对仿生对象特性和功能的分析，人们可以从中获取有益的启示，为仿生设计提供借鉴和指导。

（4）确定仿生设计的问题与挑战。

仿生设计常对原始目标或问题进行创新，因此需要确定仿生设计的问题和挑战。在确定仿生设计的问题与挑战时，人们需要结合仿生目标和仿生对象的特性确定设计需求。通过明确问题和挑战，人们能够更有效地引导后续的设计过程。

（5）利用仿生方法进行模型设计和优化。

在确定了仿生设计的问题与挑战后，人们可以利用仿生方法进行模型的设计和优化。仿生方法包括基于仿生对象的形态结构、机理模型和运动规律进行设计的方法。人们需要根据仿生目标和仿生对象的特性，结合工程实践和科学理论，进行相应的模型设计和优化。

（6）验证仿生设计方案的可行性。

在完成仿生设计后，需要验证仿生设计方案的可行性。通过实验和测试，人们需要对仿生设计方案进行评估和验证，以确保设计的可行性和有效性。人们还需要关注仿生设计方案在实际应用中的性能表现，以及是否达到预期的仿生效果。

五、组分型创新创业技法

在组分型创新创业技法中，形态分析法最为典型。此外，常用的方法还包括主体附加法、信息交合法、焦点法和分解法等。下面重点介绍形态分析法、主体附加法与信息交合法。

（一）形态分析法

1. 形态分析法概述

形态分析法是瑞士天文学家弗里茨·兹威基发明的一项创新技术，又称形态矩阵法、形态综合法。形态分析法是把要解决的问题分解成几个基本因素（代表问题的基本组成部分），列出每个因素的所有可能形式，然后用网络图排列组合得到一个方法并解决或发现自己在思考的问题。形态分析法广泛应用于物理科学、社会科学、技术预测、程序决策等领域，是创造性工程中应用最广泛、最有效的技术之一。

形态分析方法采用了图形化的方法，可以更直观地展示各种形态。只要能列举出所有现有科技成果所提供的技术资源，就可以将每一种可能的方案"随机化"。然而，这种方式的实施具有操作上的困难，尤其是在如何从大量组合中提取可行的新产品解决方案方面容易操作失误。如果操作失误，组合过程中的辛勤工作可能会付诸东流。

形态分析法的特点是将研究对象或研究问题分解成若干个基本部分，然后分别对这些基本部分提出各种方法或解决方案，最终形成对整个问题的一般解决方案。在运用形态分析法的过程中，人们要注意技术要素的分析和达到预期结果的技术手段的确定。

2. 形态分析法的操作步骤

（1）选择和确定创造对象。

形态分析法适用的对象十分广泛，可以是有形的机器设备或其内部工作系统、部件，也可以是剧本、乐曲等。

（2）分析要素。

确定创造对象的主要组成部分，即组成要素，也即独立变量。它的变化会直接影响对象的变化。

①组成要素要尽可能全面，关键因素不应被遗漏。

②组成要素在功能上或逻辑上应相互独立，即仅改变其中某一要素时，仍会生成一个具有可行性的独立方案。

③数量不宜太多，也不宜太少，一般以3~7个为宜。

（3）确定形态。

列出每一要素所包括的所有可能的形态（如方法、技术手段或工具）。这需要人们认真仔细地工作，并具有丰富的行业经验及较强的发散思维能力。要尽可能列出每一要素在自然界或各行业中所具有的形态，列出的形态越多、范围越广越好。

（4）进行形态组合。

按照创造对象的总体功能要求，对各要素的各种组成形态进行排列组合，获得所有可能的方案。每种方案的组成为 P_1、P_2、P_3、…、P_n。组合数目 N 等于要素的形态数的乘积。

（5）评价筛选、组合方案。

以新颖性、价值性、可行性为标准，对照产生的方案，制订评价标准，通过分析比较，选出少数较好的设想，然后通过将方案进一步具体化，选出最优方案。

3. 注意事项

形态分析法在具体使用中需要注意以下几点。

（1）上述步骤不是必须遵循的，确定要素的数量后可直接列出形态表，并进行组合选择。

（2）在选取要素时要准确，无关紧要的可以不予考虑；为了提高工作效率，分析时最好有一个中心思想。

（3）对于复杂的技术课题，可以运用系统方法划分层次，逐层逐项展开，不断深入，最后进行整体组合。

（4）当要素和形态数目过多时，形态分析法往往会形成大量的问题方案，使人们在选择时无从下手，影响应用效果。因此，当要素和形态数目过多时，不宜使用形态分析法。

超声波洗衣机的
创新方案

（二）主体附加法

1. 主体附加法概述

以一个物体为主体，通过添加新的配件或插入其他技术内容，或添加其他原材料以升级主体的方法，称为主体附加法。

在各种市场中，人们可以找到大量使用主体附加法制造的产品。例如，在铅笔上安装橡皮擦，在电风扇上安装香水盒，在摩托车后备箱上安装电子闪光灯。当发现某些东西有某种缺陷或瑕疵时，人们可以考虑添加一些东西以掩盖缺陷而不改变或稍微改变主题。铅笔上安装橡皮擦，给使用者带来方便；武器上安装瞄准镜，大大提高了命中率。附加物虽然只是一个"配角"，或只是"锦上添花"，但往往可以让主体的价值翻倍。附加组件可以是商品、技术或原材料。

附加方式有两种：一种是主体上附加一个或多个附件；另一种是附加不同主题的附件。主体附加法是一种创意性较弱的组合，稍微动脑、动手就能实现。只要加法选择得当，这种方法就能带来巨大的收益。

主体附加法的目的在于进一步发挥主题的功能。主体附加的创造性取决于附加体的选择是否别开生面，以及主体与附加体之间的连接是否巧妙。一个主体可附加多个附加体，一种附加体也可附加在多个主体上。

2. 主体附加法的操作步骤

首先，确定主体附加的目的，综合分析课题的不足，列举各种希望点，然后某些希望点可以确定为另一个目的。其次，根据添加目的确定添加量。添加的创造性在很大程度上取决于添加的选择是否使主题产生新的特征和价值，从而提高其实用性。主体附加法的特点是以原有技术和产品为主体。添加只是一种补充，添加的目的有时是更好地发挥主体的技术功能。例如，最早的电风扇是单速的，不能摇头。后来，增加摇头装置、自动时间控制装置、多级调速器、红外线摇头控制器、灯泡、收音机等附加材料，使电风扇的品种和功能极为多样。

具体而言，在运用主体附加法时，可参考以下几个步骤。

（1）有目的、有选择地确定主体。

（2）全面分析主体缺点，或对主体提出新希望和功能。

（3）考虑在不改变主体的前提下，增加附属物，以克服、弥补主体的缺陷。

（4）考虑能否通过增加附属物，实现对主体寄托的希望。

（5）考虑能否在主体功能的基础上，附加一个别的东西，使其发挥更大的作用。

（三）信息交合法

1. 信息交合法概述

信息交合法也称元素发明定律或信息反应场定律。信息交合法是一种信息交换创新的思维技术，即将一个对象的整体信息分解为两类信息要素，进而分解出这个对象在人类各种实践活动中的用途，并将这两类信息元素通过坐标的方式连接起来，形成信息标签的 x 轴和 y 轴。两条轴线垂直相交，形成"信息反应场"，来自每个轴上每个点的信息又可以与另一个轴上的信息相交以产生新信息。

（1）信息交合法的公理。

第一条公理：不同信息的交集可以产生新的信息。

第二条公理：不同连接的交集可以产生新的连接。

（2）信息交合法的原则。

信息交合法作为一种科学的、实用的思维和发明方式，不是任意的、随意的，须遵循一定的原则。

①整体分解原则：首先，将对象及其关联条件作为一个整体进行分解，得到有序的元素。

②交合原则：每个轴的每个元素依次与另一个轴的每个目标相交。

③结晶筛选原则：通过检查、修改解决方案，最终形成更好的解决方案。新产品开发筛选应注意新产品的实用性、经济性、制造难易程度和市场接受度。

2. 信息交合法的操作步骤

信息交合法是一种运用信息概念和灵活的手法进行多渠道、多层次的推测、想象和创新的创造性技法。应用信息交合法进行创造发明，就是把某些看起来似乎是孤立、零散的信息，通过相似、接近、因果、对比等联想手段搭建一座微妙的桥，使之交合成一种新的概括信息。

运用信息交合法要把握以下四步。

（1）信息交合的方法：画标线，即要选好中心点。也就是说，思考的问题是什么、要解决的课题是什么、研究的信息为何物，要确定下来；然后画出标线，即用矢量标串起信息序列；根据"中心"的需要，确定需要画的坐标线的数量。

（2）用矢量标串起信息序列：标注点。在信息标上注明有关的信息要素点。

（3）在信息标上注明有关的信息要素点：相交合。

（4）以一条标线上的信息为母本，以另一标线上的信息为父本，相交合后便可产生新信息。

六、其他创新创业技法

（一）六顶思考帽法

1. 六顶思考帽法概述

为避免团队成员各方无意义的争执，思维混乱，并从不同思考角度、侧面思考同一问题，既能够有效发挥团队成员作用，又能够高效提出解决方案，法国心理学家爱德华·德·博诺博士提出了以白、红、黑、黄、绿、蓝六种不同颜色的思考帽水平思考问题的方法，即六顶思考帽法。

（1）白色思考帽。

白色思考帽代表客观的事实与信息。戴上白色思考帽的人会列出已有信息、充分搜集数据、探索需要的信息。白色思考帽重视客观事实，中立客观、全面反映现实情况，提供准确实用的信息。

（2）红色思考帽。

红色思考帽代表直觉和感觉。戴上红色思考帽的人会提供更多发泄情绪的机会，正确认识和调节个人的情感。

（3）黑色思考帽。

黑色思考帽代表负面因素，表示质疑和风险。戴上黑色思考帽的人在理性逻辑的基础上提出质疑和批判，找出问题、风险所在，同时提出新思路。

（4）黄色思考帽。

黄色思考帽代表正面因素，表示积极和乐观。戴上黄色思考帽的人渴望成功，引导成员寻求利益和价值，并看到美好未来。

（5）绿色思考帽。

绿色思考帽代表创意思考。戴上绿色思考帽的人具有创新性，鼓励成员提出新的创意和想法，改变思维，激发灵感。

（6）蓝色思考帽。

蓝色思考帽代表主持和全局调控。戴上蓝色思考帽的人担任主持人的角色，是组织者与总结者，能够统领全局，安排思考的流程，并及时总结。

2. 六顶思考帽法的使用程序

一般情况下，六顶思考帽法的使用程序如下。

（1）由戴白色思考帽的人陈述问题。

（2）由戴绿色思考帽的人提出解决问题的方案。

（3）由戴黄色思考帽的人评估该方案的优点。

（4）由戴黑色思考帽的人列举该方案的缺点。

（5）由戴红色思考帽的人对该方案进行直觉判断。

（6）由戴蓝色思考帽的人总结陈述，作出决策。

（二）思维导图法

1. 思维导图概述

办公室个人计算机
速度慢的解决方法

思维导图，由英国人托尼·博赞发明，是将发散思维通过图文并茂的形式，将各级主题隶属关系，运用关键词、图像、颜色、线条等要素可视化呈现的大脑思维过程。

思维导图又名心智导图，是表达发散性思维的有效图形思维工具，也是高效的思维模式，应用于记忆、学习、思考等的思维"地图"，有利于人脑的扩散思维的展开。使用思维导图，可以帮助人们更直观地展示思路、观点和想法。

思维导图通常采用树形结构的布局，中心节点是主题或问题，主题下面的分支是相关的子主题或答案。

思维导图主要应用于思考的输入和输出两大方向。输入就是吸收外界的信息到人脑中，并形成结构化信息的过程，常见的场景是在阅读中记各种笔记、会议记录、谈话速记等；输出就是把大脑中的所有知识经验在生活及工作的思考场景中发挥最大的功效，一般在制订工作计划、项目管理、时间管理、问题分析/解决/决策、报告构思、文章写作等场景下发生，是一种创造性的行为，不仅是信息的整理，更是通过对信息的整理发现信息之间的关系和新的信息。思维导图的输入和输出因人而异，背后代表的是人们的经验和知识。

2. 思维导图的特点

思维导图广泛应用于演讲、会议、时间管理、广告文案策划、个人学习、教学、企业管理、家庭生活等方面。该方法具有主题明确、重点突出、层次分明、花费的时间成本低、形式丰富、便于使用者产生联想、容易掌握等特点。

综合来说，思维导图具有如下特点。

（1）呈现形式图形化：思维导图没有采用表格或纯文字描述，而是将表达的信息以图形、图像或图片的形式进行呈现，可视化强，有助于理解和记忆。

（2）结构的放射性：思维导图由中心向四周进行发散，形成层层分级的结构框架，这有助于触发想象和联想。

（3）色彩的丰富性：绘制思维导图需要尽可能多地使用各种颜色，色彩的使用有助于记忆。

（4）关键词的使用：在思维导图中，每个分支上的关键词都是该分支内容的概括或提炼。关键词的使用有助于快速理解信息的重要性和意义。

（5）系统结构清晰：思维导图的所有分支都是从中心主题展开的，层级分明，结构清晰，这种结构有助于理清思路。

3. 思维导图的绘制步骤

托尼·博赞提供了绘制思维导图的 7 个步骤，具体如下。

（1）从一张白纸的中心画图，周围留出足够的空白。这样做的好处是让思维更自然、更自由、更发散。

（2）在白纸的中心用图形或图像说明中心要点。这样做的好处是便于记忆，有利于想象力的运用。

（3）尽可能多地使用各种颜色。这样做的好处是增强导图的趣味性、观赏性，同时有助于创造性思维的产生。

（4）将中心图像与主要分支连接起来，然后将主要分支与二级分支连接起来，再将三级分支与二级分支连接起来，以此类推。这样做的好处是帮助思考者构建思维基本框架和结构，便于理解与记忆。

（5）思维导图的分支不要画成直线，要画成自然弯曲的曲线。这样做的好处是既美观，又便于记忆。

（6）在每条线上标注一个关键词。这样做的好处是言简意赅，便于总结和记忆，同时有利于产生新的想法。

（7）自始至终使用图形或图像。这样做的好处是每一个图形表达的内容足够丰富。

课后实践

以小组为单位，分组利用头脑风暴法对"如何使核桃裂开而不破碎"提出设想，并完成表 10-1，在全班进行分享讨论，看哪个小组的创意最佳。

表 10-1　头脑风暴创意实践

讨论主题：如何使核桃裂开而不破碎	
主持人：	记录人：
参与者及其专业背景	
列出出彩的创意设想	
会议总结（解决方案）	
此次收集的创意总数：	较为不错的创意个数：
你对此次讨论会议的综合满意度： 不满意　　　　　　尚可　　　　　　　　满意　　　　　　　　非常满意	
实践总结	

参 考 文 献

[1] 苏文平. 职业生涯规划与就业创业指导[M]. 北京：中国人民大学出版社，2023.

[2] 乔志宏. 大学生职业生涯与发展规划教程[M]. 北京：清华大学出版社，2023.

[3] 焦金雷. 大学生就业与创业指导[M]. 西安：西安交通大学版社，2017.

[4] 李建宁，刑敏. 大学生就业指导[M]. 北京：北京理工大学出版社，2017.

[5] 陈士玉，马晓明，周佳峰. 大学生就业指导[M]. 长春：吉林交通大学出版社，2011.

[6] 洪壤，陈宜. 职业定位 DIY 指向成功的方法利器[M]. 广州：广州出版社，2004.

[7] 万登泸，梁国敬，姬振旗. 大学生就业指导实务[M]. 武汉：华中师范大学出版社，2014.

[8] 李莉. 大学生就业指导实训教程[M]. 北京：北京理工大学出版社，2015.

[9] 陶书中，徐耀生. 大学生就业指导案例教程[M]. 成都：电子科技大学出版社，2008.

[10] 高富春，尹清杰. 大学生就业指导务实[M]. 上海：上海交通大学出版社，2017.

[11] 王炼. 大学生就业指导[M]. 北京：北京理工大学出版社，2022.

[12] 江小卫. 新编大学生就业指导与创业教育[M]. 成都：电子科技大学出版社，2016.

[13] 耿保荃，钱显毅. 大学生就业指导[M]. 南京：东南大学出版社，2007.

[14] 张金明，陈楠，张迎娟. 大学生就业创业指导与职业生涯规划[M]. 北京：北京航空航天大学出版社，2014.

[15] 张印. 大学生职业发展与就业指导[M]. 上海：华东师范大学出版社，2013.

[16] 张丹，李新. 新编大学生职业生涯规划与就业创业指导[M]. 北京：现代教育出版社，2015.

[17] 蔡利超. 赢在职场：从优秀到卓越[M]. 长春：吉林出版集团有限责任公司，2013.

[18] 骆子石，任秋君. 职业生涯规划与就业指导项目化教程[M]. 上海：上海交通大学出版社，2011.

[19] 耿俊茂，白永生，张瑞，等. 大学生职业生涯规划与就业创业指导[M]. 北京：地质出版社，2014.

[20] 周卫泽，冯静. 大学生就业与创业实用教程[M]. 沈阳：辽宁教育出版社，2011.

[21] 杨超有，李家贵. 就业指导与职业规划[M]. 北京：人民邮电出版社，2015.

[22] 高振岗. 大学生就业指南[M]. 2 版. 西安：西安电子科技大学出版社，2013.

[23] 耿保荃，姚继琴，杨华. 大学生就业指导[M]. 2 版. 南京：东南大学出版社，2014.

[24] 张信容. 大学生就业创业[M]. 北京：高等教育出版社，2011.

[25] 李汉华. 大学生职业发展与就业指导[M]. 北京：北京理工大学出版社，2011.

[26] 拜五四. 大学生就业与创业实训[M]. 北京：科学出版社，2011.

[27] 惠珍，张天桥. 大学生就业与创业指导[M]. 北京：国防工业出版社，2012.

［28］ 王新文. 大学生全程就业指导［M］. 南京：南京大学出版社，2009.

［29］ 曲振国. 大学生就业指导与职业生涯规划［M］. 北京：清华大学出版社，2015.

［30］ 郭训武. 大学生职业发展与就业指导［M］. 北京：北京理工大学出版社，2011.

［31］ 张晓蕊，马晓娣，岳志春. 大学生职业生涯规划［M］. 北京：北京理工大学出版社，2019.

［32］ 陆雄文. 管理学大辞典［M］. 上海：上海辞书出版社，2013.

［33］ 周倩. 新世纪以来我国大学生就业问题研究［D］. 济南：齐鲁工业大学，2020.

［34］ 郭欣. 中国当代大学生就业能力培养研究［D］. 长春：吉林大学，2017.

［35］ 郭彬. 大学生就业能力影响因素及提升对策研究［D］. 太原：山西财经大学，2018.

［36］ 林倩倩. 基于心理-社会模型的大学生就业能力培养研究——以天津某高校为例［D］. 天津：天津大学，2018.